才能教育の国際比較

山内乾史 編著

東信堂

はじめに

　本研究は 2014 学会年度〜 2016 学会年度において日本比較教育学会研究委員会（当時）が中心となって、同学会の才能教育に関心を寄せるメンバーを中心とした組織によって、グローバル化する世界、社会の中で、能力形成のあり方がどのように変容しているのか、そのあり方の変化には地域差はあるのかを総合的に検討しようとするものである。

　才能教育の国際比較は過去数度行われてきたが、日本においては 2005 年度の京都大学大学院教育学研究科比較教育学研究室による報告書『児童・生徒の潜在的能力開発プログラムとカリキュラム分化に関する国際比較研究—江原武一教授退職記念論文集—』、2012 年の日本比較教育学会編『比較教育学研究』第 45 号（東信堂）における特集以来なされていない。グローバル化に関して 2005 年度と現在の状況はまったく異なるのであり、したがって、本研究は新しい能力形成、特に才能教育のあり方についての議論に寄与すると考えている。

　日本においては、戦後、才能教育は、英才教育、早期教育、エリート教育などとともに、非民主的教育の代名詞として、公教育においては否定されてきた。わずかに音楽、美術、スポーツを中心とする領域で、民間の教育者、教育運動家が公教育の外で行ってきたにすぎない。あるいは障碍者の教育に関して、早期教育が限定的に認められてきたにすぎない。そのような状況の下では、これらの教育について研究することについても制約が大きかった。ところが、1990 年代に入り、「教育上の『例外措置』」としていわゆる「飛び入学」が認められ、才能教育が限定的に容認されるようになってきた。21 世紀に入ってから、この流れは一層加速し、例えば公立学校に特進コースができるなど、かつては考えら

れなかったような才能教育の浸透がみられる。

　もともと才能教育の場合、他の一般の教育と比べて国策との関係が深くなるという仮説がある。例えば、国家・社会として、どの領域の才能の育成に力を入れるかという課題について考えてみればよくわかる。優れた才能は、その才能を有する当該個人のものであり、したがって当該個人の十全な発育を促すという個人主義的な教育思想と、優れた才能はその才能を有する当該個人のものであるにとどまらず、当該個人の属する社会全体にとっての貴重な資源でもあるという集団主義的な教育思想がせめぎ合うフィールドが才能教育なのである。この動向は21世紀に入ってからのグローバル化の流れによって一層促進されているように見える。スーパー・グローバル・ハイスクールやスーパー・グローバル・ユニバーシテイなどの指定はその一例であるし、文部科学省が大学のグローバル化を促進しようと策定する各種の競争的資金もその例であろう。かつて才能教育は、エリート教育と同様、優生学や民族主義のにおいのする「危険な教育」であったが、現在はエリート教育と切断されて市民権を得たというわけである。今回の「グローバル化」という潮流の中で各国の才能教育が同じ領域で同じ方法で教育が行われる方向に収斂するようにもみえるが、各国の研究状況を見れば、やはり国ごと、地域ごとに大きく異なると考えられる。

　今回のグローバル化が進行する中での、グローバル人材の育成という名の下での才能教育の促進傾向については、従来何度か盛り上がりを見せた才能教育の潮流とは明らかに異なる点がある。それは「グローバル・スタンダード」なるものが設定され、その設定に従って教育が行われようとしている点である。教育学者は個人主義的な教育思想に基づいて発想するが、実際に政策を推進する側には集団主義的な教育思想に基づいて発想する者も多くいる。グローバル化への対応の中で、政策決定者は、世界の潮流に乗り遅れないようにするためグローバル化を推進する政策決定を求められるが、他方、国家の枠に縛られない教育を受け、国家の枠に縛られずに自己の能力を生かす職場を見つけ得るということで個人主義的な教育思想を持つ人々にもグローバル化は受け入れられるのであ

ろう。後者の研究が前者の意思決定に少なからずインパクトを持つのではないかと考えられる。

　しかしながら、世界各国がその「グローバル・スタンダード」なるものをどのように構築し、どのように教育の実践に移しているのかは、国家によって異なるし、また国内でも地域間に格差があることが当然、予想される。つまり、グローバル化の中で才能教育が「グローバル・スタンダード」のもとで収斂していくように見える一方、才能教育の地域間・国家間の多様性もあらわになっていくという、相反する二つの潮流が同時に存在するのではないかとわれわれは考えている。この二つの潮流はどのように絡み合っているのか？そしてその中で効率性と公平性、平等性のバランスについてはどのように考えられているのか？これが本研究の根本的なリサーチ・クエスチョンである。

　本研究は2016（平成28）年6月26日　日本比較教育学会第52回大会（大阪大学）「課題研究Ⅱ　グローバル化時代における教育を考える――才能教育の視点から――」における報告（報告者：澤野由紀子、中矢礼美、田中正弘、武寛子、司会：山内乾史）および2017（平成29）年6月25日　日本比較教育学会第53回大会（東京大学）「課題研究Ⅱ　グローバル化時代における教育を考える（Ⅱ）――才能教育の視点から――」における報告（報告者：南部広孝、石川裕之、原清治、報告者兼司会：山内乾史）の成果と、かつ前述の『比較教育学研究』第45号特集（執筆者：山内乾史、杉本均、石川裕之、南部広孝、植田みどり、田中義郎、西村幹子）の成果をもとに刊行されるものである。

　先述のように、日本比較教育学会の紀要である『比較教育学研究』第45号（東信堂、2012年6月）において、編者が紀要編集委員長の時代に、「各国の才能教育事情」と題する特集を組み、日本、シンガポール、韓国、中国、イギリス、アメリカ合衆国、南アフリカについて研究成果が報告された。ただし、この特集の際にはとくにグローバル化という大きな潮流と絡めることを意識しない論稿もあり、またわずか6年とはいえ、この特集以降の新たな動向も各国各地域とも起こっている。したがって、この特集にかかわった者すべて、および日本比較教育学会研究委員会（当

時)の委員すべて、それに加えて各国の「能力形成」に通じた会員の参加を求め、総計 14 名で本書を執筆することとなった。

　編者は長く、才能教育、エリート教育、英才教育、早期教育等の教育に関心を持ち、いくつかの論稿を著してきたが、これらのテーマについて論稿を著すことは、おそらくは、今回が最後であろう。執筆者各位に感謝申し上げると同時に、本書の刊行をご快諾いただいた東信堂の下田勝司社長に心から感謝する。

平成 30 年 10 月
神戸大学・鶴甲キャンパスの研究室にて
山内乾史

目次

はじめに………………………………………………………… i

第1章 才能教育について（概説）──日本における状況
………………………………………… 山内乾史、原清治　3

はじめに…………………………………………………………… 3
1　才能教育論の源流と戦前の実践…………………………… 5
2　戦後の混乱と実践…………………………………………… 6
3　教育上の「例外措置」………………………………………… 9
4　才能教育の概念の変化……………………………………… 13
5　わが国の才能教育の現状…………………………………… 14
　　SSH（スーパーサイエンスハイスクール）・SGH（スーパーグローバルハイスクール）の取り組み　14
　　京都府立A高等学校SSHの現状　15
　　京都府立B高等学校SGHの現状　16
6　才能教育と入試制度の変容………………………………… 17
　　東京大学推薦入試の場合　17
　　京都大学特色入試の場合　17

第2章 イギリスの才能教育──労働党政権での取り組みを中心に………………… 植田みどり　31

1　はじめに……………………………………………………… 31
2　才能児教育の定義…………………………………………… 31
3　労働党政権による才能児教育に関する政策転換………… 32
4　才能児教育の取り組み……………………………………… 35

　　　　都市部における才能児教育　36
　　　　全ての公費維持学校における取り組み　37
　　　　才能児教育の教育課程開発　39
　　　　才能児教育における教員養成と研修　41
　　5　労働政権下での才能児教育の意義……………………　43

コラム1　　グローバル化時代におけるイギリス
　　　　　　　高等教育の才能教育　……　田中正弘　48

第3章　スウェーデンの才能教育 …………… 武　寛子　53

　　はじめに …………………………………………………　53
　　1　スウェーデンにおける才能教育の現状……………　54
　　2　スウェーデンにおける才能教育 ……………………　56
　　　　高校での才能教育——最先端教育（Spetstutbidling）　57
　　　　基礎学校での才能教育——最先端教育
　　　　（Spetstutbidling）　59
　　　　最先端教育に関する学校庁による報告書　60
　　3　学校庁の取り組み……………………………………　62
　　4　自治体の取り組み……………………………………　63
　　5　教員養成プログラムにおける取り組み……………　65
　　おわりに …………………………………………………　66

第4章　ロシアの才能教育 ………………… 澤野由紀子　70

　　1　「才能」はどう捉えられているか……………………　70
　　　　ロシアにおける「才能」の概念　70
　　　　「才能」に関する研究の変遷　73
　　2　国家戦略としての才能教育の取り組み……………　75
　　　　スプートニク打ち上げ後のソ連の教育政策と特別学校の
　　　　　開設　75
　　　　ロシア連邦における才能教育の振興　76
　　　　新ロシア連邦教育法における才能教育に関する規定　81

3　才能教育の実践 ································· 82
　　　就学前の才能教育の場　82
　　　初等中等普通教育学校　82
　　　補充教育機関　83
　　　特別英才児のための学校　84
　　　新しいタイプの英才教育機関　86
　おわりに ·· 89

第5章　インドネシアの才能教育 ············ 中矢礼美　93

　はじめに ·· 93
　1　才能教育の変遷 ····························· 94
　2　二つの才能教育（アクセレレーション、国際レベル学校）
　　　の勃興 ······································· 97
　　　アクセレレーション　97
　　　国際レベル学校教育　102
　　　才能教育のための教員養成プログラム　103
　　　大学入試　104
　3　「才能教育」から探求型の教育へ──新しい能力
　　　開発への模索 ······························ 105
　おわりに ······································· 107

第6章　シンガポールの才能教育
　　　──多極化するエクセレンスの追求 ······ 杉本　均　112

　1　シンガポール初等教育GEP ·············· 112
　　　シンガポール才能教育の理念　112
　　　GEP教員　115
　　　南洋小学校（Nanyang Primary School）　116
　2　多極化する才能教育 ······················· 116
　　　中等教育才能教育プログラムの廃止　116
　　　ラッフルズ学院のラッフルズ・プログラム　120
　　　NUS理数科特殊高校の設立　121
　3　シンガポール才能教育の特徴と評価 ······ 121

シンガポール才能教育の特徴　121
シンガポール才能教育への評価　122
シンガポールGEPの特質の変化　123

第7章　アメリカの才能教育
——伝統的平等主義の今日的理解と今後の課題
　　　　　　　　　　　　　　　　　　　　　　田中義郎　128

1　はじめに…………………………………………………　128
2　アメリカ合衆国はなぜ才能ある若者(Gifted and talented Youth)を育てるのか？………………………………　129
3　アメリカ合衆国の才能児・生徒教育事情…………　131
4　アメリカ合衆国における才能教育の概要…………　133
5　才能の認定とアメリカ合衆国の伝統的文化環境の限界…………………………………………　135
6　才能ある若者に対するアメリカ合衆国の公共政策の変遷………………………………………　137
7　才能ある若者に対するアメリカ合衆国の公共政策の変容………………………………………　141
8　おわりに…………………………………………………　143
9　若干の補足として……………………………………　145

第8章　南アフリカの才能教育　……………西村幹子　149

1　はじめに—サブサハラアフリカにおいて才能教育を考える意味………………………………　149
2　「才能」とは何か………………………………………　151
3　アパルトヘイト時代の南アフリカにおける才能教育の取り組み………………………………………　154
4　アパルトヘイト廃止以降の南アフリカにおける教育政策と才能教育………………………………………　158

5 結論 …………………………………………… 162

第9章 中国の才能教育——教育政策における普及と重点支援とのはざまで……………南部広孝 169

  はじめに ………………………………………………… 169
  1 中華人民共和国成立以降の教育政策の変遷　171
      中華人民共和国成立期から1970年代末にかけての
          教育政策　172
      1980年代以降の教育政策　174
  2 「超常教育」の取り組み ………………………………… 176
      大学「少年クラス」　177
      才能児実験クラスとしての「小児クラス」　178
      「理科実験クラス」　180
  3 教育制度内の柔軟な対応 ……………………………… 181
  4 中国の教育における才能教育の位置づけ ………… 183
  おわりに ………………………………………………… 185

第10章 韓国の才能教育 ── 高度人材育成のための国家戦略 ……………………………… 石川裕之 189

  はじめに ………………………………………………… 189
  1 才能教育の定義と目的 ………………………………… 191
      才能教育の定義　191
      才能教育の目的　192
  2 才能教育の導入背景と発展経緯 ……………………… 193
      才能教育機関の設立　193
      才能教育の発展と特殊目的高校の受験名門校化　195
      才能教育実施に対する批判とIMF危機による変化　196
  3 才能教育機関の類型・種類と現況 …………………… 198
      才能教育機関の類型・種類　198
      才能教育機関の現況　201
  4 才能教育の特徴と課題 ………………………………… 203

　　　　数学・科学分野への偏重　203
　　　　女子の少なさ　205
　　　　才能教育の成果　206
　　5　才能教育政策の変化と方向性……………………　207
　　　　「社会矯正主義」の萌芽と障害に対する配慮の不足　207
　　　　才能教育予算の削減　210
　　おわりに……………………………………………………　214

コラム2　　才能教育の評価：個人の評価と
　　　　　　　　プログラムの評価
　　　　　　　　　　……………米原あき　219

結論………………………………………………山内乾史　227

補論　エリート教育研究の課題と展望…………山内乾史　237
　　はじめに─関西人の意気　………………………………　237
　　1　エリート教育研究の不振の原因と残された課題…　241
　　　　『人事興信録』等のエリート・インデックスが発行されなく
　　　　　なった。　242
　　　　『人事興信録』、『日本紳士録』等エリート・インデックスの掲載
　　　　　基準が曖昧である。　245
　　　　高等教育機関がエリート養成機関ではなくなった。　248
　　　　ビジネス・エリートが肥大化した。　248
　　　　とかく発想が東京中心主義、東大中心主義になりがちである。
　　　　　250
　　　　学習院の研究、貴族院の研究は必要ではないのか？　252
　　　　国際比較が必要ではないのか？　256
　　2　エリート教育研究の巨人──麻生誠先生と
　　　　竹内洋先生………………………………………………　269
　　　　麻生誠先生（1932～2017）──エリートの属性と学歴の関係
　　　　　を研究　269

　　　　竹内洋先生(1942〜)―エリート学校のカリキュラムと学校
　　　　　文化を研究　276
　3　教育社会学者は『人事興信録』という資料をどう
　　　使ってきたのか ……………………………………　283
　　　活躍している分野　286
　　　出生年　289
　　　出身地　289
　　　学歴　292
　　　高等教育(旧制は高等専門学校、新制は短大も含む)におけ
　　　　る専門分野　295

　コラム3　　アジアにおける「才能教育」
　　　　　　　　　　　……………… 北村友人　314

事項索引……………………………………………………　317
人名索引……………………………………………………　324

才能教育の国際比較

第1章 才能教育について（概説）
——日本における状況

山内乾史（神戸大学）（はじめに～4.）
原清治（佛教大学）（5.～6.）

はじめに

　現在、特別な教育ニーズという概念が普及し、発達障碍等を持つ児童への特別な教育、すなわち特別支援教育が注目を浴びている。その一方、異質な才能を持つ児童への特別な教育、すなわち才能教育、あるいは英才教育への関心も高まっている。

　しかし、これら、才能教育、英才教育、早期教育への関心の高まりに対しては、教育機会の平等性という原則論からの批判が絶えない。すなわち、才能教育等の教育をめぐる議論は、教育資源の効率的な分配と、公正・公平な分配のバランスを巡る議論でもあり、教育を通じた社会的正義の実現とは何かという問題でもあるわけである。効率性と公正性は社会計画・教育計画の二つの主軸であるが、この兼ね合いが議論の対象になっているわけである。

　本書の狙いは、アメリカ、イギリス、シンガポール、中国、韓国、南アフリカなど諸国の才能教育等について事情を紹介し、この効率性と公正・公平性の問題、ジレンマがいかに捉えられているのかを比較検討することにある。

　本章では日本における才能教育を巡る議論の流れを紹介しておきたい。
　わが国においては、平成18年12月22日公布・施行の新しい教育基本法第4条において、「教育の機会均等」として、

　　すべて国民は、ひとしく、その能力に応じた教育を受ける機会を与えられなければならず、人種、信条、性別、社会的身分、経済的地位又は門地

によって、教育上差別されない。
2　国及び地方公共団体は、障害のある者が、その障害の状態に応じ、十分な教育を受けられるよう、教育上必要な支援を講じなければならない。
3　国及び地方公共団体は、能力があるにもかかわらず、経済的理由によって修学が困難な者に対して、奨学の措置を講じなければならない。

と謳われている。この「ひとしく」と「能力に応じた」とのバランスをどう取るかが問題になるわけである。この点については、昭和22年3月31日制定の旧教育基本法第3条においても、

すべて国民は、ひとしく、その能力に応ずる教育を受ける機会を与えられなければならないものであって、人種、信条、性別、社会的身分、経済的地位又は門地によって、教育上差別されない。
2　国及び地方公共団体は、能力があるにもかかわらず、経済的理由によって修学困難な者に対して、奨学の方法を講じなければならない。

となっており、ほぼ同趣旨である。新しい教育基本法第4条に関して文部科学省の公式ホームページ所掲の「教育基本法資料室へようこそ！」（http://www.mext.go.jp/b_menu/kihon/about/004/a004_03.htm　平成29年8月28日閲覧）では

すべての児童生徒に同一の教育を与えることを意味するものではなく、個人差に応じる教育を施すものである。

と述べられている。公式ホームページ上の記載であるから、これは文部科学省の公式見解ということであろう。このことに留意しながら以下の議論を進めよう。

1　才能教育論の源流と戦前の実践

　日本における才能教育論の源流は、**乙竹岩造（1875〜1953）**に求められる。乙竹の理論は、1912年に刊行された『穎才教育』（目黒書店）に集成されている。乙竹は1875年三重県に生まれ、東京高等師範学校教授、東京文理科大学教授を歴任し、その間、英米独仏に滞在した。ライフワークは1929年に刊行された『日本庶民教育史』全3巻である。ただ、乙竹は才能教育、英才教育研究の先駆者としても知られる。他方で、乙竹はこれより先、1908年に『低能児教育法』（目黒書店刊）（この書名自体は、今日の人権感覚のもとでは容認されないだろう）を出版しており、現在でいう特別支援教育、上述の言葉で言えばより広く「能力に応じた教育」に関心を寄せていたことがわかる。もっとも、われわれが今日イメージするところの英才教育とは異なり、乙竹の提唱する「穎才教育」とは、英才に対して特別な教育を施すわけではない。早期教育等も行わず、一般の教育の中で対処すべきであるという議論である。そしてそのためには教師が個々人のバックグラウンドを十二分に把握し、十二分な思慮・配慮を持って接しなければならないと説く。

　すなわち、乙竹の説く英才教育論は―この種の議論には稀なことだが―民主主義的な教育論との親和性が高いのであり、きわめてヒューマンな教育論である。わが国の嚆矢といえる乙竹の「穎才教育」論にこうした基調があったことを頭に置いて以下の議論を進めたい。

　さて、実践的、政策的にはどのような試みがあったのかといえば、臨時教育会議による1918年の（旧制）中学校第四学年修了者を高等学校に入学させる制度、およびこれと関連する七年制高校の創設をもって嚆矢とする。いわゆる「四修」である。才能教育の手法としては、**アクセレレーション（早修あるいは促進）**と**エンリッチメント（拡充）**があるが、この「四修」は典型的なアクセレレーションである。すなわち岩永（1997）のいう「通常の達成課題の速習を目的とした教育」である。他方、エンリッチメントは、岩永（1997a）によれば「優れた知的能力をもつ児童・生徒に対して、総合的な思考力、分析力を涵養するために、通常のクラ

スよりも体系的で深化した幅広い教育内容を提供する教育」である。ちなみに、上述の「四修」に加えて尋常小学校第五学年からの中学校進学、いわゆる「五修」も臨時教育会議によって制度化される。これもいうまでもなく、アクセレレーションである（なお、これに加えてイギリスでは**エクステンション（延長）**が加えられる。これについては第二章を参照のこと）。

それに対し、戦前におけるエンリッチメントの例としては広田（1997）が示すところでは、1918年から1943年まで設置されていた京都府立師範学校附属小学校の「第二教室」がある。この教室は「『優秀な』児童を選抜して特別に編成された、実験的な学級であった」。他に広田（1997）は1945年1月から1947年3月まで続いた「特別科学教育」として東京と広島の高等師範学校附属中学校、京都府立第一中学校に設けられた特別な学級を上げている。その名の通り「敗色が濃厚ななかで遅ればせながら科学技術に関する人材養成をめざし」たものである。これらの試みについては真下（1969）、小林（1999）も詳細に言及している。

　これらの才能教育の試みは第二次世界大戦終結と前後して打ち切られる。

2　戦後の混乱と実践

　さて、第二次世界大戦終結後、日本に進駐したGHQは「日本社会の民主化」を掲げ、その枢要な部分をなす「教育の民主化」に取り組み、学校制度をはじめ、多くの領域で「民主化」を図る改革を推進した。この流れの中において、才能教育のみならず、エリート教育、早期教育などは一部の例外を除き、ことごとく、非民主的な教育として実践はおろか、研究さえもほとんどなされないという状況が長く続いた。

　例外としては、1946年に全国幼児教育同志会（1948年に才能教育研究会と改称し1950年には社団法人になる）を開設しスズキ・メソードで知られるバイオリニスト**鈴木鎮一**（1898〜1998）、玉川大学教授で1965年に英才教育研究所を開設（1969年に社団法人になる）した教育学者**伏見猛弥**（1904〜1972）、1987年に開設した七田チャイルド・アカデミーの校長

七田眞（1929〜2009）など、在野・民間の研究者、教育家の研究・実践がある。これらの人々は精力的に著作と実践を通じて才能教育、英才教育の有効性と必要性を訴えた。ただし、これらの諸研究・実践においても、時期的には幼児教育＝早期教育、領域的には音楽・美術・スポーツ等に限定され、公教育で扱われるアカデミックな教科に関わる研究・実践は民間でもほとんどなされていなかった。

　ちなみに、才能教育には**ギフテッド教育**（gifted education）と**タレンテッド教育**（talented education）の二種類がある。ギフテッド教育はアカデミックな教科において高いレベルの顕在的・潜在的能力を有する者に対する教育であり、タレンテッド教育とは、音楽、美術、スポーツなどにおいて高いレベルの顕在的・潜在的能力を有する者に対する教育である（梶間（2004）を参照のこと）戦後日本においてはタレンテッド教育のみが私的・個別的に行われ、ギフテッド教育は――塾・予備校での実践や先述の幼児教育を除き――教育の世界からパージされてきたといえよう。

　研究テーマとして才能教育、英才教育が取り上げられる場合、その多くは心理学的研究である。清水義弘（1969）が述べるように、「…心理学的研究では、英才教育よりも英才そのものが問題とされ、英才の能力や業績が細かく追跡されたものであった。もちろん、英才の優秀性を個人の資質に帰属せしめる心理学的方法論からすれば、改めて教育を論ずる必要はないともいえる（傍点、清水）」という状況にあった。すなわち、英才教育の研究よりも英才そのものの研究が関心の対象であり、英才は意図的に育てられるものではないとの哲学があったというのである。しかし、清水は「私の考えでは、英才は育つものではなく、育てられるものである」と断ずる。これは清水を祖とする教育社会学界内の才能教育に関心を寄せる者に共通する見解である。すなわち、清水にとって、現代社会はかつてとは異なり多数の指導者を必要とする社会である。その数に見合うだけの英才が自然発生的に育ってくるのを待つだけでは不十分で、積極的に英才を発見し指導者に育てていく必要があるということなのである。「英才＝指導者」という捉え方を巡っては異論もあろう。

しかし、清水がこれを論じた時期を含めて、戦後長らく、才能教育、英才教育は、概念としてエリート教育と未分化な状況にあり、ともに非民主的教育の典型として、公的な場では排除されてきたいきさつから些か混乱した議論になっているものと考えられる。むしろ、この時期のエリート教育論、英才教育論が意識的に差異化した対象は、真下（1969）いうところの入試英才、いわゆる受験秀才である。才能教育論者によれば、激烈な受験、入試は優れた才能を育てるどころか、スポイルするというのである。すなわち、才能ある者がその才能を受験競争の中で摩耗させないよう庇護が必要であるという議論である。この議論も才能教育論者に広く共有される議論である。

しかし、少なくとも公教育においては、早期教育が障碍児教育の一環として実践され、研究される他にはほぼ見るべき成果はない状況であった。もちろん、公教育の中でも私立学校の一部において、学習指導要領の枠を越えたアクセレレーションやエンリッチメントが行われていたことは岩永（1997b）の指摘するとおりであるし、学校外の進学塾においても本間（1997）の指摘するような才能教育の試みがあったことは事実である。しかし、それは、一部の私立学校を除くと、概ね学校外での私的な試みであり、少数の例外に過ぎなかったわけである。

この流れに逆らう唯一の例外は、ハイタレント・マンパワー政策である。1960年に池田勇人内閣が誕生して以降、「国づくりの根本たる人づくり」のスローガンのもとに、産業界の能力主義的要請に答えるべく各教育段階の学校教育を拡充したのである。そして清水・向坊編（1969）『英才教育』はこの政策を明瞭に「才能ある者に対する特別な教育」と位置づけた。高度経済成長とめざましい科学の発展の中、日本社会はますます多くの領域で優れた指導者を必要とするようになっている。そこで諸外国の英才教育の実践と研究、日本における過去の英才教育の実践と研究を概観し、大胆な提言を行おうとしたものである。

しかし、今日の目から見てこの『英才教育』は（英才という言葉の曖昧さも手伝い）、才能教育とエリート教育という二つの教育理念・方法が混同されており、大胆な提言も十分な社会的反響を呼ぶことはなかった。

3 教育上の「例外措置」

　この状況に大きな変化がもたらされたのは、平成元年に発足した第14期中央教育審議会（以下、中教審と略）での審議である。麻生（1997）が述べるとおり、この審議会においては、「『後期中等教育の改革とこれに関連する高等教育の課題』のなかには、『特定の分野などにおいて特に能力の伸長が著しい者について大学入学年齢制限緩和など教育上の例外措置を講ずることの可否について検討する』という一項が含まれていた」のである。中教審では、あくまでも「例外措置」として才能教育を認めたが、要はエリート教育とは異なるのだということをかなり強調しているわけである。

　さらに麻生（1997）が述べるところでは、第14期中教審の答申を受けて「教育上の例外措置に関する調査研究協力者会議」が設置され（座長は当時の末松安晴・東京工業大学長）、才能教育についての調査研究を行った。そして第16期中教審において数学・物理等においてごく少数の「突出した才能」を持つ者を対象に、いわゆる「飛び入学」が認められた。現在、**表1-1**に見るとおり、飛び入学制度は学士課程レベルでは少数である。なお、かつては成城大学文芸学部、昭和女子大学人間文化学部、人間社会学部、生活科学部も飛び入学を実施していた。

　なお、飛び入学は1997年に数学と物理に関して制度化されたのだが、2002年には全分野に拡大している。また、1997年に日本数学会は要望書を、日本物理教育学会は声明を発表している。日本数学会の要望書は慎重論であり、日本物理教育学会の声明は反対論である。日本物理教育学会の反対論の核にあったのは、「高校2年生の段階での判定は極めて困難」、「飛び入学の対象となるべき生徒の水準が不明確」「学習指導要領の規制緩和が先決」、「意欲ある高校生等に大学の公開を推進」、ということであった。むしろ取るべき対応としては、学習指導要領の拘束力を緩めることだという趣旨であった。なお、2003年には自由民主党教育再生実行本部による『中間とりまとめ』が発表されている。基本政策分科会（遠藤利明座長）においては「平成の学制大改革」と題し、「柔

表1-1　平成30年度入試における飛び入学実施大学

大学名	実施学部	制度導入年度
千葉大学(国立)	文学部・理学部・工学部	平成10年度
名城大学(私立)	理工学部	平成13年度
エリザベト音楽大学(私立)	音楽学部	平成17年度
会津大学(公立)	コンピュータ理工学部	平成18年度
日本体育大学(私立)	体育学部	平成26年度
東京藝術大学(国立)	音楽学部	平成28年度
京都大学(国立)	医学部	平成28年度

出典　文部科学省ホームページ (http://www.mext.go.jp/a_menu/koutou/shikaku/07111318/001/002.htm 平成29年8月28日閲覧)

軟な教育システム」を実現する、「個人の能力・適性に応じた学びの保証システム」の一つとして「飛び級の導入」が謳われ、議論がなされている。

　以上の議論において、注目すべきは、清水・向坊編『英才教育』にみるような国家的・社会的要請の後退である。かわって乙竹岩造の主唱した、個々の才能に応じた教育という私的・個別的要請が大きくせり出してきている。すなわち、先述のような、英才教育とエリート教育が未分化で、英才教育という言葉が才能教育を指示する言葉としても、エリート教育を指示する言葉としても使われる曖昧な状況を脱し、英才教育は（才能教育との差異を残しながらも）エリート教育とは明白に切断されるのである。それは英才教育・才能教育ともに、個人の特別な教育ニーズに応ずる教育として、すなわち*その能力に応じた教育を受ける機会*」（新教育基本法第4条）として私的・個別的に展開されるものであり、国家的・社会的色彩が脱色されているのである。エリート教育は私的・個別的な概念ではあり得ず、集合的・集団的な概念であり、かつ国家的・社会的色彩を拭い去ることはできない。しかし、才能教育は私的・個別的な概念であり得るし、国家的・社会的色彩を拭い去ることも可能である。両義的な英才教育は、才能教育の概念に寄り添うということになるのであろう。

　ただし、問題は、本来、（国家・社会の指導者を養成するわけであるから）

国家的・社会的なバックアップのもとに展開されるはずのエリート教育が公教育の埒外へと放り出され、私的・個別的な努力に任されているのに対して、私的・個別的なものであるはずの才能教育は公教育の埒内に取り込まれ、国家的・社会的なバックアップを受けるという反転現象が生じていることである。もちろん、社会主義国家に見るように、優れた才能は個人に属する概念ではなく、貴重な社会的資源であるという考え方もあり得る。したがって才能教育に対して国家的・社会的バックアップが展開される素地はあり得る。しかし、才能教育はエリート教育ではないということをことさらに強調するこの流れは、エリート教育をタブー視する傾向をより一層強めることにもつながっている。

　たしかに、その後公立高校の中でも「英語コース」、「理数コース」などが設置されるのは、ごく当たり前になり、さらには都立墨田川高校や都立新宿高校のように公立高校内に「特進コース」が設置されるのも珍しくはない状況になっている。また、2002年度以降、国公私立を問わず指定されているスーパー・イングリッシュ・ランゲージ・ハイスクール（SELHi）、スーパー・サイエンス・ハイスクール（SSH）も才能教育の制度化といえる。さらに2014年度以降はスーパー・グローバル・ハイスクール（SGH）が制度化され、グローバル化、国際化への対応が強化された。さらに、習熟度熱学級編成、習熟度別グループ編成も、かつての反対論が嘘のように、当然のように公教育の中に取り込まれている。加えて、大学においてもグローバル化、国際化への対応として事実上の「特進コース」的なプログラムが、一点豪華主義的に設けられる傾向が強まっている。その典型が2014年度から始まったスーパー・グローバル・ユニバーシティ（SGU）である。現在、「トップ型」として13大学、「グローバル化牽引型」として24大学が指定されている。

　これらの流れはすべて、「才能教育＝特別な教育ニーズに応じる教育」との前提の上に成り立っており、非エリート教育として社会的認知を勝ち取ろうとしている。その一方でエリート教育は、時として優生学や民族主義と結びつく危険な香りのする教育として、ますますタブー視されるようになった。公教育の領域からは駆逐され、たとえば松下政経塾の

ような私的な機関において、ノンフォーマル教育として行われている。この現象をどう読み解くべきであるのか。本書では各章において効率性と公正性、平等性の観点を軸に議論している。各章をお読みいただければ、おわかりいただけることと考えるが、ここで問いたいのは、日本を含む自由主義国家の多くでは、才能教育が、私的・個別的要請に基づいて行われるものであって、国家的・社会的要請に基づくものではないという、上述のテーゼは本当なのだろうかということである。

　たしかに一見、政治エリート、経済エリート、軍事エリートなどパワー・エリートを養成するエリート教育とは、才能教育はまったく異なるようにみえる。本章中で述べた鈴木鎮一、伏見猛弥、七田眞などの提唱する幼児教育、早期教育の場合は、エリート教育との差異は明瞭であろう。また、音楽・美術・スポーツ等の領域における才能教育がパワー・エリート養成とは異なることは明白である。

　しかし、上述のように幼児教育、早期教育ではなく、また音楽・美術・スポーツの分野でもない、アカデミックな領域の才能教育はどうであろうか。近年の日本の動向において注目すべきことは後期中等教育、さらには高等教育へと才能教育の年齢段階がせり上がっていることである。後期中等教育については上述のような英語、理数の領域を中心に展開が見られ、また高等教育においては石渡・山内（2012）が紹介するように、大規模大学を中心に「グローバル人材」の育成を標榜した、石渡・山内言うところの「特進コース」を設けている。これは「特進コース」的な学部を設置するという場合もあるし、特定学部の中にそういったコースを設置する場合もあるし、学部横断的にそういうプログラムを設けることもある。学生に英語を駆使した教育を施し、海外留学をカリキュラムに取り込むなど（義務づける場合すらある）、一点豪華主義的にリソースを注ぎ込んだ教育が展開されている。また高等教育レベルの理数系においても、リソースをふんだんに注ぎ込んだ才能教育が―石渡・山内が紹介するように―展開され始めている。

　こういった流れは何を意味するのであろうか。就学前教育あるいは初等教育の場合とは異なり、後期中等教育や高等教育の段階、特に高等教

育の段階では、このような教育は、個々の才能に応じた教育であると同時に、国家的戦略に沿った、アカデミックな特定領域、特定分野の人材育成に結びついているのではないだろうか。もっとも、才能教育が国家的・社会的要請に寄り添ってはいけないというわけではない。本書で紹介される他国の例を見れば、むしろ寄り添っていないのは異例かもしれない。しかし、既述のように今時の才能教育は、エリート教育ではないことを標榜して「例外措置」として登場してきたわけである。社会的認知を取り付けるために、才能教育は教育の公正性、平等性の原則を大きく脅かすことなく導入し得るものであると、繰り返し強調されてきたわけである。その経緯から見て、現在の流れはどのように判断されるべきなのであろうか。

　少なくとも戦後、長きにわたって続いてきた、効率性と公正性、平等性とのバランスが、教育段階を問わず崩れかけており、それを見直すべき時期に来ているということは言えるであろう。

4　才能教育の概念の変化

　今、戦後日本における才能教育の歴史を振り返って、痛感することは「才能教育」という言葉の意味するところが大きく変化したことである。従来「特殊教育」という用語で表現されてきた障碍を有する子どもたちへの教育に関して、知的な遅れを伴わない障碍、各種の発達障碍—学習障碍を含む—をも対象とする「特別な教育ニーズに応ずる教育」へと広がり、また同時に「障碍も個性の一つ」との考え方が広がってきた。

　この流れは主として20世紀末のイギリスから起きる。文部科学省ホームページに掲載されている「イギリスにおける障害のある子どもの教育について」(http://www.mext.go.jp/b_menu/shingi/chukyo/chukyo3/044/attach/1306642.htm　平成29年8月28日閲覧) によると、下記の通りである。

> 1981年教育法により、イギリスの障害のある子どもの教育は、それまでの障害カテゴリーを基にしたものから、学習における困難さから考えられ

る特別な教育的なニーズを基にしたものに変更されました。

　この特別な教育的なニーズは、1979年に出されたウォーノック報告で提唱された概念です。この概念は、個々の子どもに障害のラベリングを回避することと、従来の障害カテゴリーの概念では支援されにくい学習遅滞の子どもの教育や、障害が複数ある子どもの教育を充実させることも目的としています。

　この新たに導入された概念により、「才能教育」の指示する内容も大きな影響を受けるのである。才能教育が―英才教育とは異なり―、優れた才能を持つ子どもに対する特別な教育という意味ではなく、個々の子どもの能力に応じた教育という意味に変化し、障碍を持つ子どもをはじめ、より広い範囲の子どもを包摂する概念へとコペルニクス的転回を遂げたのである。そしてその機会を保障するのが国家・社会の責任となるのである。本章冒頭で引用した新しい教育基本法はまさにそのことを意味するのである。SELHi、SSH、SGH、SGU も、後者の意味で理解されるべき教育事業なのであろう。

5　わが国の才能教育の現状

SSH（スーパーサイエンスハイスクール）・SGH（スーパーグローバルハイスクール）の取り組み

　SSH（スーパーサイエンスハイスクール、以下 SSH と略）は高等学校等において、先進的な理数教育を実施するとともに、高大接続のあり方について大学との共同研究や国際性をはぐくむための取り組みを推進し、創造性、独創性を高める教育方法、教材の開発等の取り組みを実施した学校を指す。

　SSH は2002年より国より指定を開始しており、2017年度の指定は77校（国立2校、公立67校、私立8校）である。その内容としては、先進的な理数教育を実施するとともに、高大接続のあり方について大学との共同研究を行い、国際性を育むための取り組みなどである。

　SGH（スーパーグローバルハイスクール、以下 SGH と略）は2014年より

指定を開始しており、2016年度現在で計123校を受けている。国際的に活躍できるグローバルリーダーの育成を図ることを目的としている。グローバルな社会課題等の研究課題をもち、大学や国際機関・企業等との連携が必要となる。

京都府立A高等学校SSHの現状

ここでは京都府立A高等学校（以下A高校と略）のSSHについて詳細を見ていきたい。A高校は2004年度からSSHの指定を受け、取り組みを継続的に行ってきた。2016年度で第3期5年目を修了している。2013年度までは中高一貫コースと第Ⅱ類の生徒、合計4クラスが対象となっていたが、2014～16年度には中高一貫コースに文理コースの生徒が加わった合計6クラスが対象となる。2017年度からはスポーツ総合専攻の生徒もSSHの対象となる。

A高校のカリキュラムは以下のようになっている。

1年次のカリキュラムは「Aサイエンス」という枠組みで数学α（5）、数理情報（1）、自然科学基礎（2）、生命科学基礎（2）が設定されている。そこから2年次になると、数学β（5）、エネルギー科学Ⅰ（3）、物質科学Ⅰ（3）数理情報（1）と科学関連の授業が増えていく。3年次では数学γ（5）、物質科学Ⅱ（3）エネルギー科学Ⅱ・生命科学（5）となる。

表1-2　A高校SSHにおける理系選択の推移

H21卒	H22卒	H23卒	H24卒	H25卒	H26卒	H27卒	H28卒
64.9%	64.1%	67.9%	67.5%	75.0%	74.1%	79.7%	79.5%

表1-3　A高校SSHにおける理系大学院進学および理系就職の推移

	回答人数	大学院進学	大学院＋理系就職
第1期(H21卒)	76名	22名(28%)	36名(47%)
第2期(H22卒)	64名	19名(30%)	38名(49%)
第3期(H23卒)	72名	30名(42%)	44名(61%)

年間の活動計画の特徴としては、①夏季休暇中の研究室訪問件驟雨、②第2回京都サイエンスフェスタの参加、③11〜1月の課題研究、④2月末の公開研究報告発表会がある。このようなカリキュラムの結果、A高校の理系選択率はSSHの指定から年々増加し、2016年現在では8割近い生徒が理系を選択している。

また、A高校の卒業生のうち、理系の大学院に進学し、理系企業に就職した学生についても年々増加していることが確認できる。

京都市立B高等学校SGHの現状

次に、京都市立B高等学校(以下B高校と略)のSGHについてみてみたい。B高校のSGHは2015年度から取り組まれており、現在7クラスを対象としている。付属中学校との連携を進めながら、3年間で①海外フィールドワークに向けた取り組み、②トップリーダー研修、③文理融合型情報教育プログラム、④3年次での論文発表を行う点に特徴をもつ。とりわけ、海外フィールドワークは1年後半から2年にかけて継続しておこない、グローバルリーダーとして必要な資質能力を育成しているといえる。A高校と異なり、まだ卒業生を対象とした追跡調査は実施できないが、3年次は自分たちの変容を以下のように評価している。

これをみると、研究成果を他者に表現する力や社会課題についての興

	項　目
1	研究成果をポスターにまとめる力がついた(89%)
2	社会課題に関する関心が高まった(87%)
3	現象や他人の意見を客観的に比較して考える力がついた(87%)
4 3	専門家と協力して活動する力がついた(50%)
4 4	専門家と話し合い、意見を交換する力がついた(47%)
4 5	学校が設定したもの以外に、自主的に活動して実績を上げた(45%)
5	

味関心が高まった一方で、専門家と協働したり、話し合ったりする力や、学校が設定した以外の学びを主体的に進める力については課題が残るといえる。

6　才能教育と入試制度の変容

　SSH や SGH は 2000 年前半から導入された後期中等教育段階における才能教育のひとつと指摘できる。また、現在の才能児教育の流れは後期中等教育や高等教育に注目されていると同時に、国家的戦略に沿った、アカデミックな特定領域、特定分野の人材育成に結び付いているといえる。

　このような特定分野の人材育成を見据えた入試制度を取り入れる大学が増えつつある。ここでは東京大学の推薦入試と京都大学の特色入試からその特徴を考えてみたい。

東京大学推薦入試の場合

　2016 年度入試から導入された推薦入試である。全学部より募集されるが、学部によって出願条件が異なる。共通点としては、①学業成績が上位 5～10％であること、②センター試験を課されること、③面接やディスカッション等を実施すること、が指摘できる。学部によっては、語学力を客観的に証明できる証明書（TOEIC 等）、科学オリンピックなどの証明書、卒業研究の概要等を提出する必要がある。

京都大学特色入試の場合

　2016 年度入試から導入された推薦入試のひとつである。提出書類としては、調査書、高等学校長が作成する「学業活動報告書」「推薦書」の他に、在学時の顕著な活動歴や志願者が作成する「学びの計画書」を提出しなければならない。これらの書類と、大学が作成した試験、論文、面接、口頭試問をセンター試験の結果とともに総合的に評価することになる。

両大学が推薦入試を実施することに、当初は賛否両論であった。しかし、2019年度入試についての概要も2018年6月現在で発表されていること、これを端緒としていくつかの国公立大学においても学力試験を踏まえた推薦入試を導入していることからも、こうした学力だけではなく、生徒の資質能力を多面的に評価する流れは続くことが予想できる。こうした推薦入試が2020年以降の大学入試に与えるインパクトは決して小さくない。

　例えば、2020年以降に実施される新たなセンター試験を想定したシミュレーションによる（カレッジマネジメント No. 309）と、教科学力のみだと合格圏内だった生徒がリテラシー（思考力等）やコンピテンシー（主体性等）などを含めた総合能力判定となった場合、半数近くが合格圏内から脱落するという結果が出た。すなわち、2020年を境に、難関大学に合格する生徒の特質が大きく変更するであろう予測が成り立つのである。これまでの入試で問われてきた教科学力や思考力に、主体性や人間性といった個人の特質についても評価の範疇に入れようとする試みである。

　すでに小学校の学習指導要領は2017年の全面改訂を受け、新しい学習指導要領の移行期に差し掛かっている。そこで強調されるのは学力の3要素を踏まえた「主体的・対話的で深い学び」の推進である。学力の3要素とは、①知識・技能、②思考力・判断力・表現力、③学びに向かう力、人間力等を表している。これまでの入試問題で問うてきたのは主に①や②の力であった。どれだけの知識や技能を有し、複雑な問題をどのように考え、判断するのか、入学が困難な大学ほど①や②の力の高い人材を入学させてきたといえる。国公立大学の推薦入試や2020年以降の入試問題の評価観点の変化は、③の力を測定するための準備期間に入ったと考えられないだろうか。

　このような入試制度の変容は、大学進学についてのトレンドにも変化を与えることが想定できる。例えば、2014年の東京大学の新入生（回答率92%）に占める私立中高一貫校の割合は51.8%であり、公立の中高一貫校出身者（2.8%）と国立の中高一貫校出身者（4.9%）を合計する

と 59.5％ となっている。これまで難関大学の出身高校として大きな位置を占めていた私立中高一貫校の割合が次第に下がってきていることである。ちなみに、中高一貫ではない一般の公立高校の出身者は 30.9％ となり、私立学校の割合が下がる一方で公立学校の占める割合が上昇していることに注目する必要がある。

　前述した新センター入試のシミュレーションでは、進学校の合格者が若干下がる一方で、中堅校や多様校では合格者が増える傾向にあった。入試問題が総合的な生徒の能力を判定するのであれば、教科学力にのみ秀でていた生徒が不利になるのは自明である。

　わが国の差異の教育の現状を考察すると、SSH や SGH などの取り組みは積極的に取り入れられており、公立学校における特定分野の能力を伸ばすエンリッチメントの才能教育は広がりつつあるといえる。とりわけ A 高校においては SSH 卒業生の理系大学院進学が着実に増加しており、関連の業種に就職しているといった成果も見られることからも明らかである。一方で、知的発達の早い子どもたちに対して、飛び級を設けたり、複数の学年のカリキュラムを早期に修了したりするといったアクセレレーションの才能教育は依然として停滞していると指摘できる。例えば、千葉大学では 1999 年より 17 歳での飛び級入学が認められているが、これに追随した大学は 7 つにとどまっており（平成 30 年現在）、諸外国のように何年かのカリキュラムをスキップした小学生が大学に入学するといったケースは不可能であることからも明らかである。ゆえに、わが国の才能教育はとりわけエンリッチメントに重点を置いたシステムとなっており、それが 2000 年代以降、公立学校においても広く浸透してきたといえる。それゆえ、アクセレレーションはほとんど機能していないため、日本のギフテッド教育はアジア諸国から見ても遅れているといった批判がみられるのも事実である。こうした国内の状況に見切りをつけ、アクセレレーション型の才能教育を求めて海外の学校に活路を見出す家庭も存在している。

　わが国の教育システムは才能教育とは全く異なったベクトル、すなわ

ち大きな集団で子どもたちを育て、1人の教師が担当する子どもの数は多いが、彼らの学力をある程度担保し、落ちこぼれを極力少なくすることであった。しかし、2000年台以降のSSHやSGH、公立中高一貫教育の増加は、かつてのわが国の教育制度が有していた効率性と公正・公平性とのバランスが教育段階を問わず崩れかけていることを示す証左であり、それを見直すべき時期に来ているのである。

参考文献（主要なもの＝膨大な量に上るので書籍を中心とした）

上里吉堯(1972)『裸の幼稚園―体力づくりと才能教育の実践記録―』主婦の友社
上里吉堯(1981)『幼稚園はおまえたちのためにこそ―才能教育法と人づくりの実践―』才能教育研究会
赤ちゃん学カフェ編集委員会編(2010)『特集　早期教育を考える―赤ちゃんの知覚と認知発達―』ひとなる書房
麻生誠編(1993)『才能教育の現状と課題―アメリカ・英国・フランス・中国―(高等教育研究紀要第13号)』高等教育研究所
麻生誠(1994)『才能教育に関する基礎的研究』大阪大学
麻生誠・岩永雅也編(1997)『創造的才能教育』玉川大学出版部
麻生誠(1997)「才能教育の必要性―タブーからの解放―」麻生誠・岩永雅也編『創造的才能教育』玉川大学出版部、pp.26-35
麻生誠(2000)『教育上の例外措置に関する基礎的研究』放送大学
麻生誠・山内乾史編(2004)『21世紀のエリート像』学文社
阿部進(1969)『3歳までに決まる』明文社
阿部菜穂子(1995)『5歳からでも間に合う英才教育』蔵書房
新井郁男(1965)「アメリカにおける英才教育」『学校経営』第10巻第2号、第一法規、pp.88-89
アラジ、ルツ(滝川義人訳)(2000)『1人の母親は100人の教師にまさる―ユダヤの伝統教育と英才教育―』プロスパー企画
池田幸彦監修(1999)『天才児を育てた24人の母親―日本で初めて明かされた早期教育体験談集―』コスモトゥーワン
石井光夫(1993)「北京市の数学PR院ピック学校―数学英才を発掘、養成―」『教育委員会月報』第427号、第一法規、pp.40-41
石川裕之(2004)「韓国の才能教育における高大接続に関する考察―科学高等学校と英才学校の大学進学制度を事例に―」日本教育制度学会編『教育制度学研究』第11号、pp.259-273
石川裕之(2005a)「韓国の才能教育における科学高校の受験名門校化に関する研究―『平準化』制度との関連に注目して―」日本比較教育学会編『比較教育学研

究』第31号、東信堂、pp.83-100
石川裕之(2005b)「韓国における才能教育制度の理念と構造―『英才教育振興法』以後を衷心に―」『京都大学大学院教育学研究科紀要』第51号、pp.114-127
石川裕之(2007)「韓国の大学における早期入学者の受け入れ状況に関する考察」『アジア教育研究報告』第8号、pp.51-68
石川裕之(2011)『韓国の才能教育制度―その構造と機能―』東信堂
石角友愛(2016)『才能の見つけ方 天才の育て方―アメリカのギフテッド教育最先端に学ぶ―』文藝春秋
石渡嶺司(2007)『最高学府はバカだらけ―全入時代の大学「崖っぷち」事情―』光文社
石渡嶺司・山内太地(2012)『アホ大学のバカ学生―グローバル人材と就活迷い子のあいだ―』光文社
泉千勢・一見真理子・汐見稔幸編(2008)『世界の幼児教育・保育改革と学力』明石書店
磯村懋(1983)『奇跡の対話教育―中学卒で、東大・京大に合格するまでの記録―』光文社
市川博(1979)「中国における学校改革論」『現代教育科学』第267号、明治図書、pp.55-60
一見(鎧屋)真理子(研究代表者)(2003)『韓国における早期教育の現状と課題―資料と解説―』国立教育政策研究所
一見(鎧屋)真理子(研究代表者)(2005)『東アジアにおける早期教育の現状と課題』国立教育政策研究所
井手光生(1995)『才能教育との出会い』講談社サービスセンター
伊藤英造・品川孝子(1968)『音楽才能の伸ばし方』あすなろ書房
伊藤隆二(1976～1978)『親が子どもをダメにする―かくれた才能発見の本―(日本人の巻、外国人の巻)』福村出版
伊藤隆二(1984)『才能は育つ(日本人の巻、外国人の巻)』福村出版
稲垣真美(1980)『ある英才教育の発見―実験教室六十年の追跡調査―』講談社
稲葉継雄(1979)「能力・適性―韓国―」『内外教育(現代海外教育シリーズ3)』第3083号、時事通信、pp.16-17
稲葉継雄(1985)「科学高校の英才教育」『総合教育技術』第40巻第9号、小学館、p.96
乾孝編(1969)『才能をのばす教育―個性をどう育てるか―』
井上徳之・毛利衛(2003)『スーパーサイエンスハイスクール―理系離れをくい止める新しい学校教育への挑戦―』数研出版
井深大(1992)『井深大の胎児は天才だ―教育は生まれる前からはじめる―』チクマ秀版社
今井秀雄編(1976)『早期教育(障害児教育の今日的課題6)』福村出版
岩田和子+グループわいふ(1993)『早期教育と塾えらび―お母さんの体験入学―』平凡社
岩田茂樹・野呂正(1966)『英才児』明治図書

岩坪秀一(2002)『学力における特異型と万能型の生徒に対する早期教育の比較研究―過去の諸制度下で早期教育を受けた者の追跡研究を中心として―』大学入試センター
岩永雅也(1997a)「拡充と促進―才能教育の二大潮流―」麻生誠・岩永雅也編『創造的才能教育』玉川大学出版部、pp.50-61
岩永雅也(1997b)「才能教育をめぐる状況」麻生誠・岩永雅也編『創造的才能教育』玉川大学出版部、pp.172-192
岩永雅也・松村暢隆編(2010)『才能と教育―個性と才能の新たな地平へ―』放送大学教育振興会
ウイッティ、ポール(森重敏訳)(2008)『ギフテッド・チャイルド―その育て方と伸ばし方―』家政教育社
薄井茂和(2015)『不適応社会―隠された早期教育―』メディアランド
ウッドロー、ハーバート(大伴龍子訳)(1933)『英才児と鈍才児―その心理と教育―』培風館
エルキンド、デイヴィッド(幾島幸子訳)(1991)『ミスエデュケーション―子どもをむしばむ早期教育―』大日本図書
遠藤忠(1984)「ソ連における英才教育の現状―才能教育システムの特質―」『理想』第611号、理想社、pp.280-287
大川翔(2014)『ザ・ギフティッド―14歳でカナダのトップ大学に合格した天才児の勉強法―』扶桑社
大島眞・秋山博介編(2003)『才能教育の展開―スズキ・メソードの可能性―(現代のエスプリNO.428)』至文堂
大塚豊(1995)「中国の才能教育―大学少年クラスのケース―」『月刊　高校教育』第28巻第1号、学事出版、pp.120-127
大伴茂(1961)『日本天才児の心理学的研究』弘文堂書房
緒方邦彦(1994)『ゼロ歳から始めます!?―お隣もこっそりやってる早期エリート教育―』ホーム社
尾川克臣(1996)『国語力が子どもを伸ばす―奇跡の英才教育「言語強化学習法」のすべて―』PHP研究所
翁麗芳(2008)「過度な早期教育熱は改まるか？―教育偏重から『教育とケア』へ―」泉他編『世界の幼児教育・保育と学力』明石書店、pp.242-263
乙竹岩造(1908)『低能児教育法』目黒書店
乙竹岩造(1912)『穎才教育』目黒書店
乙竹岩造(1952)『天才の本質と教育技術の革新』培風館
乙竹岩造(麻生誠解説)(1981)『穎才教育(教育名著叢書4)』日本図書センター
カー、バーバラ・A.(清水久美訳)(1992)『才女考―「優秀」という落とし穴―』勁草書房
海後勝雄(1963)『秀才をつくる、英才教育学』展望社
学際教育センター編(1978)『英才になる創造力教育法』日本書籍
梶間みどり(2004)「イギリスにおける『才能児教育』のプログラム開発」麻生誠・山

内乾史編『21世紀のエリート像』学文社、pp.115-130

加藤繁美(1995)『早期教育が育てる力、奪うもの―幼児期に欠かせない人間らしさの"芯"の育ち―』ひとなる書房

金子忠史(1981)「概観　能力・適性に応じた教育」海外教育問題研究会編『能力・適性に応じた教育(現代海外教育シリーズ4)』ぎょうせい、pp.15-25

金子忠史(2003)「優秀児の指導法」学校教育研究所編『学習指導の現代的課題』学校教育研究所、pp.70-73

金子文雄(2007)『ほめて抱きしめれば天才になる』文芸社

上条茂・田中茂樹(1949)『小学校における才能教育の実際―1ヶ年の実験報告―』才能教育研究会

ガルブレイス、ジュディ(和田秀樹訳)(2002)『ひょっとしてうちの子って、天才?』祥伝社

川野辺敏(1970)「ソビエトの英才教育」勝田守一『学習の能力と個人差』明治図書、pp.161-180

川野辺敏(1983)「ソ連における能力開発の位置づけ」ソ連英才教育調査研究委員会編『ソ連の英才教育』第139号、ソ連問題研究会、pp.1-18

木村久一(1977)『早教育と天才』玉川大学出版部

教育評論社(1995a)「英才教育の特別学校廃止へ　中国」『教育情報パック　3月15日号』第520号、教育評論社

教育評論社(1995b)「韓国、天才伸ばせ、飛び級、小・中・高で来春にも」『教育情報パック　9月15日号』第532号、教育評論社

旭丘光志(1989)『燃える池田中学―自由、創造への挑戦！　校則・通知表のない超英才教育』現代書林

久保金保(1979)『新・天才教育の勧め―父と子の苦闘十五年の記録―』山手書房

黒木由紀子(1989)「ソ連教育情報―教育の「多様化」、「個別化」、「人間化」具体的諸施策の導入―」文部省大臣官房調査統計企画課編『教育と情報』第377号、第一法規、pp.38-39

黒田実郎(1972)『才能教育―その功罪と考え方―』創元社

現代の教育を考える会編(1985)『どの子も育つ育て方ひとつ―世界に広がる驚異の鈴木メソード―』原書房

髙良聖編(1996)『警告！早期教育が危ない―臨床現場からの報告―』日本評論社

小島正美(1985)『「スズキメソッド」世界に幼児革命を―鈴木鎮一の愛と教育―』共同音楽出版社

小島正美(2016)『新版「スズキメソッド」世界に幼児革命を―鈴木鎮一の愛と教育―』創風社

コスモトゥーワン編集部編(1998a)『超英才児革命―26人の奇跡の体験記:日本で初めて明かされた早期教育の素晴らしさ:これがビッテ式「家庭保育園」―』コスモトゥーワン

コスモトゥーワン編集部編(1998b)『天才児をつくる！！全情報―あなたはどの早期教育を選びますか？　最新版―』コスモトゥーワン

五島忠久(1962)『こどもに英語を教える―英語早期教育指導書―』布井書房・蛍光社
小西行郎(2004)『早期教育と脳』光文社
小林哲夫(1999)『飛び入学―日本の教育は変われるか―』日本経済新聞社
小松郁夫(研究代表者)(2002)『知識社会におけるリーダー養成に関する国際比較研究(中間報告書)』国立教育政策研究所
小宮山博仁(1995)『早期教育をまじめに考える本』新評論
小山俊也(1979)「イギリスの学校総合化と英才教育」『学校経営』第24巻第2号、第一法規、pp.112-115
今野喜清(1964)「アメリカ社会における"英才"教育」海老原治善・佐藤興文編『受験―能力と学力―』三一書房、pp.159-165
才能教育研究会、スズキ・メソード学術研究会編(1999)『21世紀の感性教育―スズキ・メソードの理論と背景―』六甲出版
阪井敏郎(2002)『早教育と子どもの役割』家政教育社
榊原洋一(2004)『子どもの脳の発達臨界期・敏感期―早期教育で知能は大きく伸びるのか？―』講談社
坂本市郎(1979)「ソビエト―社会主義社会の教育と子どもの発達―」大田他編『岩波講座　子どもの発達と教育1巻』岩波書店、pp.243-262
迫田文雄(1974)『英才教育のすすめ』エルム
汐見稔幸(1993)『このままでいいのか、超早期教育』大月書店
重野哲寛・白鳥早奈英(1979)『食べる英才教育―頭のよくなるトリプルメニュー80付き―』ちはら書房
七田眞(1983)『七田眞の障害児を普通児に育てる本―言葉の出ない子の早期教育法―』鳳鳴堂書店
七田眞(1996)『子供の「天才」の見つけ方―潜在能力を引き出す胎児期・幼児期からの右脳教育―』PHP研究所
七田眞(2001)『赤ちゃんはみな天才―IQ200の子を育てる七田式0歳教育の実践記録―』ウイズダムブック社
七田眞(2007)『子どもの脳力は無限です―七田式早期教育101の法則―』創芸社
品川不二郎(1968)『才能の見つけ方・伸ばし方』あすなろ書房
清水驍(1975)『知能教育のための知能因子の要点と課題』英才教育情報センター出版部
清水驍(1978)『知能教育の心得―これだけは知っておきましょう―』知能教材開発センター
清水驍・千葉晃編(1978)『知能教育の理論と実際―幼児の思考力を育てるために―』知能教材開発センター
志水速雄(1979)『新英才論』PHP研究所
清水真弓(2010)『わが子を「英語のできる子」にする方法―英語をちょっと育児に混ぜるだけ！―』大和出版
清水義弘・向坊隆編(1969)『英才教育(教育学叢書14)』第一法規

清水義弘(1969)「教育学叢書第14巻『英才教育』の編集を終えて」清水義弘・向坊隆編『英才教育(教育学叢書14)』第一法規、教育学叢書月報8、pp.5-6
下村哲夫(1984)「アメリカにおける英才教育の現状—卓越と均等の追求—」『理想』第611号、理想社、pp.251-258
自由民主党教育再生実行本部(2002)『中間とりまとめ』自由民主党
ショヴァン、R．(前田嘉明・西畑明共訳)(1980)『英才児—その検出と育て方—』朱鷺書房
白井常(1983)「ハンター大学付属小学校—英才児を育てる—」『世界の幼児教育アメリカⅠ』丸善メイツ、pp.19-33
シンガポール文部省才能児教育局(杉本均訳)(2002)「才能児教育プログラム(翻訳)」小松郁夫(研究代表者)『知識社会におけるリーダー養成に関する国際比較研究(中間報告書)』国立教育政策研究所、pp.35-42
新谷時雄(2004)『金メダルへの挑戦—世界一を成し得た水泳研究と女子英才教育の戦略的手法—』新風社
進藤隆夫(1977)『才能を伸ばす教育』研成社
杉靖三郎(1967)『英才教育—間違いだらけの教育—』潮文社
杉本均(研究代表者)(2005)『児童・生徒の潜在的能力開発プログラムとカリキュラム分化に関する国際比較研究』京都大学
鈴木鎮一(1946)『幼児の才能教育と其の方法』全国幼児教育同志会
鈴木鎮一(1948)『才能教育』才能教育研究會
鈴木鎮一(1969a)『才能開発は0歳から』主婦の友社
鈴木鎮一(1969b)『幼児の才能教育』明治図書
鈴木鎮一(1970)『鈴木メソードによる幼児の能力開発』三省堂
鈴木鎮一(1973)『母国語の教育法と能力の法則』才能教育会館
鈴木鎮一(1985)『鈴木鎮一全集(全8巻別巻2)』双柿社
聖徳学園小・中学校編(1978)『知能開発をめざした学習指導』聖徳学園小・中学校
須田亨(1996)『親は子に何をしたらいいか—幼児のための本当の早期教育とは—』フォー・ユー
須藤直勝(1994)『東京府立第一中学校＜日比谷高校の前身＞—エリート校の現代に生きる英才教育と遊びの変化—』日本図書刊行会
全米教育協会・全米中等学校長協会編(大柴衛訳)(1966)『人材開発教育—中等学校におけるその運営—』誠信書房
全米教育協会編(大柴衛訳)(1971)『小学校の英才児教育』葵書房
早期教育研究会編(1994)『はじめての早期教育—いつから・どうする？—』有朋社
早期教育研究会編(2001a)『「早期教育」に関する事例研究・資料集』早期教育研究会
早期教育研究会編(2001b)『「早期教育」に関する外国調査』早期教育研究会
早期教育研究会編(2001c)『「早期教育」に関する保護者の意識調査』早期教育研究会
早期教育指導会編(2007)『母の教育法50箇条—子供が勉強好きになる秘訣—』

データハウス
園田達彦(1979)『英才教育時代―英才児は家庭環境から創られる―』文遊社
園田達彦(1981)『英才児を育てる遊び―3歳児から小学校3年の子を持つ親のために―』学陽書房
園田達彦編(1995)『知能を伸ばす―子どもの可能性を育てる知能教育―』国土社
ソ連問題研究会編(1983)『ソ連の英才教育―初・中学校の科学・技術教育と早期才能教育―』ソ連問題研究会
大学への早期入学及び高等学校・大学間の接続の改善に関する協議会(2007)『報告書――人一人の個性を伸ばす教育を目指して―』文部科学省
多賀幹子(1997)「『飛び級』復活の光と影」『サイアス』1997年8月1日号、アスキー、pp.61-62
高島敏(1927)『学校・家庭英才教育―応用及実際―』文書堂
竹内均(1995)『ヒラメキ天才教育論―子供に最高の人生を贈るために―』PHP研究所
竹内義彰・豊嶋覚城編(1971)『早期教育への提言』法律文化社
多湖輝(1982)『愛の才能開発―鈴木メソードと幼児教育―』桐原書店
田中茂樹(1975)『落伍させない教育法―鈴木メソードの小学校での実践―』サイマル出版
田中ひろし(1993)『お父さんのためのわが子の英才教育―知恵のある子に育てる本―』HBJ出版局
谷かおる(2005)『子どもが伸びる魔法のしつけ』三笠書房
玉岡忍(1952)『天才教育』金子書房
知能教育国際学会日本中央本部編(1978)『知能教育こそ賢明な教育―知能教育国際学会設立記念出版　知能教育学会1977年次大会報告―』知能教育国際交流センター出版部
千葉晃(1974)『知能教育のための知能診断と教育評価』英才教育情報センター出版部
通信勉強指導塾アテネ(1996)『みどりとイチロー―五嶋家、鈴木家の子どもの能力開発法―』ごま書房
手塚武彦(1984)「フランスにおける英才教育の現状」『理想』第611号、理想社、pp.267-273
手塚武彦(1991)『フランス優秀児と遅滞児の教育指導』国立教育研究所
寺内定夫(1995)『花ひらく3歳―感性と表現力をはぐくむ早期教育―』PHP研究所
トケイヤー、M.(加瀬英明訳)(1976)『日本には教育がない―ユダヤ式天才教育の秘密―』徳間書店
トケイヤー、M.(加瀬英明訳)(1996)『ラビ・トケイヤーの校長日記―21世紀型教育のすすめ　なぜ誰もが英才児になるのか―』徳間書店
トランス、E.ポール(野津良夫訳)(1966)『才能教育の心理学』国土社
トーランス、E.ポール＆シスク、ドロシー　A.(野津良夫訳)(2000)『才能を拓く―その考え方見つけ方伸ばし方―』文芸社

中川環(1967a)「アメリカの教育視聴研究(28)―英才教育の理念(一)―」『学校経営』第12巻第2号、第一法規、p.88
中川環(1967b)「アメリカの教育視聴研究(29)―英才教育の理念(二)―」『学校経営』第12巻第3号、第一法規、p.88
中川環(1967c)「アメリカの教育視聴研究(30)―英才教育の理念(三)―」『学校経営』第12巻第4号、第一法規、p.87
永治日出雄(1987)「フランス啓蒙思想における個性・天才・英才教育―ディドロの思想を中心に―」『日仏教育学会会報』第11巻、pp.1-5
中山治(1997)『親だけが伸ばせる知力・学力・人間力―早期英才教育と小学教育で失敗しないために―』洋泉社
中山迅他(2015)『自然科学分野における才能教育の動向と可能性』宮崎大学
南部広孝(2002)「中国におけるリーダー養成教育―制度としての重点普通高級中学に関する考察」小松郁夫(研究代表者)『知識社会におけるリーダー養成に関する国際比較研究(中間報告書)』国立教育政策研究所、pp.43-54
日本数学会(1997)『「教育上の例外措置」の検討に関する要望書』日本数学会
日本比較教育学会編(2012)『比較教育学研究―特集 各国の才能教育事情―』第45号、東信堂
日本物理教育学会(1997)『教育上の例外措置「飛び入学」についての声明』日本物理教育学会
萩原中(1952)『天才への道―優秀児-優秀人-天才―』古明地書店
『発達』編集部編(1983)『「特集」早期教育・幼児期に何を教えるべきか(「発達」14号)』ミネルヴァ書房
服部龍太郎(1953)『ラビニアックの音楽才能教育』音楽之友社
バトラー後藤裕子(2015)『英語学習は早いほど良いのか』岩波書店
パン・クリエイティブ編(2005)『早期教育と学力、才能を考える―してよいこと、よくないこと―』ほんの木
肥田正次郎(1971)『家庭でできる英才教育』金剛出版
平井信義他著・げ・ん・き編集部編(1993)『読み聞かせでのびる子ども―早期教育の見直し―』エイデル研究所
平尾桂子(1992)『わが子に英語を教えてみたら―英語講師の「早期教育」体験―』汐文社
平沢進(1964)「ソビエトにおける英才教育」日本理科教育学会編『理科の教育』第13巻第8号、東洋館出版社、pp.35-37
広田照幸(1997)「才能教育の歴史的考察―過去の早期入学生・特別入学と現代の『例外措置』構想」麻生誠・岩永雅也編『創造的才能教育』玉川大学出版部、pp.36-48
福田誠治(2003-2004)『ロシアにおける英才教育と学校の多様化・個性化に関する総合的調査研究(中間報告書1～2)』都留文科大学
福山すすむ(1958)『凡くら教育―天才を創る工夫―』黎明書房
藤井泰(2009)「イギリス労働党政府における学力向上政策の展開―才能教育・飛

び級・原級留置を中心として―」『松山大学論集』第21巻第1号、pp127-154
伏見猛也(1966)『子どもの才能教育―見つけ方・伸ばし方―』新光閣書店
伏見猛也(1968)『英才教育入門(新教養選書3)』池田書店
伏見猛也(1969)『英才教育のすすめ』講談社
伏見猛也・英才教育研究所(1969)『二歳から始める英才教育』実業之日本社
伏見猛也・英才教育研究所(1972)『幼稚園における英才教育』科学書院
伏見猛也(1973)『頭のよい子に育てるしかた―英才教育入門―』英才教育研究所
伏見猛也・伏見操子(1974)『おもちゃの年ごろ―直哉の教育ノート―』英才教育研究所
伏見猛也(1974)『子どもの知能と教育』英才教育情報センター出版部
伏見猛也(1975)『教育の原理と課題―教育原理テキスト―』英才教育情報センター出版部
伏見猛也・英才教育研究所(1985)『幼稚園における知能教育』英才教育研究所
伏見猛也追悼文集編集委員会編(1972)『伏見猛也先生を偲んで』英才教育研究所
保坂展人(1994)『危ない公文式早期教育』太郎次郎社
保坂展人(1996)『ちょっと待って！早期教育』学陽書房
本田泰洋(2008)『オーストラリア連邦の個別化才能教育―米国および日本との比較―』学文社
ほんの木編(2006)『親だからできる5つの家庭教育』ほんの木
本間勇人(1997)「中学受験教育にみる才能教育―大手進学塾の事例から―」麻生誠・岩永雅也編『創造的才能教育』玉川大学出版部、pp.50-61
真下孝雄(1969)「日本の英才教育」清水義弘・向坊隆編『英才教育(教育学叢書14)』第一法規、pp.9-40
松浦善満・富岡秀隆著、大阪保育研究所編(1996)『そこが知りたい早期教育』フォーラム・A
松下帰智朗(1979)『英才は12歳までに養成できる―21世紀は英才の時代―』桐林学園出版会
松下帰智朗(1993)『英才児を養成する考える指遊び』近代文芸社
松村暢隆(2003)『アメリカの才能教育―多様なニーズに応える特別支援―』東信堂
松村暢隆(2008)『本当の「才能」見つけて育てよう―子どもをダメにする英才教育―』ミネルヴァ書房
三島出・八十木裕幸(1984)『英語早期教育の必要性―中学からでは遅すぎる　駒澤大学語学研究所実験記録―』英宝社
光永貞夫(1967)『才能は創造できる―母と子が綴った記録―』日本教文社
水田聖一編訳(1997)『早期教育への警鐘―現代アメリカの幼児教育論―』創森出版
三石由起子(1997)『珠玉の天才児たち―この母を見よ！―』近代文芸社
三石由起子(2002)『天才児を育てる魔法のカレンダー―家庭でできる英才教育の12ヵ月メニュー―』KKベストセラーズ

光永貞夫(1967)『才能は創造できる―母と子が綴った記録―』日本教文社
宮下充正(2002)『子どものスポーツと才能教育』大修館書店
宮下充正・平野裕一編(2002)『才能教育論―スポーツ科学から見て―』放送大学教育振興会
宮下充正・大築立志編(2006)『才能教育論―身体的活動能力の開発―』放送大学教育振興会
宮本健市郎(1988)「アメリカにおける英才教育の出現過程―開放的優秀性から閉鎖的優秀性へ―」アメリカ教育史研究会編『アメリカ教育における糖質とエクセレンス追求の史的研究』アメリカ教育史研究会、PP.45-60
無藤隆(1998)『早期教育を考える』日本放送出版協会
村井潤一(1987)『発達と早期教育を考える』ミネルヴァ書房
毛利子来・山田実編集代表(1994)『早期教育・しつけ・おけいこで迷ったとき』ジャパンマシニスト
毛利子来・山田実編集代表(2005)『親子で楽しむ時代に知っておきたい早期教育・お教室通い』ジャパンマシニスト
森重敏・酒井清編(1963)『優秀児―その心理と教育―』誠信書房
森重敏(1971)『優秀児の心理』日本文化科学社
森重敏(1972)『わが国における優秀児の心理学的研究』風間書房諸江一郎(1962)『才能教育・鈴木鎮一の世界』古今書院
森下朗(1997)『早期教育は父親が仕切れ』東洋出版
守屋洋(2010)『帝王学の教科書―リーダー英才教育の基本―』ダイヤモンド社
門前貞三(1983a)「フランスの英才教育」沖原豊編『各国の例外児教育に関する比較研究』例外児教育研究会、pp.34-43
門前貞三(1983b)「フランスにおける英才教育の実情」『教育学論集』第5号、山口大学教育学部教育学研究室、pp.38-60
文部科学省大臣官房調査統計企画課(1994)「早期英才教育を行う幼稚園が急増」『文部時報』第1405号、pp.78-79
文部科学省大臣官房調査統計企画課(1995)「英才教育の『オリンピック学校』全面廃止に」『文部時報』第1421号、p.81
矢野祥(2001)『僕、9歳の大学生―父・母・本人、「常識」との戦い―』祥伝社
山口満(1984)「イギリスにおける英才教育の現状」『理想』第611号、理想社、pp.259-266
山村慧(1984)「エリート教育と大衆教育のはざまで―アメリカの教育」『知識』第34号、世界平和教授アカデミー、pp.102-105
山本早苗・メディス出版部編(2007)『心の教育と早期英才教育の融合と必要性―パル英才教室の実践と研究―』メディス出版部
読売新聞社編(1967)『英才教育―あなたの子どもの能力開発―』読売新聞社
脇田良吉(1912)『低能児教育の実際的研究』厳松堂書店
脇田良吉(1932)『異常児教育三十年』日乃丸会
早稲田大学教育総合研究所監修(2014)『数学オリンピックに見る才能教育(早稲

田教育ブックレットno.10)』学文社
渡部昇一(2014)『英語の早期教育・社内公用語は百害あって一利なし―渡部昇一の「英語知」の追求―』李白社
渡辺光雄(1984)「西ドイツにおける英才教育の現状―ギムナジウムと上級段階の改革をめぐる論争について―」『理想』第611号、理想社、pp.274-279

第2章 イギリスの才能教育
―― 労働党政権での取り組みを中心に

植田みどり（国立教育政策研究所）

1 はじめに

　イギリスは、独立学校やグラマースクールに代表されるように、才能ある児童生徒への教育を、いわゆる「エリート教育」として実施してきた国として有名である[1]。しかし、1997年5月に誕生した労働党政権では、従来一部の階層や学校を中心に行われていた才能ある児童生徒への教育を、社会的公平（social justice）及び教育水準向上を実現するための国家戦略として、国が公費を投じて全ての学校を対象に行うという方針が打ち出された。ここに、イギリスにおける才能ある児童生徒への教育（以下、才能教育）への新たな側面が打ち出されたと言える。
　そこで本章では、新しい側面が示された1997年以降の労働党政権下で実施された才能教育を概観し、その特徴と意義を考察する。
　なお、本章で言うイギリスとは、イングランドを示す。

2 才能教育の定義

　1997年以降のイギリスにおける才能教育は、「gifted and talented children education」と表された。ここで言う「gifted」とは、学術的な教科における高い才能と可能性の側面を指し、「talented」とは、芸術やスポーツなどにおける高い才能と可能性の側面を指す言葉である。
　そして、このような高い才能と可能性を持った子どもは、一部の学校にいるのではなく全ての学校にいることを前提として、各学校の各学年における児童生徒の中から5～10%の割合で選定された。そのう

ち、少なくとも3分の2は知的能力（academic ability）が高いこととされた。知的能力では、全国共通教育課程で規定された教科の内、美術、音楽、体育以外の教科において、1つあるいは複数の教科で優れた能力を示していることが要件とされた。残りの3分の1は、音楽、芸術、体育などの優れた能力を有した児童生徒が選定された。

　選定する方法は、第1に試験結果の活用である。試験とは、全国共通試験（Standardised Assessment Tasks, SAT 等）の学力試験や、芸術やスポーツなどに関するテスト（Art and Sporting Assessment）など多様なものが活用された。第2に教員の観察である。教員は、学習意欲、社会性、身体的発達、趣味などに加え、学校外での活動や以前在籍していた学校での様子なども含めて多面的な観点から判断した[2]。このようにイギリスでは、学力面だけでなく、意欲や心身の発達、社会性、潜在的能力など多様な能力や発達状況を考慮しながら、総合的に判断されていた。それゆえ、才能児を選別する教員の資質能力の育成が重要な課題として、教員養成や教員研修も同時に整備された。

3　労働党政権による才能教育に関する政策転換

　労働党政権は、社会的包摂の観点から、政権につく以前から公教育における才能教育の重要性を指摘していた。例えば、1996年に後に首相となるブレア氏は、「国家の教育の役割の1つは、出自にかかわらず全ての人に教育の機会を提供することである。そのために我々は、個々の子どもたちの異なった能力を認識し、そのニーズに対応し、その潜在的な可能性を開花させるような教育を編み出さなければならない」と述べていた[3]。

　そして、政権についた1997年に教育白書『Excellence in Schools』を発表し、才能教育に関する国家戦略を開発することを提言した。具体的には、「Excellence in Cities」政策を含む都市部における才能教育、読み書き計算に関する学習の教科政策（Numeracy and Literacy Strategy）における才能教育の実施を提言した。

これらの政策を実施するために、下院文教委員会に特別委員会が設置され、現状と課題が分析され、『Highly Able Children』が1999年にまとめられた。この中で現状と課題について次の5点が指摘された。第1に、教員や学校は、才能児のニーズを優先課題と認識していない。第2に、学校は、児童生徒に対して十分に高い水準の期待をしていない。第3に、学校や社会の雰囲気が、高度で学術的あるいは知的な達成を重視していない。第4に、教員は、児童生徒の高度な潜在的能力を認識し、才能児を教育するための効果的な教授方法についての自信を有していない。第5に、才能児に最善の教育を提供するための資源が準備されていないということである。

その上で、具体的な施策として次の6点を提示した。
①才能教育への支援に関する補助金は、学校全体の予算の中に位置づけること
②全ての国家戦略に明確な才能教育への取り組みを盛り込むこと
③教育水準監査院(ofsted)は、学校及び地方当局(Local Authority, 当時は「地方教育当局（Local Education Authority, LEA）」、2005年より地方当局)の監査の際に、才能教育に関する取り組みのデータを収集すること
④教員養成においても才能教育について重視すること
⑤全ての学校は、才能教育のためのコーディネーターを任命すべきこと
⑥才能教育の向上のために、教授学習の在り方を改善すること

そして、政府は、このような施策を実施していくために、「才能教育諮問委員会（Gifted and Talented Advisory Group）」を創設し、専門家による支援体制の強化を図った。

1999年からは、1997年の教育白書で提言された「Excellence in Cities」政策が開始され、公費維持学校における才能教育及び、社会経済的に不利益を被っている地域の学校に焦点化された才能教育が国によって開始された。

2001年の教育白書『School Achieving Success』では、さらなる才能教育の発展を図るべく次の5点が政策課題として提示された。
①全ての学校、特に恵まれない地域における才能児を支援すること

②才能児がそれぞれ持っている長所と短所に対応する施策を講じ、彼らが幅広くバランスのとれた教育を享受できることを保障すること
③学校内の学習と学校外の補習的な学習機会との連携を図ること
④児童生徒が年齢ではなく、能力に合った教育を享受できる機会をより多く提供し、可能な限り全ての教科において、より深い理解に達するようにすること
⑤児童生徒の能力とニーズに合わせて、進度、理解の深さやその幅の異なる教育機会をバランスよく組み合わせること
⑥教員が促進学習(express sets)、能力別編成(fast-tracking)、中等教育修了資格試験(GCSE)やその上級試験(Advanced Qualifications)への早期参加を検討することを期待すること

2005年に発表された『Higher Standards, Better Schools For All :More choice for parents and pupils』では、「個に応じた学習(Personalised Learning)」という政策理念を提示し、児童生徒個々の学力やニーズに対応した学習指導の重要性を指摘した上で、その1つの施策として才能教育の拡充を提言した。具体的には、才能児の能力やニーズに対応した教授学習の機会の提供、教科ごとの能力に対応したグループ学習、個に応じた学習を可能にするための教員の資質能力向上を図るための国レベルでの研修機会の提供などが提示された。

2007年6月からのブラウン首相の在任中には、これまでのブレア政権下での政策理念を踏襲し、国家戦略の一環として才能教育の拡充整備に取り組んだ。政府は活動の拡充整備を図る上で、民間団体のCfBT Education Trustに、「若者才能教育プログラム(Youth Gifted & Talented Programme)」や「都市チャレンジにおける才能教育戦略(City Challenge Gifted And Talented Education Strand)」などの才能教育の事業を委託して実施した(委託は2010年3月末で終了)。

4 才能教育の取り組み

イギリスでは、1997年以降、本格的に国による才能教育が展開され

始めた。その背景には教育水準向上を教育政策の最重要課題としていたことがある。すなわち、教育水準向上には、これまで見過ごされてきた地域や学校の子どもたちへの才能教育を行うことにより、その取り組みを核として、全ての地域及び全ての学校における教育水準の向上を図ることが目指されたのである。

このような政策理念を背景に開始された才能教育の取り組みとしては、第1に都市部の社会経済的に不利益を被っている地域への対策としての「Excellence in Cities」における才能教育である。第2に全ての公費維持学校を対象とした才能教育である。第3に教育課程の開発である。第4に教員養成及び教員研修の充実である。具体的な取り組みを整理すると**表2-1**となる。

表2-1　労働党政権下での才能教育の代表的な取り組み

名称	内容	開始時期
Excellence in Cities	社会経済的に不利益にある地域において実施されたプログラム。中等学校及び初等学校（キーステージ2）における5〜10%の才能ある児童生徒を対象としたプログラム。	1999年
Academy for Gisfted and Talented Youth	ヴォリック大学を拠点として実施されたプログラム。サマースクール、学習支援、遠隔教育プログラムなどを提供。	2002年
London Challange	才能教育のためのロンドンセンターを設置。	2003年
National Guidance	才能児のためのWebでの情報提供。	2001年
Xcalibre	才能教育を行う教員のための教材データベース。	2001年
Literacy / numeracy guidance	初等学校の才能のための英語や算数教育のためのガイダンス。キーステージごとに作成。QCAが作成。	2000年／2001年／2002年
KS3 Strategy	英語、数学、理科における才能児教育の戦略をまとめたもの。	2002年
Assessment	Extension testの提供や教員の評価活動への支援を提供。	2003年
World Class Tests	9歳と13歳児のうち上位10%を対象とした、算数／数学と問題解決能力を測るテスト。	2001年
Advanced Extension Awards	18歳児を対象とした批判的思考を育成するためのプログラム。	2002年
Summer Schools programme	第6〜9学年の才能児を対象とした夏休みに提供される教育活動。	2000年
Education Development Plans (EDPs)	全ての自治体が作成する教育発展計画（EDPs）に才能教育を盛り込む。	2002年

出典　NACE, Natiional Association for Acle Children in Education, Gifted Education International 2003 Vol.17, pp.175-180, 2003より作成

都市部における才能教育

都市部における代表的な取り組みが、「Excellence in Cities」の一環として整備された才能教育プログラムである[4]。これは、都市部における教育改善策の1つとして1997年の教育白書で提言され、1999年より24都市495校の中等学校で開始された。2006年までの8年間実施された。

「Excellence in Cities」の事業自体は、学習センター（City Learning Centre）や教育改善特別指定地域（EiC Education Action Zone）、スペシャリストスクール（Specialist School）、ビーコンスクール（Beacon School）、学習メンター（Learning Mentor）、学習支援ユニット（Learning Support Unit）、才能教育から構成されたものである。

才能教育の指定を受けた学校では、国が規定したプログラムに基づき、地域の学校と連携して学校群を組織し、才能教育の計画を立案する。その計画に対して国から補助金が支給される。

才能教育の具体的な活動内容は次の3つである。
①才能児に対する特別な教授学習プログラムを提供すること
②才能教育担当のコーディネーターの配置と研修を実施すること
③学校外における学習支援機関によるプログラムを実施すること

2006年度の終了後は、指定地域外においても「Excellence in Cities」に類似する事業に補助金が配分され、地方当局が中心となって地域内の教育水準向上策の一環として実施された。その際、地方当局に対しては、才能教育を教育発展計画（Education Development Plan）等の諸計画に盛り込み、効果的な事業運営を行うこと、才能教育を実施する学校を支援すること、保護者等に情報を提供すること、地域内の学校間連携を支援することなどの役割が期待されていた。

全ての公費維持学校における取り組み

全ての公費維持学校における取り組みとしては以下に記述するような学校内外における多様なプログラムが提供された。
・マスタークラス（1998年より開始、初等中等学校の特定の教科における

才能及び潜在的能力を有する児童生徒を対象にした特定教科の集中コース）
・サマースクール（2000年より開始、第6～9学年の生徒を対象に、地域内の1つの学校に生徒を集め、夏休み中に1～2週間特定のテーマに基づく学習、調査、訪問等を専門家の指導を受けながら行うもの）
・読み書き計算の教育課程での取り組み
・才能教育用の教育課程ガイドラインの作成
・ワールドクラステスト（World Class Arena が主催する9～13歳の才能ある児童生徒が対象の国際的なテスト。思考力、問題解決能力、計画立案能力、意思伝達能力、情報処理能力などを問う試験）
・才能教育アカデミー（The National Academy for Gifted and Talented Youth）
など

　これらの他にも、独立学校と連携した取り組み（Independent/State school Partnership）もあった。これは、1998年から開始されたもので、独立学校と公費維持学校とが連携して学校群を構成し、芸術、ICT、スポーツ、才能教育などの交流事業を行うものである。人的物的な相互交流を行うことで単独では得られない特定の教科や多様な教育活動を提供することが目指されていた。

　上記のうち、特徴的な取り組みの一つが才能教育アカデミーである。才能教育アカデミーは、才能教育を専門に扱う教育機関として、2002年8月にウォリック大学（Warwick University）に開設された。その後、2007年からは民間のCfBT教育トラスト（CfBT Education Trust）が事業を引き継ぎ、才能教育プログラムを提供した。なお、2010年にこの事業は終了した。

　才能教育アカデミーは、11～19歳のトップ5％の才能児を対象にしたもので、アメリカの才能教育の中心的存在であるJohns Hopkins大学のCenter for Talented Youthをモデルに企画された。

　活動としては、判定活動、教育活動、そして支援活動の3つがある。判定活動では、「能力判定試験（Talent Search）」などを用いて、才能児の判定が行われた。教育活動では、サマースクール、ホリデースクール、土曜マスタースクール、週末セミナーなどが実施されていた。このほか

にも、ウォリック大学だけでなく、ケンブリッジ大学、ヨーク大学、ノッティンガム大学などを連携大学として指定し、これらの大学と連携して、多様な学習機会が実施及びオンライン上で提供された。支援活動では、オンライン学習教材の開発や、保護者や教育関係者への支援活動が展開された。

このような全ての公費維持学校を対象として才能教育を展開したイギリスでは、これらの教育は単に才能児に特別な教育を提供して才能ある児童生徒の能力を伸ばすだけでなく、これら才能教育が学校教育全体の教育水準向上も図ることを目的にしていた。そのためには、才能教育に学校全体で組織的に取り組み学校全体での教育改善に結びつけていくための運営体制の整備が重要とされた。

エア教授（Prof. Deborah Eyre）も「Whole School」というキーワードを用いて、学校全体で才能教育に関する活動に取り組むためには、学校管理職の役割と全教職員が才能教育に関わる体制を学校内に作り上げることが重要であると指摘している[5]。例えば、中等学校での教員それぞれの役割と責任を次のように整理している（図2-1）。

また、教育水準監査院の調査でも、効果的に才能教育を進めていくためには学校経営の側面は重要であると指摘している[6]。具体的には、第1に多様な内容に一貫性を持たせ焦点化する能力を学校が有していること。第2に明確な役割を持った才能教育コーディネーターがおり、その活動を積極的に関与する管理職が支援すること。第3に各教科における才能とは何かの選別方法、教授活動の提供方法、全体の教育活動を補完する特別な活動などについて管理職がリーダーシップを発揮すること。第4に教授学習組織を評価し、変更にも快く対応すること、第5に個々のグループへの効果的なモニタリングが行われること。第6に連携事業の開発やよい実践の普及、職能開発の拡大などのために他校とよい連携関係を構築することなどが効果的な学校経営において重要であるとされた。

図 2-1　中等学校における教員の役割と責任

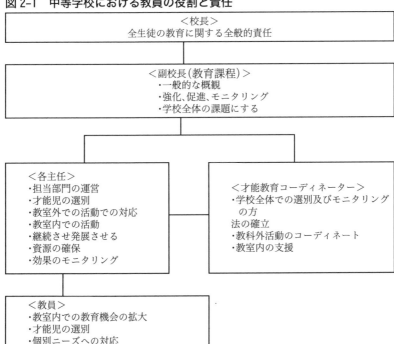

出典　Deborah Eyre, *Able Children in Ordinary Schools*, David Fulton Publishers, 1997, p.109より作成

才能教育の教育課程開発

　イギリスにおける才能教育の特徴の1つが特別な教育課程を別に作成せず、既存の教育課程に付加する形で改革が行われたことである。エア教授は、「才能児にとって一般のカリキュラムの大部分が適しているとしても、才能児が知識、技能、概念を吸収できる迅速さを勘案すると、学習する速度は才能児にとって重要な問題である」[7]と指摘し、アクセレレーション（acceleration、早修あるいは促進）、エンリッチメント（enrichment、拡充）、エクステンション（extension、延長）の概念を提示している。すなわち、才能児が他の児童生徒よりも学習を進められるような形態で学習機会が提供され（アクセレレーション）、かつ学習速度を速めたことで

生まれた追加的な学習機会によりより多くの内容を学習し（エンリッチメント）、よい内容を深く探求できるような学習形態を提供すること（エクステンション）が重視されたのである。このような手法をとることの意義として次の5点が指摘されている[8]。第1に才能教育の施策を既存の専門技能を精練させたものと位置づけるため、教育界に広く受け入れられやすいものであること。第2に才能児が教育に関わる時間のほとんどを地域の学校で同年齢集団とともに過ごすことができるため、先行研究等で指摘されている才能児の社会的疎外感を軽減できること。第3に知能の正規分布を想定しながら、才能児への施策を一連の施策の1つとして位置づけるため、「辛うじて才能が認められた生徒」も、非常に優れた才能を持った生徒と同様に、適切な機会を享受することが保障されること。第4に施策の内容と形式の両方に適した詳細で洗練されたカリキュラムの作成を可能にするとともに、確固とした評価の枠組みを提供すること。第5に才能教育が普通学校の一部として提供される連続的アプローチは、多くの生徒に高度な認知レベルの教育機会を経験させ得るため、学校水準を全般的に向上させるとともに、才能の選別過程の精練を促すことである。

　イギリスでは、才能教育の開始に当たり、資格・教育課程委員会 (Qualifications Curriculum Authority, QCA) が、才能児の教育的ニーズに合致した学習機会と効果的な教育方法を立案するためのガイダンスを作成した。一般事項（学校の教育方針の作成方法やその内容、運営方法、学校理事会や校長、コーディネーター、保護者、地方自治体の役割など）と各教科の内容（全国共通教育課程にある教科の教育課程編成の留意点やモデル案など）が記述されている[9]。

　また開始当初において重要施策とされていた読み書き計算の時間における才能教育の教授学習プログラムや教授方法の工夫も求められていた。具体的には、能力別クラス編成、促進学習、補習授業、個別指導、グループ学習指導などが行われていた。

才能教育における教員養成と研修

　才能教育を効果的に進めていくためには、才能児を認定し、その才能児の能力に合致した教育課程を編成し、教授方法及び教材を開発し、指導し、教育成果を評価できる能力を全ての教員が有することが重要である。また才能教育を学校全体で組織的に進めていくためのコーディネートをする人材が重要である。そこでイギリスでは、教員の養成と研修を重視した。

　まず教員に対しては、包括的研修アプローチとして、全ての教員が才能教育に関する的確な教授方法等について理解を持って、各自の教室で実践ができるような研修を国の責任において展開した。そこでは、才能の概念、才能児の識別、才能教育への取り組みの基本的枠組み等について教授された。

　次に、学校内及び地域内で才能教育を指導し、支援する立場として、才能教育コーディネーターの育成に取り組んだ。これも国の責任において研修（The National Programme for Co-ordinators of Gifted and Talented）が提供された。各学校に一人のコーディネーターが配置された。地域内においてはリードコーディネーターやストランドコーディネーターが配置された。地域内のコーディネータは地域内の学校のコーディネーターの調整やネットワークづくり、研修や助言などを行った。学校内のコーディネーターはその職に専念する者もいたが、その多くは他の職、特に管理職との兼務が多かった[10]。なお、各学校における特別な教育的配慮が必要な教育を担当する特別支援教育コーディネーター（Special Educational Needs Co-ordinator, SENCO）との兼務は原則としてできないとされた。

　コーディネーターの役割は次の9点にまとめることができる[11]。

① 才能児の認定や教育、学習プログラムに関する学校の方針を作成及び実行し、その成果を監視し評価すること
② 才能児のための補充的な学習支援プログラムを作成し、それを実行し評価するために、他校のコーディネーターと協力すること
③ 社会経済的に不利益を被っている地域の才能児のニーズを見極め、

それに対応するために学習メンターと活動すること
④ 才能児への支援に関する効果的な学校全体での取り組みを準備し、改訂し、実行すること
⑤ 他校の教職員と職能開発に努めること
⑥ 学校間だけでなく、国レベルでの活動にも貢献すること
⑦ 才能児への肯定的な態度をとることで才能児の擁護者として活動すること
⑧ 関連予算を管理すること
⑨ 才能教育のよい授業実践を提示すること

　このような役割を遂行するために、国の責任において研修プログラムが整備された。これらの研修を修了した者がコーディネーターとして認定され、各学校及び地域で活動を行うのである。コーディネーターの研修については修士レベルで開設されている。ブルネル大学（Brunel University）やオックスフォード・ブルックス大学（Oxford Brooks University）などが代表的なところである。

　研修では、学校経営、才能児の個別ニーズへの対応、カリキュラム開発と実践、教授学習の方法、評価とモニタリングなどに関する理解を深めるための講義が行われる。講義は、対面式の学習だけでなく、ICTを活用した方法が多用されていた。学習する領域としては、第1に才能児の概要である。ここでは、才能児の定義、教員の児童生徒理解、才能児の識別方法、個別ニーズなどが取り扱われた。第2に教授と学習である。ここでは、才能児のための教授学習の開発、認知的カリキュラム、心理面の事項、エンリッチメント及び学習支援の在り方、才能の開発などが取り扱われた。第3に才能児のための施策の運営である。ここでは、カリキュラム構成、グループ編成、評価とモニタリングの方法、施策と評価、施策の運営などが取り扱われた。

5　労働政権下での才能教育の意義

　このような才能教育の成果と課題を検証する調査研究がなされた[12]。

その中で指摘された労働党政権下での才能教育の特徴をまとめると次の5点にまとめることができる。第1に、才能教育は通常の教育プログラムも改善するものであるという前提にたっていることである。すなわち、全体の教育水準向上のための手立てとして才能教育を積極的に導入したのである。それ故に、社会経済的に不利益を被っている地域での才能教育や全ての一般の公費維持学校で才能教育を展開し、教育水準の底上げを図る手立てとして開発されたのである。そのため、才能教育のために通常の教育プログラムをどう改善したらよいのか、全学校及び全学級で全教職員が関与しながら才能教育にどう取り組むかなどが課題として取り組まれていた。

　第2に、才能教育における教員の役割を重視し、養成と研修に重点を置いていることである。

　第3に、学校内での教職員間及び学校外の行政機関や専門的な機関、大学などとの連携関係及び協働関係を構築し、組織的に才能教育に取り組むことを重視していることである。ここでは、才能教育コーディネーターの役割や学校管理職の役割の重要性が指摘されている。

　第4に、多様で複雑な個別ニーズに対応するための多様な支援システムを構築していることである。支援機関としては、行政機関や大学だけでなく、多様な民間の組織を立ち上げ、それらが、政府からの補助金を受けながら、教材開発、教員への助言、研修の実施など教授学習活動に関する支援だけでなく、保護者や児童生徒本人へのアドバイスの提供や支援を行っている。例えば、Gifted and talented network や National Association for Able Children in Education（NACE）、National Association for Gifted Children（NAGC）などがある[13]。

　第5に公費維持学校における才能教育を国家戦略として位置づけ、国が先導的に取り組んでいることである。教育水準向上を最重要課題として発足した労働党政権では、その1つの手立てとして才能教育を重視したのである。

　なお、2010年5月に労働党政権から、保守党と自由民主党の連立政権になって以降、現在の保守党政権下においても、労働政権下で用いられ

た「gifted」や「talented」という言葉を用いての才能教育に関する政策は見られない。しかし、学力面において高い能力を有している児童生徒（Academically more able pupils）に対する施策として、「Dux award scheme」[14]の立ち上げや、教育課程や全国共通試験での対応などを実施した。また、労働党政権下での才能教育の中心的存在であった才能教育アカデミーは解体されたが、ウォリック大学が中心となり、2008年から実施されている「International Gateway for Gifted Youth（IGGY）」は現在も活動を行っている。IGGYは、11〜19歳のトップ5％の高い才能と可能性を有する子どもを世界中から集めて教育活動を提供する取り組みである。国際的なサマースクールやオンライン上での学習教材の提供などの活動を行っている[15]。

しかし現在の学力の高い子どもたちへの教育プログラムの特色は、「able children」等の言葉を用いて、学力が高い児童生徒への教育活動が各学校で実施されることが中心である。その特色は、労働党政権時代の社会経済的な不利益にある地域への対応を重視し、かつ全ての学校及び学級を対象に学力面だけでない多様な側面での才能の伸長を重視した才能教育という側面からは転換が図られていると言える。また、教育水準監査院（OFSTED）は報告書[16]においても、社会経済的に不利益な地域にある選抜を行わない中等学校では、学力ある児童生徒の学力を伸ばすための十分な教育課程や教育活動が展開されておらず、彼らの能力を無駄にしていると指摘し、今後の改善策の必要性を指摘している。そこで、2016年3月に発表された教育白書『Educational Excellence Everywhere』の中でも、学力ある児童生徒への教育の充実と共に、社会経済的に不利益にある地域の児童生徒も含めて全ての学力の高い児童生徒への高い学術的な教育機会を保障することが提言された[17]。

エア教授は、イギリスの才能教育は、「グローバル化へ対応、教育制度における不公平性の排除、社会的文化的多様性の反映、教育全体の水準向上へのてこ入れであるとまとめた上で、イギリスの才能教育モデルは、公平性（equality）とメリトクラシー（meritocracy）のバランスがとれている」と指摘している[18]。イギリスの取り組みは社会経済的に不利益

を被っている地域を対象にした才能教育という側面が強く、そのことにより、従来の制度的枠組みであれば不利益ばかりを被っていた児童生徒が特別な支援を得ることで、他の一般の人と同じ土俵に立つことができ、社会的公平を担保できたのである。また、従来からある通常の教育に才能教育を統合する形（統合的アプローチ integrated approach）[19]で行われたイギリスの才能教育の取り組みは、児童生徒の社会的疎外感も軽減され、かつ教員にも受け入れられやすいというメリットがあり、公教育におけるエリート教育に対して警戒心の強い日本において才能教育を導入することを検討する際には参考となる事例であるといえる。

今後日本において、グローバル化し、国内外及び学習者自身の多様な教育ニーズがある中で、教育基本法に規定される「すべて国民は、ひとしく、その能力に応じた教育を受ける機会を与えられなければならない」という教育を受ける機会をどのような形で保障していくのか、そして、「国家および社会の形成者」をどう育成していくのかということを考えなければならない。その際に、イギリスの才能教育が掲げた社会的公平の担保やグローバル人材の育成などの理念と教育課程の開発、教員養成・研修の整備などの施策は示唆に富むものであるといえる。

注

1　麻生誠、岩永雅也他編『創造的才能教育』、玉川大学出版部、1997年、麻生誠、山内乾史共編著『21世紀のエリート像』、学文社、2004年などに具体的な先行事例が紹介されている。

2　DCSF, *Identifying gifted and talented learners - getting started*（*Revissed May 2008*）, 2008に評価の内容や手法、プロセスなどが具体的に記述されている。

3　Deborah Eyre, *Gifted Education : The English Model, The National Academy gifted talented youth,* 2004, p.1

4　鈴木俊之「イギリスにおける才能教育の動向－EiC才能教育を中心に－」、『児童・生徒の潜在的能力開発プログラムとカリキュラム分化に関する国際比較研究』、京都大学大学院教育学研究科比較教育学研究室、2005年、114-129頁に詳細な記述がある。

5　Deborah Eyre, Able Children in Ordinary Schools, David Fulton Publishers, 1997, pp.103-109

6　Ofsted, Providing for gifted and talented pupils : An evaluation of Excellence in Cities and othe grant-funded programmes, December 2001, pp..33-39

7 Deborah Eyre, Education Giftetd and Talented Pupils : Current Development in the UK, 小松郁夫編、『知識社会におけるリーダー養成に関する国際比較（最終報告）』、2003年、12頁、深堀聡子訳、同28頁

8 Deborah Eyre, 前掲書、2003年pp.8-9、深堀聡子、前掲書、25頁

9 具体的な事例については、杉本均「英国における才能教育の動向－レディング・スクールの事例より－」、京都大学大学院教育学研究科紀要、第51号、2004年、18-31頁や杉本均「イギリスにおける才能教育の実践－レディング・スクールの事例より－」、『児童・生徒の潜在的能力開発プログラムとカリキュラム分化に関する国際比較研究』、京都大学大学院教育学研究科比較教育学研究室、2005年、130-146頁などがある。

また、具体的な教育課程の編成に関する研究としては、Deborah Eyre & Lynne McGlure, *Curriculum Provision for the Gifted and Talented in the Primary School : English, Maths, Science and ICT*, David Fulton Publishers, 2001などがある。

10 例えば、全国教育研究所（National Foundation of Educational Research, NFER）の調査では、124人中21人（約17％）は兼務なしであった。兼務が原則禁止されていた特別支援教育コーディネーター（SENCO）との兼務も2名いた。

管理職（校長、副校長）との兼務は37人（約30％）であった。

Kendall, L. *Evaluation of teh Gifted and Talented Strand*,NFER, 2003

11 DfES, *The Role of Coodinator*,2002

12 主要なものとしては、次のような文献、資料がある。
- Freeman J., *Education the Very Able : Current International Research* (OFSTED Review of Research), 1999
- Ofsted, *Providing for gifted and talented pupils : An evaluation of Excellence in Cities and othe grant-funded programmes,* December 2001
- Prof. Valsa Koshy, Christine Mitchell and Dr. Mary Williams, *Nurturing Gifted and Talented Children at Key Stage 1 : A Report of Action Research Projects,* DfES, 2006
- DCSF, *Effective Provision for Gifted and Talented Students in Secondary Education,* 2007
- DCSF, *Effective Provision for Gifted and Talented Children in Primary Edcuation,* 2008
- DCSF, *What work in improving the educational achievement of gifted and talemted pupils? : A systematic review of literature,* 2008
- Richard Bailey, Gemma Pearce, Carrie Winstanley, Margaret Sutherland, Chris Smith, Niamh Stack and Matt Dickenson, *A systematic review of interventions aimed at improving the educational achivement of pupils identified as gifted and talented,* 2008
- DCSF, *National Academy for Gifted and Talented Youth : Evaluation,* 2009

13 藤井泰「イギリス労働党政権における学力向上政策の展開－才能教育・飛び級・原級留置を中心として－」、松山大学論集、第21巻第1号、2009年、142-143頁に具体的な事例が紹介されている。

14 2012年から導入された施策で、第9学年の生徒を対象に、高い学力成績を上げていると認定された者が、このスキームに参加している国内の20大学（ケンブリッジ大学、オックスフォード大学、バーミンガム大学など国内トップクラス

の大学である)の授業や活動に参加できる取り組みである。
　選抜においては、各種の学力試験の結果に加えて、潜在的な学力、今後の可能性、大学進学等の向上心などを基に判断される。

15　IGGYの詳細は下記に記載されている。
　https://warwick.ac.uk/alumni/news/latest/iggy（2018年5月2日閲覧）

16　Ofsted, *The most able students : Are they doing as well as they should in our non-selective secondary schools?*, June 2013、Ofsted,*The most able students : An update on progress since June 2013,* March 2015、Ofsted, *The most able students -still too much talent going to waste,* June 2016が公表されている。

17　DfE, *Educational Excellence Everywhere,* March 2016, pp.98-99

18　Deborah Eyre, op.cit. 2004, p3

19　Deborah Eyre, op.cit. 2004, p1

グローバル化時代における
イギリス高等教育の才能教育

田中正弘（筑波大学）

「才能教育」（gifted education）とは、山内（2012）の説明によれば、「個人の特別な教育ニーズに応ずる教育として、すなわち『その能力に応じた教育を受ける機会』（教育基本法第4条）として、私的・個別的に展開されるものであり、国家的・社会的色彩が漂白されているのである。（対照的に、エリート教育は、）私的・個別的な概念ではあり得ず、集合的・集団的な概念であり、かつ国家的・社会的色彩を拭い去ることはできない。（しかしながら実際には、）国家的・社会的なバックアップのもとに展開されるはずのエリート教育が公教育の埒外へと放り出され、私的・個別的な努力に任されているのに対して、私的・個別的なものであるはずの才能教育は公教育の埒外に取り込まれ、国家的・社会的なバックアップを受けるという反転現象が生じている」。イギリス高等教育にも、この反転現象が見られる。その事例として、イギリス人学生の海外短期留学促進政策をイギリス高等教育の才能教育の展開として紹介してみたい。

1 イギリスの国家戦略

イギリスにおける海外短期留学は、伝統的に、語学などの学位プログラムを除いて、教育課程の枠外で行われる私的な行為であった。ところが、ルーベン共同声明（2009）で「学生移動」（student mobility）が、そして、ブカレスト共同声明（2012）で「学位移動」（degree mobility）と「単位移動」（credit mobility）が、それぞれ促進の対象として採択されたために、イギリスでも、単位の修得を目的とした短期留学を、国家戦略として促進する必要性が議論されるようになった。事実2011年11月末に、大学・

科学省大臣の依頼により、「海外への学生移動に関する共同運営委員会」(the Joint Steering Group on Outward Student Mobility) が組織された。この委員会は2012年3月に報告書を作成し、6つの提言（①国家政策の策定、②移動支援のための恒久財源の確保、③カリキュラムの柔軟化、④移動に関するデータ収集、⑤移動支援の効率化と多様化、⑥高校生への国際化の啓蒙）を提示した。これらの提言は、国の政策文章（2013年版）である「国際教育：世界的発展と繁栄」(International Education: Global Growth and Prosperity) の中に、正式に反映されている。そして、2013年12月6日に「海外移動のためのイギリスの戦略」(UK Strategy for Outward Mobility) が公表された。

この戦略（2013）によると、「イギリスの高等教育が国際労働市場での競争力を修得した卒業生の育成を目指すとすれば、海外移動は不可欠である。さらに、海外移動はイギリスの国際ビジネスや外交的利益を進展させることができる」。ところが、イギリス人学生の短期留学熱は、他の欧州先進国の学生と比べて高くはない。例えば、エラスムス・プログラムを活用した留学生の数は、2011-12年度の時点で、ドイツ、フランス、スペイン、イタリア、ポーランドに次ぐ6位であった。この低迷を打開すべく、7つの戦略目標がかかげられた。それらの目標は、①留学の利益を宣伝すること、②学生移動の動向を定量的に監視すること、③大学が海外移動を促進できるように環境を整えること、④海外移動の財政的・制度的障害の除去に取り組むこと、⑤海外移動を柔軟に定義すること、⑥優れた取組を大学間に広めること、⑦大学に共同声明の機会を与えることである。

2　海外移動の現状と課題

2013-14年度卒業生を対象とした、イギリス高等教育国際局（2015: 4）の調査によると、留学を経験した卒業生の失業率は、経験していない卒業生と比べ、どの社会経済階層でも、低くなっている。その失業率は全体で、

経験ありは約 5%、経験なしは約 7%（アフリカ系で約 5.4% と約 9.9%、アジア系で約 4.4% と約 9.5%）。さらに、留学を経験した卒業生は、経験していない卒業生と比べ、大学院への進学率が高い。留学を経験した卒業生の平均給与は £21,349 で、経験していない卒業生の平均（£20,519）を上回る。

　ただし、短期留学の多くは正課外で行われる私的な行為のため、その正確な人数を政府や大学は把握できていない。信頼できるデータは、エラスムスを活用した学生数のみである。このため、「イギリス高等教育統計機関」(Higher Education Statistic Agency：HESA) が海外移動のデータ収集を始めた。しかし、そもそも海外移動の定義が大学間で共有されていない。例えば、留学の期間は 3 ヶ月以上であるべきか、単位の修得は必須か、物理的な移動をともなうべきか（バーチャルな移動は含めない）などの取り決めが大学によって異なっている。

　海外移動を妨げる要因には、資金不足、単位互換の不備、外国語の不安、カリキュラムの問題、移動に関する情報の欠落、学生個人の問題などがある。これらの障害の除去のため、政府は右記の取り組みに着手した。それらは、①学生や大学への財政的支援の拡充、②単位互換に必要な質保証制度の整備、③外国語教育の強化、④カリキュラムの柔軟化と共同学位プログラムの普及、⑤海外移動に関する広報活動の推進である。

3　効率性と公平性の問題

　イギリスにおける従来の留学生像は、エリートであった（Favell 2008, Waters 2008 など）。ここでのエリートとは、高い語学力だけでなく、金銭的に豊かで、家族の強い支えがあり、身近に留学経験者がいる学生のことを意味する。ブルックスとウォーターズ (2011: 98) によると、留学の目的が、就職に有利になるというだけでなく、「旅をしたい、楽しみたい、興奮したい」などであることが、他の欧州諸国とは異なる、イギリスの特徴となっている。留学の目的が趣味の延長でも、それが私的な行為であるのなら

ば許される。しかしながら、国家的な行為となれば、許容はできない。

イギリス政府は、20%以上の学生が大学を卒業するまでに何らかの留学経験を得ることを国家戦略に定めている。この20%という数値目標を達成する一つの方法が、共同学位プログラムの普及を政府が推奨することである。しかし、エラスムスを活用して留学できるのは、全学生の1%強でしかない。よって、従来のエリート以外の学生の留学を活性化するには、政府の財政的支援が不可欠となる。支援がなければ、共同学位などで短期留学を強制される学生は多額の借金を強引に背負わされることになる。

山内（2012: 10）は、「大学においてもグローバル化、国際化への対応として事実上の『特進コース』的なプログラムが、一点豪華主義的に設けられる傾向が強まっている。これらの流れはすべて、『才能教育＝特別な教育ニーズに応じる教育』との前提の上に成り立っており、非エリート教育として社会的認知を勝ち取ろうとしている」と主張している。従って、共同学位プログラムを履修する学生を政府（あるいは各大学）が経済的に支援することは、非エリートにもメリットの多い留学の機会を提供するという理論の基で正当化できる。

とはいえ、誰の留学を支援すべきかという政策判断には、社会的認知を得るための高度なバランス感覚が必要となる。その判断とは、留学を躊躇しがちな非エリートのみとすべきか、特進コース的なプログラムの履修者のみとすべきか、あるいは、より平等に、希望者は基本的に全員とすべきかなどである。イギリス政府がどのような判断を下すのか、注視していきたい。

参考文献

Brooks, R. and Waters, J.（2011）Student Mobilities, Migration and the Internationalization of Higher Education, London: Palgrave.
International Unit, Department for Business Innovation & Skills, and Higher Education

Funding Council for England (2013) UK Strategy for Outward Mobility.
Joint Steering Group on Outward Student Mobility (2012) Recommendations to Support UK Outward Student Mobility.
植田みどり (2012)「イギリスにおける才能児教育」『比較教育学研究』45, 66-79。
山内乾史 (2012)「才能教育について (概説) ―日本における状況―」『比較教育学研究』45, 3-21, 9頁。

第3章 スウェーデンの才能教育

武　寛子（神戸大学）

はじめに

　スウェーデンにおける教育は、徹底した平等主義に基づいていることは周知のことだろう。1990年代まで、同国における才能児への教育は個別的なものであり、これを国家的・社会的に取り組むことはタブー視されてきた。しかし2000年代に入ってから、才能教育の必要性に徐々に目を向けられるようになった。

　ここで簡潔に才能児への教育、つまり才能教育についてふれておこう。才能教育は、タレンテッド教育（Talented Education）とギフテッド教育（Gifted Education）に分けられる。山内（2012、p.6）によると、「ギフテッド教育はアカデミックな教科において高いレベルの顕在的・潜在的能力を有する者に対する教育であり、タレンテッド教育とは、音楽、美術、スポーツなどにおいて高いレベルの顕在的・潜在的能力を有する者に対する教育」[1]である。スウェーデンでは、タレンテッド教育については歴史を有しており、美術や音楽の分野で高い能力をもつ生徒を対象に特別な教育が行われてきた（Persson, Jowig and Balogh, 2000）。例えば、1939年に設立されたアドルフ・フレドリック音楽学校は、通常の教育カリキュラムに加えて音楽（聖歌）の才能教育を実施している。一方で、ギフテッド教育については、国際的な流れを受けて近年において俎上に載せられ、国家的・社会的に才能教育が進められている。その証左として、2009年に高校において、2012年に基礎学校において才能児への教育を実施する"最先端教育"が試験的に導入されている。

　本章では、スウェーデンにおける才能教育について、どのように基

礎学校や高校で実施されているのかを学校庁による報告書などから明らかにする。第1節では、同国における才能教育の現状について、教育法の確認を行った後、国内外の動きを受け止めていかに才能教育が捉えられているのかを考察する。第2節では、才能のある生徒への教育として実施されている"最先端教育"について、この教育を導入している高校、基礎学校のカリキュラムが一般のものといかに異なるのかを考察する。第3節では、学校庁による取り組み、第4節では才能教育実施の必要性を提言している自治体によるアクション・プランについて、第5節では才能教育に携わる教員をいかに輩出しているのか、教員養成プログラムの取り組みについて取り上げる。最後に、平等主義のもと提供される同国の才能教育は、教育の公平性、効率性の観点において生徒個々の能力に応じた教育を提供するという教育概念のもと拡大しうるのかを考究する。

1　スウェーデンにおける才能教育の現状

　まず、スウェーデンにおける才能教育の現状を把握するために、同国における教育法を確認してみると、才能児を指す単語は存在していない。才能児（särbegåvade barn）という用語は、大学の研究者が使用したものを学校庁が使用するようになった。

　いわゆる才能のある生徒への教育の必要性が認められるようになったのは、二つの国際的な流れが大きいと考えられる。一つは、1994年に欧州理事会（European Council）が才能教育実施に関する勧告書を通達し、才能教育の重要性を提案したことにある。これは1991年に開催されたワークショップ"Education of the Gifted in Europe: Theoretical and Research Issue"を受けてのもので、これによって才能児が学校で抱える困難を理解し、才能児への特別な配慮と教育が必要であることが提示された。そしてもう一つが、低下するPISA（国際学力調査）の結果への危機感である。学校庁は特に数学に関する能力を高めるために、数学分野での才能教育に力を注いでいる。2002年には政府によって才能教育のための

予算措置がなされ、2008年に高校での才能教育実施に関する規則が提出された。これによって、2009年から2022年までの試験的実施として、数学やその他の学問分野で秀でている生徒を対象にした最先端教育（Spetsutbildning）を提供する特別コース（全20コース）が設置された。基礎学校では2012年から特別コースが設置されている（高校、基礎学校における最先端教育については後に詳述する）。

こうした流れにおいて、教員が生徒の適切な能力を見極め、それぞれに合った教育が重要だという研究者による見解が社会的にも支持されるようになった（Edfeldt and Wistedt, 2009）。2010年に改定された教育法では、才能の高い生徒への教育の必要性がふれられている。

> 第3条3項
> すべての児童、生徒は、教育目標に到達するための学習や発達において必要な教育が与えられなければならない。（略）<u>教育目標の要件を容易に達成できる生徒は、知識をさらに高めるための教育や指導が提供されなければならない。</u>
> (2010：800)（下線は筆者による）

このように、教育法において、学生個々の能力に応じた教育の提供という観点で、才能の高い生徒にも配慮した、より高次の教育内容を提供することの必要性が明記されている。このことは、これまであまり関心を寄せられてこなかった才能児の苦悩が社会的に認知されるためにも、また、国内における才能教育の実施を支持するためにもとても意味のあることだといえる。

ここで、同国における才能児に関する社会的な見解についてまとめてみよう。Persson（1998）によると、才能児とは、学校ではクラスのリーダーシップのような存在とみなされ、「何の支援がなくても勉強ができる」と教員によって捉えられているという。しかし、その後のPersson（2010）の研究によると、才能児の98％が生き辛さを感じているという。その理由は、才能児のもつ課題や困難が学校において共有されていない

ことが背景にあるという。

　才能児が学校で直面している問題は、新聞紙でも取り上げられた。そこでは、才能児は、本当は理解しているのに理解していない振りをすることが報道された（Wollner, 2013）。周囲に合わせて行動する才能児は自身の能力を学校で発揮することができず、そうした自分自身を受け入れることができないために苦悩を抱えているという（Wollner, 2013）。こうしたことから才能児は自身の能力に見合った適切な教育を受けられずに、学校教育から排除されていることが問題として取り上げられた（Björnsen and Hedwall, 2015）。学校の校長や教員が、才能児を「才能がある＝勉強ができる子」として誤解していることから、才能児が実は周囲と合わせて学校生活を送っており自身の能力を発揮できない状況にあることを教育関連者が十分に理解する必要があることが指摘された（Björnsen and Hedwall, 2015）。

　こうした報道のほかに、国、政府、自治体などの取り組みにより、才能児の現状が少しずつ社会的認識を得られるようになってきたといえる。才能児がより良い教育支援を受けることの必要性について、能力に応じた教育を受けることで、才能のある生徒がより自身の能力を高めることが重要だという認識が広まりつつある。

　それでは、スウェーデンではどのような才能教育が展開されているのであろうか。上述の通り、学校における才能児への教育は"最先端教育"として一部の基礎学校、高校で導入されている。次節において、その制度、カリキュラムについて概説する。

2　スウェーデンにおける才能教育

　最先端教育についてふれる前に、まずスウェーデンにおける教育制度の概要について説明しておこう。同国では、9年間の義務教育課程である基礎学校（grundskola）の後、3年間の高校（gymnasium）に進むことができる。高校は18プログラムに分かれており、12の職業系プログラムと6の大学進学系プログラムによって構成されている。高校での最先端

教育は、大学進学系プログラムにおいて実施されている。大学進学系プログラムへの入学要件は、スウェーデン語、英語、数学の合格およびその他9教科の合格が求められている。

高校での才能教育─最先端教育(Spetstutbidling)

　高校を対象とした最先端教育は、理科、数学、社会科、人文科学の分野で実施されており、各コースの入学定員は30名までとしているが、実際には高校によって定員を定めることができる。例えば、ストックホルムのSturebySchoolは20名までの定員となっている。最先端教育を実施する高校は国からの補助を受けることができる。最先端教育を実施する高校の条件は、大学と連携して授業を提供する環境が整っていること、最先端教育実施の規則に合った教育の質を満たしていること、である。また、最先端教育を受ける生徒は、基礎学校での成績と、筆記試験・面接試験の受験によって、選考過程を通過しなければならない。通常の大学進学プログラムとは異なり、選抜試験が行われることになる。居住地とは異なる自治体で実施されている最先端教育の特別プログラムに進学することも可能である。

　実際に高校卒業までの教育内容はどのように組まれているのだろうか。最先端教育を実施する高校の単位構成を通常のプログラムのものと比較すると、両者は分化して教育が行われているわけではないことがわかる（**図3-1、図3-2**）。両プログラムともに、3年間のうち2500単位分の授業を受け、2250単位を修得することが卒業要件の一つとなっている。それぞれ高校共通で必修の科目、専門教育にあたるプログラム共通科目、プログラム専門科目、専攻科目、それから、卒業研究と個人選択で構成される。例えば図3-1に挙げるように、自然科学プログラムの自然科学を専攻した場合と、数学の最先端教育を実施する高校の単位を比較すると、共通必修科目、プログラム共通科目、卒業研究、個人研究の単位数や授業構成は共通して行われる。また、卒業に必要な取得単位数も同じである。相違点は、プログラム専門科目と専攻科目である。プログラム専門科目は、高校のプログラムによってどの科目を実施するのか

異なる。学校庁によると、自然科学プログラムのプログラム専門科目は、数学、物理、英語など多岐にわたる。数学の最先端教育を実施するDanderydsGymnasium の場合、プログラム専門科目で幾何学などの高等数学が教えられている。

社会科学プログラムも同様に、3 年間で 2500 単位を習得することが定められている。社会科学プログラムの行動科学専攻と持続可能な開発のための教育の最先端教育を実施する Folkugaskolan の事例をみてみると（図 3-2)、卒業に必要な修得単位数は同じであることがわかる。しかし、プログラム共通科目、プログラム専門科目、専攻科目において、相違がある。Folkugaskolanでは、持続可能な開発のための教育の最先端教育は、人間の発達、社会化、交流について様々な文脈で学ぶことを目的としており、グループ学習を通じて生徒同士のコミュニケーションを活発にすることで批判的考察力やリーダーシップを学ぶことを目指している。また、リンショーピン大学と締結して授業を提供している。

このように、高校で提供されている最先端教育は、通常の教育プログラムと分化して特別に学修量が多いというわけではなく、プログラムの専門科目等においてその教育内容の特色を示していることがわかる。

図 3-1　自然科学プログラム

自然科学専攻の場合

共通必修科目:1150
英語 v, vi(200)、歴史Ⅰb(100)、保健体育Ⅰ(100)、数学Ⅰb, Ⅱb(300)、宗教Ⅰ(50)、社会Ⅰb(100)、スウェーデン語Ⅰ, Ⅱ, Ⅲ(300)
プログラム共通科目:450
生物Ⅰ(100)、物理Ⅰ(150)、化学Ⅰ(100)、外国語(100)
プログラム専門科目:200
専攻科目:400
生物Ⅱ(100)、物理Ⅱ(100)、化学Ⅱ(100)、数学Ⅳ(100)
卒業研究:100、個人選択:200
合計:2500

数学　最先端教育
Danderyds Gymnasium の場合

共通必修科目:1150
英語 v, vi(200)、歴史Ⅰb(100)、保健体育Ⅰ(100)、数学Ⅰb, Ⅱb(300)、宗教Ⅰ(50)、社会Ⅰb(100)、スウェーデン語Ⅰ, Ⅱ, Ⅲ(300)
プログラム共通科目:450
生物Ⅰ(100)、物理Ⅰ(150)、化学Ⅰ(100)、外国語(100)
プログラム専門科目:200
高等数学Ⅰ, Ⅱ【幾何学、微分積分、線形台数】(200)
専攻科目:400
物理Ⅱ(100)、数学Ⅳ, Ⅴ(200)、物理Ⅲ／生物Ⅱ／化学Ⅱ(100)
卒業研究:100、個人選択:200
合計:2500

図3-2 社会科学プログラム

持続可能な開発のための教育

行動科学専攻の場合　　　　　Folkungaskolan の場合

共通必修科目：1150
英語 v, vi(200)、歴史Ⅰb(100)、保健体育Ⅰ(100)、数学Ⅰb、Ⅱb(300)、宗教Ⅰ(50)、社会Ⅰb(100)、スウェーデン語Ⅰ、Ⅱ、Ⅲ(300)
プログラム共通科目：300
哲学Ⅰ(50)、外国語(200)、心理学Ⅰ(50)
プログラム専門科目：300
専攻科目：450
リーダーシップと組織(100)、コミュニケーション(100)、心理学Ⅱa(50)、社会Ⅱ(100)、社会学(100)
卒業研究：100、個人選択：200
合計：2500

共通必修科目：1150
英語 v, vi(200)、歴史Ⅰb(100)、保健体育Ⅰ(100)、数学Ⅰb、Ⅱb(300)、宗教Ⅰ(50)、社会Ⅰb(100)、スウェーデン語Ⅰ、Ⅱ、Ⅲ(300)
プログラム共通科目：300
哲学Ⅰ(50)、外国語(200)、心理学Ⅰ(50)
プログラム専門科目：200
生物【生態系変化】(50)、数学Ⅲb、Ⅳ(200)、原動力としての人類とその結果(50)、都市化とグローバル社会(50)、プロジェクト・マネジメント(50)
専攻科目：550
化学Ⅰ(100)、地理Ⅰ(100)、哲学Ⅱ(50)、社会Ⅱ(100)、歴史Ⅱa(100)、自然科学Ⅱ(100)
卒業研究：100、個人選択：200
合計：2500

基礎学校での才能教育—最先端教育(Spetstutbidling)

基礎学校では、2012年より試験的に最先端教育を実施する特別プログラムを設置している。最先端教育を提供する基礎学校では、第7学年から第9学年を対象に実施しており、分野は数学、自然科学、社会科学、英語、外国語（フランス語、スペイン語、ドイツ語）である。最先端教育を実施する学校側の条件は、①高校と連携して授業を実施できること、②高校レベルの授業を実践できる教員がいること、③生徒が大学進学系プログラムの高校に進学が可能な教育内容を計画すること、④最先端教育に係る教育予算が他の教育予算の額を超えないこと、である。教育法で定められている教授時間の合計を超えないように、学校判断で実施できる600時間の枠をつかって、最先端教育の授業を行っている。

数学、生物、物理、化学分野の最先端教育を実施する Spånga grundskola を例に挙げてみよう。当該学校で最先端教育を受けるための応募資格は、数学、化学、物理、生物の全ての科目でAもしくはBの成績を取得していることである。応募者が30名以上の場合、面接試験が実施される。選考基準は、成績および面接試験の上位から選抜される。時間割は他の生徒と同じで、さらに自然科学（週120分）、数学（週60分）の授業が追加的に実施される。

Ljungenskolanでは、2013年より英語の最先端教育を実施している。当校では、すでに英語に関する高い能力をもつ生徒がさらなる英語の知識を獲得することを目指している。定員は20名であり、2014年度には第7学年20名、第8学年14名が在籍していた（Skolverket, 2016）。最先端教育は、近隣の高校であるSundsgymnasietとBorgarskolanの2校と共同で実施される。第6学年での成績がAもしくはBであることが求められており、さらに入試に合格しなければならない。通常の授業内容に加えて、英語の特別授業が実施されている。

　Europaskolan Roggeでは、社会科学と自然科学の最先端教育を実施している。Europaskolan Roggeは最先端教育のプログラムのみを提供する学校である。社会科学コース、自然科学コースともに、両コースの共通科目は全生徒が学習しなければならない。さらに、それに加えて生徒が選択するコースの特別授業が実施される。自然科学コースの生徒は、理論と実験を中心にした教育が提供される。社会科学コースでは、ヨーロッパ研究、思想の歴史文化、紛争と国際協力、民主主義と人権などについて学ぶ。これらのプログラムはウプサラ大学やストックホルム大学とも提携して実施している。最先端教育は当校の姉妹校であるEuropaskolan Strängnäs（高校）の教員と連携して実施している。最先端教育を受けることで、生徒自身がすでに興味をもっている分野をより深められること、自身の能力をさらに高められること、また、同じ分野に興味をもつ生徒との交流を深めることができることなどを特徴として掲げている。

　基礎学校における最先端教育もまた、卒業で必要な単位は他の基礎学校と同じで、学校判断で割り振られている時間を活用している。最先端教育を履修する生徒とその他の生徒との間で教育内容や教育の機会に大きな差が生じないような形で進められている。

最先端教育に関する学校庁による報告書

　最先端教育の成果を社会的に調査するため、毎年学校庁は最先端教育を提供する学校、生徒、保護者に対するアンケート調査を実施しており、これまでに次のことが指摘されている（Skolverket, 2016）。

①より高いレベルの教育を受けられることで、多くの生徒や保護者が最先端教育の内容に満足している。その一方で、授業についていけないことが理由でストレスを感じる生徒も少数いることが指摘された。
②最先端教育を実施する教員の満足度は高い。これは、生徒の理解度が高いため、教員は難易度の高い授業を実施することができる、授業が早く進むといったことが理由となっている。
③最先端教育を受ける生徒の両親は、高学歴が多く、同じ社会階層出身の生徒が最先端教育を受けている可能性がある。また、外国籍の生徒の数についても、一般の学校と比較して少ない（全体の21％）。学校によって外国籍の生徒の割合は異なり、少ないところで6％、多いところで58％となっている。
④応募した生徒の多くが合格した。応募者数が少なかったことから、合格ラインに達していない生徒も合格させた学校もある。
⑤多くの学校が、最先端教育のために教員はその準備に多くの時間をかけ、授業準備にも経費がかかってしまうことを負担に感じている。また、最先端教育の入試や入学手続きにも費用と時間がかかる。最先端教育の実施には追加的な費用がかかっているため、制限的な予算措置の撤廃・もしくは緩和を求める。

上記の報告内容において特に③については、平等主義を掲げるスウェーデンにとって、いかに最先端教育を受ける機会を性別、出身地、階層に偏らず均等に拡散させるかが課題である。また、①と④に関連して、合格ラインに達してない生徒を受け入れることで、授業の進度や難易度についていくことができないことは深刻な問題だといえる。応募者数が少ないからといって合格ラインに達していない生徒を受け入れることは、その生徒にとってよい結果なのかは慎重に議論される必要があると考えらえる。合格ラインに達していない生徒に入学許可を与えるのは、高次の才能をもつ生徒に応じた教育を提供するという意味における最先端教育の本来の目的を達成することは難しくなる事態だといえる。

3 学校庁の取り組み

　学校庁は、生徒の5%が才能児として学校に在籍しており、他の生徒とは別の課題をもっていることを指摘している。2010年に改定された教育法に則り、才能児は、自身の能力をさらに高めるために必要な教育が提供されなければならないことを言及している。才能児は実は自身の能力を発揮することができずに、教員から理解されないことを悩みとして抱えていることを学校庁は問題視し、才能児の特徴や教育方法について、補助教材を提供している。

　学校庁のホームページを確認すると、才能児への教育に関するページが作成されている。初等教育、中等教育段階における才能児に焦点を当てて、才能児がどのような課題を有しているのかを紹介している。この冊子は、一般の教員だけでなく、特別支援教育の教員、校長なども対象としている。教材は二部で構成されており、第一部は才能児教育に関する全般的な事柄で構成されている。例えば、才能児のもつ悩み、才能児を認知する方法、学校が長期的視野で才能児を支援する方法、他国の事例の紹介などである。第二部は、歴史、数学、スウェーデン語などの教科で才能児を指導する方法、いかに才能児の知識を伸ばすかについて紹

図3-3　学校庁による才能児への教育に関するハンドブック

出典　https://www.skolverket.se/skolutveckling/larande/sarskilt-begavade-elever-1.230661

介されている。

　実際にどれくらいの数の学校が、学校庁のウェブサイトを活用して、才能教育に関する冊子を使用しているのかはわからない。学校庁が才能児の問題を認識し、才能教育実施の必要性を掲げることは、才能教育を普及させるために意味のあることだといえる。しかし、才能のある生徒が自身の能力を高めるための教育として本来の意味での才能教育が認識されているのか、についてはそのための調査が必要だと考えられる。

4　自治体の取り組み

　一部の自治体では、才能児への教育に関するアクション・プランを発行することで、才能教育が学校で進められるように取り組んでいる。このアクション・プランは、ウプサラ、ウメオ、カールスタッドなど 7 つの自治体が、PISA の結果を受けて、どのようにして生徒の能力に応じた教育を提供し、高めることができるのかを議論した結果、才能児への教育に配慮した教育内容を提供されることの必要性を提言した[2]。
アクション・プランでは、才能児の特徴について複数取り上げている。例えば、読書が早い／語彙力が高い／様々な知識をもっている／基礎的な学習をしたがらない、などである。才能児には統一された定義がないことに言及し、それゆえ才能児の特徴といわれる項目を複数あげて、これに該当する生徒がいないかを教育関連者が認識できるようにしている。アクション・プランの内容は、主に (1) 才能児を識別する方法、(2) 才能児への適切な教育方法、(3) 学校の教員の専門的能力の開発の提案、で構成されている。学校教育の関係者が、才能児のおかれた状況を把握し、才能児がより自身の能力を高めるためにどのような教育環境が必要かを認識することが目指されている。各教育関連者に求められていることは以下の通りである。

①自治体
・才能児に当アクション・プランの教育内容を提供し、フォローアップを行う。

- 才能児への教育に関する研究を参考に、自治体での才能教育の実践を支援する。
- 才能教育の実践にあたり地域社会全体の協力体制を構築する。

②生徒の健康保健管理者
- 才能児がどのように取り上げられているかを確認する。
- 教育関連の調査に参加すること。
- 学校内、および学校間における才能児に関するミーティングを開催すること。
- 才能児に対する特別な指導が可能なようにすること。
- 教員に対して、才能児が自身の能力を最大限に高めるための教育を実践する方法を教えること。
- 教員の教育スキルを高められる機会を設けること。

③校長
- すべての生徒は、自身の能力を最大限に高められる機会を与えられなければならない。
- 教員に才能児への教育に携わるように促すこと。
- 才能児への教育に携わる教員を増やすために、アクション・プランで挙げている手法を取り入れたり、教員自身のスキルを高められたりできる機会を提供すること。
- 才能児に注意を払い、可視化し、把握すること。
- 才能児に対する学校の取り組みについてフォローアップを行うこと。

④職場への問いかけ
- どのような教授方法が実践されているか。
- 学校は才能児の生徒にどのような期待をもっているか。
- 才能児の生徒は学校にどのような期待をしているか。
- どのような方法で生徒の能力を最大限高めようとしているか。
- 才能児の生徒に対するフィードバックはどのように、どのくらい行

われているのか。それは頻繁になされているのか、どのように行われているのか。

⑤教員
・生徒が自身の環境において能力を高められると同時に、その能力を活用できる取り組みを実践すること。才能児の生徒に、知識の修得には意味があり、さらにその知識を高められるという経験を提供すること。
・知識の加速と、強化を通じた教授を行い、学校外での活動を取り入れること。

　このアクション・プランは、学校教育関連者が才能児の状況を把握し、才能児に対する適切な教育が行えるようになることを掲げている。自治体がこのような文書を作成したことは有意義ではあるが、各学校がこのアクション・プランの通りに実行するための強制力はない。
　自治体が才能児のもつ教育課題について認識し、広く学校へその課題を共有したことはこの問題をより多くの教育関係者が意識する契機になるという点で評価に値すると考えられる。ただ、その強制力は高いものではないため、どの程度アクション・プランの通りに才能児への教育の状況が改善されるかは、評価体制の構築などの別の取り組みが求められる。

5　教員養成プログラムにおける取り組み

　才能児への教育を充実させるためには、直接かかわる教員が才能児に関する理解を深め、教授法を身に付けることが重要である。教員養成プログラムにおいて、才能児への教育指導としてどのような内容が教えられているのだろうか。
　2011年以降、国内のすべての教員養成プログラムで特別支援に関する教育を学ぶことが義務化されたが、才能児への教育に関する内容を教えているのは全国でもリンネ大学とストックホルム大学の2校だけである (Friel, 2015)。

リンネ大学は、国内で初めて教員養成プログラムにおいて才能教育に関する授業を開講した。特に数学科に関する才能教育を実施している。これは、理数系の知識を高めるためにこの分野に強い教員を養成することを目的に、国からの強化施策として補助金を受けて実施されたものである。同大学の数学教育学科では、"Gifted Education in Mathematics" というコースを開講し、生徒の数学的能力を高めるための教育環境や教授法に関する知識、スキルを養成している。

　ストックホルム大学では、特別教育学科において才能教育に関する授業が開講されている。同学科では、"Gifted and Talented in Educational Settings 1 & 2" において、才能児の学修状況について理解し、特別教育として才能児に教育を提供するための知識、スキルを養成している。

　Mattssonら（2010）は、才能児への特別な配慮の必要性が国際的に提唱されているにもかかわらず、スウェーデンの教師教育はこの流れに対応していないことを批判している。つまり、才能教育に携わる教員の育成が不十分であることを指摘している。また、才能教育は政府や学校庁によってもその必要性が認識されているが、教育法において特別支援教育として才能教育が位置づけられているわけではない（Mattson and Bengmark, 2010）。教員養成プログラムにおいて才能教育の教員が積極的に輩出されているのか、才能教育に関わるプログラムの報告なども見受けられないため、いかに才能教育に携わる教員が育成されているのかを把握することが今後の課題といえる。

おわりに

　全国的にみると、スウェーデンにおける才能教育の取り組みはイギリスなど才能教育の歴史を有する国々と比較して初歩的な状況だといえる。学校庁は、才能児が学校で抱える困難、才能児の特徴、才能児に対する教育方法などを説明したハンドブックを作成している。自治体レベルでは、ウプサラなど7つの自治体が協働して才能教育のガイドラインを発行している。これは、才能児への教育方法を提案することで、学校の教

職員間における才能児に関する理解を深め、才能児の能力を最大限に高めることを目的としている。スウェーデンの才能教育は、限定的に高校や基礎学校での最先端教育プログラムを通じて才能教育が実施されている一方で、全国的には学校現場での才能教育の重要性に関する理解を深めることが求められる段階にあり、学校間での才能教育実施に関するノウハウや問題の共有にまでは至っていない。

　学校庁は、生徒の5%が高い才能を持っているものの、自らの才能をさらに高める機会を失っていると指摘する。障害など特別な配慮が必要な生徒への教育があるように、潜在的に秀でた能力をもつ生徒に対する特別な教育が認められ、それぞれの能力にあった教育内容が行き渡ることが重要であるという認識を示しており、才能教育に関する知見を広めている。一方で、才能教育に携わる教員の養成に課題が残っている。才能教育に関する理解が広まったとしても、才能教育に携わる教員が充足していなければ、スウェーデンにおける才能教育のさらなる発展は困難だと考えられる。PISAなどの国際的な学習成果を高めるためだけの才能教育ではなく、高い才能をもつ生徒がさらに自らの能力を発展させるための教育環境を整備するためには多くの課題が残っている。

　スウェーデンにおける才能教育について、教育の公平・公正性の観点から議論したい。教育内容の公正性という観点でいうと、一部の基礎学校、高校で実施されている最先端教育プログラムは才能児に対して高次元の教育内容を提供することから、すべての生徒がまったく同じ内容の教育を受けるわけではない。しかし、これまでは才能の高い生徒がもつ悩みや課題は学校の教員だけでなく社会的にも認識されてこなかったが、教育法の改定や研究者による取り組みによって、才能のある生徒への教育の配慮の必要性が徐々に認められつつある。これまでは問題の対象にされてこなかった生徒が、「生徒自身の能力にあった教育を受けることができる」という意味では、最先端教育プログラムの提供により教育機会の公正性が確保されたといえよう。次に、教育予算の公平・公正性の観点でいうと、最先端教育に関する報告書では、最先端教育を受ける生徒の社会的背景には類似性があり、親が高学歴であることが指摘されて

いる。一方で、外国籍の生徒で最先端教育を受ける割合は、通常の学校と比較して低くなっている。このことは、あらゆる生徒に最先端教育を受ける機会がひらかれているとはいえないことを表しており、最先端教育を受ける生徒の社会的背景による影響を考慮した政策の必要性を示唆しているといえる。最後に、教育の効率性の観点からいうと、生徒の能力にみあった教育をすれば、望ましい教育効果が得られるのかはわからない。才能児への配慮として最先端教育を実践したとして、PISAなどの国際的な学力試験結果に直結するのかどうかはすぐに答えのでるものではない。才能教育の個人的側面が、国家的・社会的な側面、すなわち国際的な学力試験結果の向上、理数学分野の得点の向上などにつながるのかどうかは、長期的な視野が必要である。

参考文献

Björnsen, J. And Hedwall, K. 2015. Särskilt begåvade elever ska få bättre stöd och stimulans. *Dagens Nyheter*.

Edfeldt, Å. and Wistedt, I. 2009. High Ability Education in Sweden: the Swedish model. In Balchin, T. Hymer, B. and Matthews, D. J. *The Routledge International Companion to Gifted Education*. Routledge. pp. 76-83.

Friel, N. C. 2015. *The Cinderella of Education – Gifted and Talented pupils, with a focus on Double Exceptionality-*. Independent Educational Project. Lineaus University.

Mattsson, L. and Bengmark, S. 2011. On Track to Gifted Education in Mathematics in Sweden. In Lee, K.H. *The Elements of Creativity and Giftedness in Mathematics*. Sense Publishers. pp. 81-101.

Melander, Å, E. 2009. Gifted and Talented Education: A Case for Policy Implementation. Examensarbete. Malmö Högskola.

Persson, R.S., Joswig, H. and Balogh, L. 2000. Gifted Education in Europe: Programs, Practices and Current Research. In Heller, K.A., Mönks, F. J., Sternberg, R. J., Subotnik, R. F. 2000. *International Handbook of Giftedness and Talent*. Elsevier Science Ltd.

Persson, R.S. 1998. Paragons of Virtue: Teachers' Conceptual Understanding of High Ability in an Egalitarian School System. *High Ability Studies*. Vol. 9, No. 2, pp. 181-196.

Persson, R. S. 2009. Gifted Education: Recent Developments in Sweden. ECHA NEWS. Vol. 23, No. 2, pp. 19-21.

Persson, R.S. 2010. Experiences of Intellectually Gifted Students in an Egalitarian and Inclusive Educational System: A Survey Study. *Journal of the Education of the Gifted*. Vol. 33, No. 4, pp. 536-569.

Samarbete mellan Borås, Karlstad, Landskrona, Luleå,Sollentuna, Uppsala, Umeå och SKL. 2014. Handlingsplan särbegåvade elever 2014.

Samarbete mellan Borås, Karlstad, Landskrona, Luleå, Sollentuna, Uppsala, Umeå och SKL, Handlingsplan särskilt begåvade barn och elever 2016.

Skolverket. 2013. Redovisning av uppdrag enligt förordning (2011:355) avseende omfattning och utvärdering av försöksverksamhet med riksrekryterande spetsutbildning i grundskolans högre årskurser läsåret 2012/13.

Skolverket. 2016. Redovisning av uppdrag enligt förordning (2011:355) avseende omfattning och utvärdering av försöksverksamhet med riksrekryterande spetsutbildning i grundskolans högre årskurser läsåret 2014/15.

Svensk författningssamling. 2008. Förordning (2008:793) om försöksverksamhet med riksrekryterande gymnasial spetsutbildning

Svensk författningssamling. 2010. Skollag (2010:800)

Svensk författningssamling. 2011. Förordning (2011:355) om försöksverksamhet med riksrekryterande spetsutbildning i grundskolans högre årskurser.

Wollner, A. 2013. Särbegåvade barn får ofta problem i skolan. *SVT*.

山内乾史(2012)「才能教育について(概説)－日本における状況－」『比較教育学研究』第45号、東信堂、pp. 3-21。

注

1 山内乾史(2012)「才能教育について(概説)－日本における状況－」『比較教育学研究』第45号、東信堂、pp. 3-21。

2 Samarbete mellan Borås, Karlstad, Landskrona, Luleå,Sollentuna, Uppsala, Umeå och SKL. 2014. Handlingsplan särbegåvade elever 2014.

第4章 ロシアの才能教育

澤野 由紀子（聖心女子大学）

　ロシアをはじめ旧ソ連から独立した諸国は、国際学力オリンピックでのメダリストを多く輩出している。スポーツや音楽・バレエなどの芸術分野でも国際的に活躍する人々が多く、特別な教育によって天才を育んでいる国というイメージがある。スポーツの分野では、オリンピック代表選手の組織的なドーピングの発覚により、トレーナーらの行き過ぎた指導も明らかとなっているが、子どもたちの様々な才能を見出し、それを育む教育システムと熱心な指導者の存在はロシアの教育制度の特色でもある。

　本章では、ロシアの才能教育の現状について、まず第1にその概念と研究動向を概観する。次に国の教育改革の方針に即した才能教育政策の変遷について、社会体制が大きく変化したソ連時代末期から近年のプーチン政権下の取り組みに焦点をあててみていく。そして最後に、初等中等教育段階の学校や学校外における才能教育の実態を事例とともに紹介する。

1　「才能」はどう捉えられているか

ロシアにおける「才能」の概念

　ロシア語では「英才」を表す最も一般的な言葉として「アダリョンノスチ（одаренность）」がある。これは「一種類もしくは複数の活動において、他の人々よりも高度で、卓越した成果をあげる、生涯にわたり体系的に発達する人間の可能性を規定する精神の質」[1]と定義される。

第4章 ロシアの才能教育　71

　また、「英才児」は「天賦の才のある子（одаренный ребенок[2]）」と呼ばれ、「何らかの活動において明らかで、確かな、時に卓越した達成をみせる（もしくはそのような達成の条件を内的にもっている）子ども」[3]と定義される。「アダリョンニー」は英語の「ギフテッド（gifed）」と同義の形容詞である。これは、IQなどで測定可能な知的水準の上位1～2％を占めるとされる「天才児（вундеркинд）」もしくは「特別英才（особая одаренность）」だけでなく、上位10～20％内を占めるような、いわゆる中の上の秀才（「一般英才（общая одаренность）」と呼ばれる）を含む概念である[4]。したがって「アダリョンノスチ」は、「天才」を表す「ゲニアールノスチ（гениальности）」とは区別される。

　2003年に発表されたロシア連邦の「英才の実践的基本構想（第2版）」によれば、「アダリョンノスチ」が発現する活動としては、1）実践的活動（スポーツ、組織的活動における才能）、2）認知的活動（自然科学、人文科学、知的競技等の才能）、3）芸術的活動（ダンス、舞台芸術、文学・詩作、造形芸術、音楽の才能）、4）コミュニケーション活動（リーダーとなり、人を惹きつける才能）、ならびに5）精神的活動・価値観にもとづく活動（新しい宗教的価値観の創造や人々への奉仕の才能）があげられる[5]。

　また、「アダリョンノスチ」は、次のようにも区分される。
1）形成の段階による区分：「実際的才能」と「潜在的才能」
2）発現の形態別区分：「明白な才能」と「隠れた才能」
3）発現する活動の範囲による区分：「全般的才能」と「特別才能」
4）発現の年齢段階による区分：「早期才能」と「晩成才能」[6]

　英才児には調和的に発達している者と、非調和的に発達している者とがあり、それぞれで人格の特性が異なり、後者の場合は家族や同年齢の友人、目上の人との関係に困難を来す場合があるため、特別な配慮が必要と考えられている[7]。

　だが、天賦の才はどの子どもにもある、という考え方もあり、最近では、「才能」をより幅広くとらえる場合には「タラント（талант）」を用い、支援の対象も「才能児（талантливые дети）」もしくは「若い才能（молодые таланты）」と呼ぶことが多くなっている。2012年4月にメドヴェージェ

フ大統領により承認された「若い才能発現と発展のための全国的システムの基本構想」の総則には、次のような記述がある。

「すべての人には才能がある。人が成功を収められるかどうかは、自らの才能を発現できるか、自らの天賦の才を使うチャンスがあるかどうかにかかっている。各人が自らの才能を発現・適用し、自らの職業で成功を収めることは、生活の質に影響を与え、経済的成長と民主主義体制の安定を保証する。」[8]

このように、近年では各人の才能を国の経済発展に結びつくようなキャリアに活かすことが重視されるようになり、そのための支援が行われるようになってきている。

ロシア正教会の司祭が神から与えられたものとしての才能を磨くことの大切さを述べている説教を引用している英才教育の論文もあり、才能の捉え方にもソ連崩壊後のロシアの人々の宗教回帰の影響がみられる。「…天賦の才（одаренность）を開花させるために必要な条件については、聖職者のA. ウラジミーロフの素晴らしい記述がある。『私たちに生まれたときから与えられている才能（талант）は加工されていないダイヤモンド鉱石に似ています。その透明で硬い石はシベリア鉱山の奥地から救い出されたばかりの恋人のようです。そのために、ただの岩を掘って掘って掘り続けた甲斐があったというものです。ですが、ダイヤモンド鉱石がどんなに素晴らしいといっても、ブリリアントカットのダイヤモンドとは異なります。天と地のような違いです。ブリリアントと私たちが呼ぶものは、骨の折れるきわめて精密な作業を必要とする見事なカットをして入念に磨かれたダイヤモンド鉱石なのです。』」[9]

また、2012年12月に制定された連邦法「ロシア連邦の教育について」（以下、「ロシア連邦教育法」とする）では、第77条で「卓越した能力を現した者（лица, проявившие выдающиеся способности）が教育を受けることの組織化」が規定され、とくに科学（学術研究）、芸術およびスポーツの分野における「卓越した能力（выдающиеся способности）」の発現と発展のための国と地方、社会団体等の支援策が具体的に定められた。

このように、現代のロシアにおいて、才能は誰もが持っているもので

あるが、それを見出し、磨き上げることは、国や地方、教育機関を含む諸団体が行う教育の任務の一つとみなされている。

「才能」に関する研究の変遷

ロシアで子どもの才能に関する教育学研究が行われるようになったのは、19世紀末から20世紀初頭にかけての帝政ロシア時代のことである。この時代に子どものもつ才能の開発について研究を行った教育学者としては、V.P. ヴァフテーロフ[10]、A.N. オストロゴールスキー[11]などの名前が挙げられることが多いが、とくに、P.F. カプテーレフ[12]が1901年に発表した「学校および生活における知性の特権階級」[13]という論文は、英才教育の分野におけるロシアの学術研究の基礎となったと言われている。[14]

1917年の社会主義革命後、ロシアでは心理学者が英才の問題に興味を示し、各種のテストによりデータを取る児童学や心理テクニックが全国的に流行する。1920年代には英才教育に関する論文が多く発表されている。1923年にはV.M. エグゼンプリャールスキー[15]が『英才の問題』と題する本を出版している。また、後にスターリンの粛清に合う心理学者のN.V. ペトロフスキー[16]は、「アメリカにおける成人の知的英才に関する研究の経験」(1925年)、「1925年モスクワにおける国際チェス大会参加者の心理テクニックテストにもとづくチェス・ゲームの心理学」(1926年、I.N. ディヤコヴィー、P.A. ルーディクとの共著)、「職業選択と英才：模範テスト付き通俗的エッセイ」(1929年)等を発表している。[17]

だがソ連時代は、マルクス・レーニン主義にもとづく人格の全面的発達を教育の目標としたこともあり、学校現場で心身の発達に関する過剰な実験を行う児童学は批判を受けるようになり、1930年7月4日付全連邦共産党（ボリシェビキ）中央委員会決定「諸教育人民委員部の系統における児童学的偏向について」によって、学問としての児童学は、学会などの組織とともに、すべて禁止となった。以後子どもの心身発達に関する実証的研究を行うことができなくなり、子どもの才能に関する研究も下火となった。

しかしながらその後も成人の才能に着目した心理学研究は行われていた。第二次世界大戦中の1940年代には心理学者のB.M. テプロフ[18]が、著名な音楽家と軍隊の優秀な指揮官を研究対象として、様々な能力と専門分野における才能の関係について解明した論文を発表している。テプロフの研究は、その後N.S. レイテス[19]、Y.Z. グリブッフ[20]、A.M. マチューシキン[21]らの心理学者に受け継がれた[22]。

子どもの才能と英才教育に関する研究が再び盛んになるのは、ソ連末期のペレストロイカ期以降である。ゴルバチョフ政権下における米ソの外交関係の「雪解け」により、研究者の国際交流が盛んになり、1987年にアメリカのソルトレイク・シティーで開催されたWorld Council for Gifted and Talented Children（WCGTC）の第7回大会にソ連代表2名が派遣され、翌1988年5月にWCGTCの代表がソ連を訪問した。このとき「天才の本質」をテーマに米ソによる長期的共同研究を行う協定が結ばれ、英才教育機関の生徒と教員の交流も始まった。これを契機に、才能に関する研究に取り組んできた心理学者のA.M. マチューシキンらが、ソ連の国民教育において英才児の才能を早期に発掘し開発するシステムを構築することの重要性を訴えるようになる[23]。

1990年には、ソ連政府の決定によって、当時のソ連邦教育科学アカデミー（現ロシア教育アカデミー）の心理学研究所内に英才心理学研究室が開設された。その後英才心理学研究室は、アメリカを中心とする諸外国の先行研究の成果にも学びながら、新生ロシア連邦における大統領主導の才能教育政策を理論面で支える研究を行うとともに、英才児のための総合的学習プログラムの開発研究を行うこととなった。

ソ連崩壊後のロシアでは、後述するように、大統領の主導による才能教育が全連邦で推進されることとなり、ロシア連邦政府の委託を受け、ロシア心理学会、ロシア科学アカデミー心理学研究所、ロシア教育アカデミー心理学研究所ならびにモスクワ国立大学心理学部の心理学者らが、ソ連時代からの才能研究の成果をふまえて、英才児の定義と種類、人格の発達の特色、英才教育の現状と英才教育を行う教員に必要な資質能力についての一般向け解説書をまとめ、1998年に最初の「英才の実践的基

本構想」として発表した。さらに 2003 年にはその改定版を発表した[24]。この「英才の実践的基本構想」は、1971 年にアメリカの連邦議会に合衆国教育委員会が提出した報告書「英才児と才能児のための教育」(マーランド報告)[25] をモデルとしたものである。ソ連末期のペレストロイカ期から現在に至るまで、ロシアの才能教育の研究と実践は、アメリカの才能教育の研究と実践の影響を相当強く受けながら発展していることがわかる。

2 国家戦略としての才能教育の取り組み

スプートニク打ち上げ後のソ連の教育政策と特別学校の開設

1957 年に世界に先駆けて人工衛星スプートニク 1 号の打ち上げに成功し、アメリカ合衆国をはじめとする「西側諸国」の教育界に「スプートニク・ショック」をもたらした当のソ連では、1960 年代までマルクス・レーニン主義の全面発達の理論に基づく平等で統一的な学校教育制度が重視され、特別な英才教育は行われていなかった。むしろ、1934 年から全ソの学校に導入された自然科学系科目を重視した教育課程基準により初等中等教育制度が画一化され、その結果教育が普及し、高等教育人口が拡大したことが、ソ連の科学技術と軍事力の発展に寄与したと分析されている[26]。

だが、スターリンの死後、政権を受け継いだフルシチョフのもとで、「総合技術教育（ポリテフニズム）」の理念のもとに労働教育が強化されたことで、大学生の学力低下を危惧したソ連邦科学アカデミー会員の数学者（アンドレイ・コルモゴロフ、ミハイル・ラブレンチェフ）および物理学者（アンドレイ・サハロフ、イサック・キコーイン）らが、大学のない僻地在住の英才児のために大学との連携による高水準の科学教育を行う特別寄宿制学校を設立し、生徒には労働実習を免除するようにソ連邦共産党中央委員会に直訴した。これを受けて、1963 年にまずノボシビルスク国立大学にソ連邦で最初の物理・数学特別寄宿学校が設立された（後に化学も専攻に加わる）。その後、モスクワ国立大学、レニングラード（現在のサ

ンクトペテルブルク）国立大学ならびにキエフ（現ウクライナの首都）大学に同様の寄宿制学校が設置された。これらは1988年に大学附属特別教育センターとして改組され、現在も数学および化学の最高水準の英才教育学校として機能している[27]。

また、1958年以降、物理、数学、化学、生物、外国語、美術、体育などの分野における人材養成を行う機関として、各分野別の特別学校や特別学級も設置された。ペレストロイカ期の80年代末には、子どもの個性に応じた教育の個別化・多様化が進められ、特別学校・特別学級の地位に移行する学校・学級が増えた。さらに水準の高い教育を実践する学校・学級には「ギムナジア」もしくは「リセ」という18〜19世紀の帝政ロシア時代の貴族階級子弟のための学校の名称を冠することが認められるようにもなった。「ギムナジア」は人文系科目の教育に重点を置き、「リセ」は物理・数学、化学、芸術、技術等の専門教育に重点を置いたカリキュラムを編成し、両者とも一般の学校よりも人件費などに多くの予算配分を受けることができることから、人気を博した[28]。

ロシア連邦における才能教育の振興
「ロシアの子ども」「英才児」事業

ソ連崩壊後のロシアでは、才能教育は、大統領主導のプログラムとして実施されてきた。

まず1994年にエリツィン大統領の下でロシアにおける国連「子どもの権利条約」の実現に向けて開始された大統領プログラム「ロシアの子ども」のなかに「英才児」事業が導入された。障害児、孤児、チェルノブイリの子ども、難民・移民の子どもなどと並ぶ「特別なニーズのある子どもたち」として英才児が特別支援の対象となったのである。1996年以降、「英才児」事業は「連邦目的事業」として位置付けられ、毎年国家予算の配分を受けることとなった。

当時のロシアは、ソ連崩壊後からの長期にわたる経済的危機の最中にあり、欧米への頭脳流出や、英才児の発掘と発達に対する父母・教育者の関心の低下が問題となっていた。このため、英才児の発掘、支援、発

第4章 ロシアの才能教育　77

達のための条件を作るとともに、英才教育を実施する教育機関を支援し、英才教育に取り組む教員の資質向上を促進することが事業の目的とされた。具体的には、①連邦の支援を受ける英才児の人数を増やすこと、②英才児を対象とする活動システムの改善と、その安定した維持のための条件整備、③英才児の教育にあたる専門家養成と研修の質の向上ならびに④英才児を対象とする革新的施設網の拡大が目指された[29]。

当時は中央政府が財政難であったため、教育の分野では財政面の地方分権化が進んでいたが、この事業は大統領プログラムということで連邦構成主体と呼ばれる地方政府に国の特別予算が直接交付された。また事業の実施においては、当時のロシア連邦教育省が、文化省ならびに体育・スポーツ・観光国家委員会と連携しながら取り組んだ。

この連邦目的事業「英才児」は、第1次プーチン政権、メドヴェージェフ政権、第2次プーチン政権に引き継がれ、2015年まで継続された。

「優先ナショナル・プロジェクト＜教育＞」「才能ある若者」

2006年から2012年までは、連邦「優先ナショナル・プロジェクト＜教育＞」においても「才能ある若者」支援事業が実施された。

ロシアをはじめとする旧ソ連地域では芸術、スポーツ、歌唱、コメディー、クイズなどあらゆる分野でコンクールを楽しむ文化があるが、子どもの「学力オリンピック」もソ連時代から盛んである。「才能ある若者」支援事業では、全国学力オリンピック、各種スポーツ大会、コンクール等の入賞者など毎年14〜25歳までの若者5350人に3万〜6万ルーブル（当時の換算で約15万円〜約30万円）の賞金が授与された[30]。

ロシアにおける学力オリンピックの歴史は長く、19世紀に行われた帝政ロシア天文学会主催による若者のための学力オリンピックにまでさかのぼることができる。ソ連時代では1930年代にモスクワとレニングラードで実施された物理・数学と化学のオリンピックが初の学力オリンピックだった。第1回全ソ連邦物理・数学オリンピックは1961年にモスクワで開催された。学力オリンピックの入賞者は、寄宿制特別学校で開催する夏季学校に招待され、希望すれば寄宿制特別学校への入学が認

められた。この頃から、学校、地区、地方（州など）、連邦構成共和国の各レベルのオリンピックを勝ち進んだ者が、モスクワで開催される全ソ連邦オリンピックに参加するというシステムが構築された。1979年からは、全ソ連邦で生物学オリンピックも実施されるようになった。またペレストロイカ期の1988年からは、情報学も加わった。ロシア連邦になってからは、1992年以降、地理、天文学、文学、経済学、ロシア語、英語、総合技術、体育が加わり、2000年代に入るとさらに歴史、テクノロジー、ドイツ語、フランス語、エコロジー、社会科、法律、起業活動や神学（正教）についても学力オリンピックが実施されるようになった。科目によっては、全ロシア連邦学力オリンピックの勝者向けに国際学力オリンピックを組織する場合もある。「才能ある若者」の賞金は、これらすべての分野の英才が対象となった。

　2006年にはロシア連邦大統領通達によりロシア学長連盟、ロシア連邦教育科学省ならびにロシア科学アカデミーのメンバーにより構成される「ロシア学童オリンピック評議会」が設置され、モスクワ国立大学の学長で科学アカデミー会員の数学者V.A.サドーブニーが会長に就任した。同評議会は、毎年7月1日までに9月から始まる新年度に実施する学力オリンピックを認証し、レベル分けを行い、そのリストを作成し、9月1日までに連邦教育科学省の承認を受けることとなった[31]。

　ロシアの大学入試は、統一国家試験の成績により第一段階の選抜が行なわれるが、全国学力オリンピックのメダリストは、メダルを取得した領域の専攻であれば、統一国家試験を受けずに優先的に入学できる。

「私たちの新しい学校」事業

　2008～12年のメドヴェージェフ政権下では、プーチンを首相とする双頭政治体制が導入され、ロシアの国際競争力を高めることを目的とする人材養成に重点が置かれた。2010年2月にはメドヴェージェフ大統領主導の新規教育事業として、「私たちの新しい学校」事業が導入された。ロシアの初等中等普通教育学校の現代化を目指す同事業の6つの柱のうちの一つが「才能ある子どもの支援システムの発展」であった。

この「私たちの新しい学校」事業では、まず第1にすべての初等中等普通教育学校においてとくに才能のある子どもを発掘するための創造的環境を発展させることが目指された。後期中等教育段階に相当する10・11学年の生徒には、居住地に関わりなく、専門性に応じた教育プログラムを履修できるように、通信制、通学・通信制ならびにインターネットを利用した遠隔教育学校における学習の可能性を提供する必要があるとされた。また、児童生徒の学力オリンピック、コンクールや、「補充教育」と呼ばれる課外・学校外における多様な教育実践を発展させるとともに、大学入学の際に学力オリンピックの成績など学習者の個別の到達点を考慮する方策を検討することも課題とされた。

　第2に、才能のある子どもの形成を支援するシステムとして、24時間滞在型の寄宿制英才教育学校の増設が目標とされた。また、様々な分野で自らの才能を開花した子どもたちのために、才能形成を支えるような会合や、夏季学校・冬季学校、研究会、セミナーその他の行事を積極的に組織していくこととなった。

　第3に、才能ある子どもを対象とする活動は、経済的に目的に適ったものとするべきであるとされ、学校への一人当たりの予算配分基準を、教育機関の特色だけでなく、児童生徒の特色に応じて定めることができるようにすることとなった。児童生徒が教員の指導によって高い成果をあげることができた場合、その教員が相当額の報償を受けられるようにするメカニズムも検討された[32]。

　2010年度からロシアの地方政府はこの「私たちの新しい学校」による連邦政府からの特別予算を受けて、才能ある子どもの支援システムの構築に取り組んだ。

若い才能の発現と発展の全国的システムの基本構想

　上記「私たちの新しい学校事業」で提起された才能ある子どもの支援システムの実現に向けて、2011年7月には、「ロシア連邦大統領付設才能ある子どもと青年の発掘と支援システムの発展ならびに統一国家試験実施改善委員会」が、「全国的システムにおける才能ある子どもと若者

の発掘と支援の効果的メカニズム統合の基本構想（案）」[33]を発表した。2012年4月には、この案をさらに改定した「若い才能の発現と発展の全国的システムの基本構想」が、メドヴェージェフ大統領に承認された。この「基本構想」は、I. 総則、II. 若い才能の発現と発展の全国的システム構築の基本原則と基礎的課題、III. 若い才能の発現と発展の全国的システムの機能の基本的方向性により構成されており、就学前教育から中等専門学校・大学までの教育プログラムから、就職支援までのシステム化が構想されている。2012年5月には、「若い才能の発現と発展の全国的システムの基本構想実現のための施策一覧」がロシア連邦政府次官に承認され、1) 英才児・青年に関わる活動に関する法規定と研究・教授法における支援、2) 組織、教職員、英才児・青年に対するコンクールによる支援、3) 英才児・青年に対する活動基盤の発展の3つの方向における具体的施策、担当省庁と期限が定められた[34]。

　この基本構想実現のための諸施策の実施状況については、ロシア連邦教育科学省（当時）[35]の委託を受けた高等経済大学付属教育研究所がモニタリングを行い、同研究所が運営する「ロシア連邦若い才能」ウェブサイトに毎年成果が公表されている。このウェブサイトからは、英才教育に関する会議の記録や英才教育機関用の実践事例集などもダウンロードできるようになっている。

2013-20年ロシア連邦国家プログラム〈教育発展〉

　2012年5月から再び大統領に返り咲いたプーチンは、メドベージェフ政権下で定められた才能教育の方針を受け継いだ。第2次プーチン政権下では、すぐれた才能教育を行なっている学校を「大統領リセ」に認定したり、ソチ五輪の跡地に英才児支援センター「シリウス」を開設し、英才児の宿泊学習や教員・指導者の研修を行なうなど、才能ある若者の発掘と支援にさらなる力を注いだ。

　英才教育については、2020年を目標年とする「2013-2020年ロシア連邦国家プログラム＜教育発展＞」のなかでも次のような具体的数値目標があげられている。

・初等中等普通教育プログラム履修者のうち、様々なレベルのオリンピックやコンクールに参加する者の割合を50%にする（2012年は32%）
・14-30歳の若者のうち行政機関が実施する才能ある若者支援プログラムへの参加率を24%にする（2012年は20%）[36]

新ロシア連邦教育法における才能教育に関する規定

　2012年12月に制定され、2013/14年度から実施されている「ロシア連邦教育法」には、第77条に「卓越した能力を表した者が教育を受けることの組織」が規定され、その1で「ロシア連邦では卓越した能力をもっている者の発掘及び支援が行われるとともに、このような者が教育を受けることへの協力がなされる。」[37]と定められている。
　具体的には、以下のことが定められている。
○ロシア連邦国家機関、連邦構成主体行政機関、地方自治体、社会団体その他の組織は、学習者の知的・創造的才能、体育・スポーツの才能、科学的（研究）活動、創造的活動、体育・スポーツ活動への関心の発現と発展、科学的知識、創造、スポーツの成果の宣伝を目的として、オリンピック、知的・創造的コンクール、体育・スポーツイベントを企画し、実施する。
○学童オリンピック実施の手順を定め、違反に対応する。
○卓越した能力を現した者に対する金銭その他による奨励を行う。
○教育機関における特別な基礎普通教育及び補充教育のプログラムを実施する。
　この法律の制定によって、これまで期限付きの事業のなかで振興されてきた才能教育が、連邦と地方、教育機関の各レベルの所掌業務として恒常的に実施されることとなった。
　次に教育機関における才能教育の実践事例を紹介したい。

3 才能教育の実践

ロシアにおける才能教育の場としては、(1) 全般的発達を促すタイプの幼稚園および「子ども発達センター」、(2) 普通教育学校、(3) 補充教育施設ならびに (4) 特別英才児を対象とする学校がある。才能教育の教育内容としては、1) 加速化、2) 深化、3) 充実化および 4) 個別課題設定があげられ、教育方法としては、問題解決的な研究プロジェクト型の学習を自己学習、個別指導とグループワークを組み合わせながら行うことが有効とされている。加速化については、通常よりも速いテンポでの学びが推奨され、制度的には可能である普通教育学校への早期入学や飛び級は同年齢の仲間と社会性を育む機会を担保できないことからあまり好ましいこととはされていない。むしろ、補充教育の場で、深化・充実化した内容の学び、あるいは個別課題設定によって長期休暇期間などに学校の教育課程を超えた発展的・先端的学びを集中的に行うことによる加速化が推進されている[38]。

就学前の才能教育の場

ロシアでは、井深大が1971年に刊行した『幼稚園では遅すぎる・人生は三歳までにつくられる！』が2011年に英語版からロシア語に翻訳され、ベストセラーになるなど、早期教育への関心が高まっている。幼稚園のなかには、モンテッソーリの教具を用いて英才教育を行ったり、英語やコンピュータなど、特定分野の才能教育を行う所も多い。「プロギムナジア」という名称の英才教育を行う幼稚園もある。また、「子ども発達センター」は早期才能教育のための幼児教室で、都市部を中心に私立のセンターが増えている。

初等中等普通教育学校

ロシアの初等中等普通教育は、6歳から17歳までの11年間である。普通教育学校における英才児に対する教育は、特定の科目を深く学ぶプログラムを選択するか、もしくは個別教育課程によって少人数指導やイ

ンターネットによる遠隔教育、自己学習など組み合わせて行うことができる。

特定の科目を深く学ぶ学校、ギムナジア、リセなどの特別学校は、公立では8.8%（児童生徒は21.4%）、私立では24.9%（児童生徒は31.8%）を占める（**表4-1・4-2**）。深く学ぶ科目領域では、外国語を選択している児童生徒が最も多く（57%）、ついで自然科学（17%）、技術（7%）となっている[39]。

表4-1　初等中等普通教育学校に占める特別学校の割合（2013年）

	公立	（%）	私立	（%）	公・私計	（%）
全初等中等普通教育学校	43698		720		44418	
深く学ぶ学校	1287	2.9	17	2.4	1304	2.9
ギムナジア	1464	3.4	124	17.2	1588	3.6
リセ	1100	2.5	38	5.3	1138	2.6
特別学校　合計	3851	8.8	179	24.9	4030	9.1

出典　ロシア連邦教育科学省

表4-2　特別学校に在籍する児童生徒の割合（2013年）

	公立	（%）	私立	（%）	公・私計	（%）
全初等中等普通教育学校	13548256		94941		13643197	
深く学ぶ学校	986249	7.3	2989	3.1	989238	7.3
ギムナジア	1126758	8.3	20496	21.6	1147254	8.4
リセ	789071	5.8	6671	7.0	795742	5.8
特別学校　合計	2902078	21.4	30156	31.8	2932234	21.5

出典　ロシア連邦教育科学省

補充教育施設

ロシアには、旧ソ連時代からの遺産である学校外教育施設が充実している。都市部には「補充教育施設」と総称される公立の「子ども創造の家」「子ども音楽学校」「子ども芸術学校」「ダンス学校」「スポーツ学校」「子

ども自然科学者ステーション」などがあり、子どもたちはそれぞれの興味・関心に応じたクラブやサークルに入って無料もしくは低料金で余暇時間を過ごすことができる。児童生徒の活動領域としては、芸術創造が最も多く (34.6%)、次いでスポーツ (31.3%) となっている[40]。

補充教育施設の普及度には都市部と農村部で格差が大きく、都市部では7割の児童生徒が補充教育に参加しているのに対し、農村部では5割に満たない (**表4-3**)。ロシア連邦政府は、2020年までに補充教育の参加者をロシア全体で86%とする数値目標を設定している。

ソ連崩壊後のロシアは、民間企業が運営するスポーツクラブや子どもキャンプ場(長期休暇中に宿泊研修講座を提供する)も増えているが、有料のため富裕層の子どもしか利用することができない。そこで、補充教育の機会の地域間、家庭間の格差を埋め、子どもの創造力の発達と子どもたちの知・徳・体の発達の面での個別ニーズに対応することを目的として、2011年度から初等中等普通教育学校に段階的に導入されている新しいロシア連邦国家教育スタンダードでは、教科の授業以外に課外活動の時間を導入することとなった。初等教育段階(1～4学年)では、週当たり20～25時間の教科教育に加えて、各学年に10時間の課外活動が必修となり、これらを合わせた週30～35時間が国の予算配分の対象となった。主な課外活動としては、スポーツ、認知的活動、エコロジー、宗教・道徳ならびに芸術がある。このうち認知的活動とは、子どもの知的発達を促すもので、授業で学んでいることを体験型の学習を通じてさらに深く学ぶ時間となる。

表4-3 補充教育に参加する児童生徒の割合

	合計	都市部	農村部
全児童生徒数(人)	13548256	9979967	3568289
補充教育参加者合計(人)	8772069	7012979	1759090
参加者の割合(%)	64.7	70.3	49.3

出典　ロシア連邦教育科学省

特別英才児のための学校

　2010年以降、居住地に関わりなく特別英才児が高度な教育を受けることができるように、寄宿舎を併設した英才教育学校を増設することが目指されている。例えば2018年現在、物理・数学分野の英才児のための寄宿制学校には次の12校がある。これらの学校は中等教育段階のみの学年構成になっている学校が多く、近隣地域の子どもは自宅から通学することもできる。いずれの学校も入学者選抜を行っているが、連邦レベルの学力オリンピック入賞者は入学者選抜の際に優遇される。

- 大統領物理・数学リセ、サンクトペテルブルグ市立第239番学校
- モルダビア共和国立英才児のためのリセ
- A.N. コルモゴロフ記念モスクワ国立大学附属先端教育・科学センター寄宿制学校
- D.K. ファデーエフ記念サンクトペテルブルグ国立附属大学附属先端教育・科学センター・アカデミックギムナジヤ
- ウラル連邦大学附属先端教育・科学センター
- G.L. カピッツィ記念物理・技術リセ（モスクワ州）
- M.V. ロマノーソフ記念モスクワ国立大学英才児のための寄宿制学校
- ユグリ物理数学寄宿制リセ（ハンティー・マンシンスク自治管区ユグリ）
- ロシア科学アカデミー・サンクトペテルブルグ全国研究アカデミック大学附属アカデミックリセ「物理・技術学校」
- ニジニ・ノヴゴロド市立寄宿制リセ「英才児センター」
- ウファ共和国立寄宿制工業リセ
- N.I. ロバチェフスキー記念カザン連邦大学附属リセ[41]

　上記のうち大統領物理・数学リセ・サンクトペテルブルグ市立第239番学校は、ロシア教育科学省が2013年から実施している学校ランキング「全ロシアトップ500」で常に上位5位内に入っている。この学校は1918年に創立後、学校の名称と所在地が何度か変わり、1961年にサンクトペテルブルグ市立物理・数学特別学校となった。ソ連で初の物

理・数学特別学校だった。1975 年 に現在の校舎に移った。1990 年に当時のロシア共和国教育省により物理・数学リセの地位を認められ、サンクトペテルブルグ市の物理、数学、情報学の国の教育課程基準である国家スタンダードを作成するための実験を行う研究所と位置付けられた。1994 年には「ロシアにおける人文教育革新プログラム」によるコンクールの結果、アメリカ合衆国のソロス基金の助成金を授与された。またアメリカ数学学会から独立国家共同体（CIS）のベスト 10 優秀校に選ばれた。2006、2008 ならびに 2012 年にはロシア連邦の「国家優先プログラム＜教育＞」の機関コンクールで入賞。全ロシア「トップ 500」学校ランキングで 2013 年と 2014 年に 3 位、2015 年、2017 年に 1 位となった。2014 年 にはプーチン大統領によって「大統領リセ」の名称を付与された。

　卒業生の中には、ポアンカレ予想を証明したフィールズ賞受賞数学者のグリゴリー・ペレルマンなどの著名な数学者も多い。過去に 60 人以上の生徒が国際学力オリンピックで入賞、250 人以上が全ソ・全ロレベルの学力オリンピックで入賞している。

　現在は 5-11 学年の 7 年制で、第 8 学年、第 10 学年からも入学できる。入学試験は毎年 4 月の日曜日に行われ、5 年生入試では数学と一般教養、8・10 年生では数学のみ 15-20 問のテストを 3 時間かけて実施する。競争率は 5 年次が 10 倍、他は 3~4 倍である。ただ自分がまだ何になりたいか決まっていないのに父母の希望で入学したため数学に興味が持てず、途中で転校するような生徒も多いという。

　水・土に各 2 時間のサークル活動が行われ、他校の子どもも参加する。一番人気はロボットテクニックである。文学サークルもある。学力オリンピックの訓練も行う。

　生徒数は約 600 人。教員 71 名のほか、サークル活動や学力オリンピックのための訓練を指導する補充教育教員が 53 名いる。これらのうち 50 人が同校の卒業生である。教員 12 人が博士候補、2 人が博士の学位をもっている[42]。

新しいタイプの英才教育機関

先述の「若い才能の発現と発展の全国的システムの基本構想」(2012年) の方針に従った新しいタイプの英才教育機関としてこのところ注目されているのが、2015年にプーチン大統領の肝いりでソチ冬季オリンピックの跡地のオリンピックパーク内に開設されたシリウス教育センターである。

「研究しよう！創造しよう！勝利しよう！」をモットーとするシリウス教育センターは、2015年に「才能と成功」基金が開設した。「才能と成功」基金は、プーチン大統領を理事長とし、プーチン大統領周辺の政治家やロシアの科学・スポーツ・芸術の分野における著名な活動家を理事としている。

センター長のエレーナ・シュメーレワはプーチンと同郷のサンクトペテルブルグ出身で、1995年にサンクトペテルブルグ国立大学社会学部卒業後、サンクトペテルブルグ国立大学複雑社会学研究所、スイスを拠点とする調査会社 Media Tenor International ロシア支部長、専門基金「戦略開発センター」エキスパート、統一ロシア党中央執行部分析局長、サンクトペテルブルグ国立大学ジャーナリスト学部講座長、慈善基金「システマ」副会長、青少年知的・創造的潜在力促進NPO「未来へのリフト」ディレクター、モスクワ国立大学高等経営・イノベーション学部長を歴任した女性である。2018年1月にはプーチン大統領の選挙本部長となったことでも注目を集め、教育大臣候補とも目されていた。

シリウス教育センターの活動は、ロシア連邦教育科学省 (2018年5月以降は科学・高等教育省と教育省)、ロシア連邦スポーツ省、ロシア連邦文化省の支援のもとに行われている。

シリウスの課題は、ロシアの各地において最も成績の良い生徒を見出し、開発・支援し、才能教育に関わる優れた実践を普及することにある。2015年創設時から約3年間にシリウスで全日制の教育プログラムを受講した生徒は約2万人以上を超えている。

センターは年中無休である。教育活動は、2014年冬季オリンピックの際に整備されたホテル、メディア・センター、スポーツ施設などのイ

ンフラを基盤として行なわれている。

シリウスには、普通教育学校で好成績をあげている10歳から17歳のロシアの生徒であれば誰でも参加できる。毎月、「科学」「芸術」および「スポーツ」の特定分野（2018年1月は数学、音楽、バレエ、2月は化学、文芸、アイスホッケーなど）を深く学ぶ教育プログラムが設定され、半年ほど前に参加者募集の案内が出される。全国の応募者のなかから書類選考で選ばれた最大300人の英才生徒が毎月「科学」「芸術」および「スポーツ」の分野で深く学ぶ教育プログラムに登録される。ソチまでの交通費・滞在費・教育費などは「才能と成功」基金が負担するためすべて無料である。またこれらの生徒とともに、毎月100人以上の教員と指導者が同センターで英才教育のための研修を受けている。

シリウスで教育を行うのは、モスクワ、サンクトペテルブルグなどの物理・数学学校、化学・生物学校の著名な教員や大学教員のほかに、音楽、クラシックバレエ、造形芸術の分野のロシアの著名な芸術家や、スポーツトレーナーおよびスポーツマンである。また、若い数学者、物理学者、化学者、生物学者、音楽家、芸術家、バレエ芸術家、文学者、ホッケー選手、フィギアスケート選手、チェス選手などが生徒と共に生活し、生徒に教科横断的で創造的なコミュニケーションのユニークな経験を提供している。

生徒たちの宿泊施設でもあるシリウス教育センターは、ソチ・オリンピックのメイン・スタジアムに隣接された大型ホテルを改装したもので、少人数指導の教室や音楽室、ライブラリー、生徒の休息コーナー、レストラン、プール、サウナなどがある。食べ盛りの子どもたちのためのスナックを含む1日5回の食事や、施設の清掃、維持・管理などに約1000人の職員が雇用されており、黒海の海岸につながる広大な庭園のなかには従業員の子どものための幼稚園もある。また少し離れたところにある元メディア・センターは「シリウス科学・芸術センター」と名付けられ、先端的科学技術の実験を行うことができるほか、陶芸工房、アート・ギャラリー、バレエのスタジオ、舞台のあるホールもあり、科学と芸術を融合させた創造性を育む場ともなっている。

生徒たちは、シリウスで24日間過ごしながら、通常の学校における1科目1年分の授業に相当する120授業時間の専門分野の教育に加えて、連邦国家スタンダードによる必修科目の授業も受ける。教育プログラムは、大学進学や国際学力オリンピックなどの特別な準備教育に向けられているだけではなく、祖国の歴史、文学、ロシアの文化遺産紹介にも焦点をあてている。このため、ソチ市内の歴史博物館の見学などの課外活動も行なわれている。

　シリウスにおける英才児に対する活動は、ソチにおける全日制教育プログラム履修後も継続する。2017年からロシア各地にシリウスをモデルとした「英才児活動センター」（名称は、「クヴァントリウム」、「テクノパーク」など）が開設されている。こうした地方センターには、シリウスで研修を受けた教員・指導者が勤務している。

　最も優秀なロシアの教員、指導者や芸術、科学、スポーツ分野の著名な活動家による英才児へのさらなる支援は、「シリウス・オンライン」をプラットフォームとするオンラインシステムによって行なわれている。

　センターでは様々なプログラムやプロジェクトによって修了生の団結を図っており、彼らのその後の成功や達成、ロシアの主要な芸術集団、文化センター、ナショナルスポーツクラブ、先端技術企業ならびに研究センターへの就職状況もフォローしている。

　なお、シリウス教育センターでは2018年現在、通常の英才教育学校の開設を目指して新たな学校施設の建築も進めている[43]。

おわりに

　ロシアでは、ソ連時代のマルクス・レーニン主義にもとづく発達観やソビエト心理学の研究成果にもとづき1960年代から英才教育のための特別学校が制度化され、学校だけでなく、学校外の教育施設においても英才教育が実践されてきた。ソ連末期のペレストロイカ期には、旧ソ連地域や東欧等の社会主義諸国のみに閉ざされていた国際的教育協力のネットワークがアメリカ合州国と西欧諸国にも開かれたことによって、

社会主義体制下では一部の分野に限られていた才能教育が欧米からの支援を受けながら拡充された。

ソ連崩壊後のロシア連邦では、教育改革全般の方針として、教育の多様化、学校選択の自由化、新しい能力観の導入、客観的テストによる質の保証等の新自由主義的教育改革手法が導入されたが、英才教育は大統領主導の事業として継続的に予算をかけて進められてきた。こうした国の教育改革の方針は、学校制度の内外で子どもの個性に合わせたより良い教育を受けさせることを望む高学歴・富裕層の父母の要望と合致し、才能教育が促進されている。

2000年以降は大国ロシアの復活を目指すプーチンとメドヴェージェフが、ロシア経済の国際競争力の増強を標榜した才能教育を奨励している。補充教育の充実などすべての子どもの個性と才能を引き出す機会を与えようとする政策は、公正性を重視しているようにも見えるが、ナノテクノロジーや人工知能、宇宙開発など、軍事技術にもつながるイノベーションをもたらす優秀な人材の発掘と養成は、ロシア政府の緊急の課題となっている。2014年以降は、ウクライナ問題やシリアのアサド政権への軍事協力への非難により、ロシアが国際社会から孤立化したことが、愛国主義的な才能教育振興に拍車をかけているとみられる。

国家主導の才能教育の背後には、個々の子どものニーズへの配慮よりも、国際情勢の変化への対応など様々な思惑が潜み、心理学や教育学の研究がその目的のために利用される危険性を孕んでいることに、十分留意する必要がある。

注

1 Богоявленская Д. Б. (ответственный редактор), Шадриков В. Д. (научный редактор), Бабаева Ю. Д., Брушлинский А. В., Дружинин В. Н., Ильясов И. И., Калиш И. В., Лейтес Н. С., Матюшкин А. М., Мелик-Пашаев А. А., Панов В. И., Ушаков В. Д., Холодная М. А., Шумакова Н. Б., Юркевич В. С., *Рабочая концепция одаренности*. — 2-е изд., расш. и перераб, https://narfu.ru/school/deti_konchep.pdf

2 複数形の場合はодаренные дети (アダリョンニエ デーティ)。

3 Богоявленская Д. Б., Шадриков В. Д. (ред), соч.

4　Шумакова Н.Б. 2004, *Обучение и развитие одаренных детей*, Российская Академия Образования, Московский Психолого-Социальный Институт, с.28-29.

5　Богоявленская Д. Б. ,Шадриков В. Д. (ред), соч.

6　там же.

7　там же.

8　*Концепция общенациональной системы выявления и развития молодых талантов* (утв. Президентом РФ 03.04.2012 N Пр-827) ,http://legalacts.ru/doc/kontseptsija-obshchenatsionalnoi-sistemy-vyjavlenija-i-razvitija-molodykh/

9　Владимиров, А. , *Учебник жизни*, БФПЦ <<Православное видео>> 1997. 224 с., В кн.Шумакова Н.Б., соч., с.30-31.

10　Вахтеров, Василий Порфирьевич、1853-1924年。ロシアの教育学者。ダーウィンの進化論にもとづく「進化教育学」を提唱。

11　Острогорский, Алексей Николаевич、1840-1917。ロシアの教育学者、編集者。教育学、心理学と文学にもとづく人格形成、道徳教育と論理的思考力の形成を重視。

12　Каптерев, Пётр Фёдорович、1849-1922年。ロシア・ソ連の教育学者・心理学者。

13　Каптерев П.Ф. *Аристократия ума в школе и жизни* // *Образование*. 1901 № 4.

14　А. В. Кулемзина, Принципы педагогической поддержки одаренных детей, *Педагогика*, No.6, 2003, с.27.

15　Экземплярский, Владимир Михайлович,1889-1957年。ロシア・ソ連の心理学者。

16　Петровский, Николай Васильевич,1890-没年不詳。

17　Ветвицкая С.М., ОСОБЕННОСТИ ИЗУЧЕНИЯ ПСИХОЛОГИИ ОДАРЕННОСТИ В КРАТКОМ ИСТОРИЧЕСКОМ АСПЕКТЕ, *Успехи современного естествознания* №11, 2014, с.97.

18　Теплов, Борис Михайлович、1896-1965年。2000年になってロシア連邦大統領賞授与。

19　Лейтес, Натан Семёнович、1918-2013年。ソ連・ロシアの心理学者(発達心理学・教育心理学専攻)、「年齢別才能」の概念を提起。

20　Гильбух, Юрий Зиновьевич　ウクライナの心理学者。英才の心理測定法を開発。

21　Матюшкин, Алексей Михайлович、1927-2004年。ソ連・ロシアの心理学者。1983-1990年、ソ連邦教育科学アカデミー心理学研究所長。

22　Ветвицкая С.М., соч.

23　Матюшкин А.М., Сиск Д.А., ОДАРЕННЫЕ И ТАЛАНТЛИВЫЕ ДЕТИ, *Вопросы психологии*. 1988. №4, с. 94-97.

24　Богоявленская Д. Б.,Шадриков В. Д. (ред), соч.

25　Marland, S.P., Jr., *Education of the Gifted and Talented –Volume 1: Report to the Congress of the United States by the U.S. Commissioner of Education*, Office of Education (DHEW), Wathington, D.C., August 1971, 126p.

26　В.ラズモフスキー(大谷実訳)「教育内容の改革－ソビエトからロシアへ―」、関啓子・澤野由紀子編『資料ロシアの教育・課題と展望』新読書社、1996年、pp.51-52。

27 澤野由紀子「ロシア・CIS：体制変換とともに変わる学力観・変わらない学びの文化」佐藤学・澤野由紀子・北村友人編『揺れる世界の学力マップ』明石書店、2009年、pp.158-188。
28 同上。
29 Указ Президента Российской Федерации от 18.08.1994 г. № 1696, *О президентской программе «Дети России»*, http://www.kremlin.ru/acts/bank/6826
30 *ФЦП :: подпрограмма "Одаренные дети"*, http://fcp.economy.gov.ru/cgi-bin/cis/fcp.cgi/Fcp/ViewFcp/View/2009/212/
31 *Деятельность Российского совета олимпиад школьников*, http://rsr-olymp.ru/about
32 *Национальная образовательная инициатива "Наша новая школа"*, https://минобрнауки.рф/документы/1450
33 *Концепции интеграции эффективных механизмов поиска и поддержки талантливых детей и молодёжи в общенациональную систему (проект)*, http://www.uraledu.ru/node/38372
34 *Концепция общенациональной системы выявления и развития молодых талантов (утв. Президентом РФ 03.04.2012 N Пр-827)*, http://legalacts.ru/doc/kontseptsija-obshchenatsionalnoi-sistemy-vyjavlenija-i-razvitija-molodykh/
35 2018年5月からの省庁再編により、ロシア連邦教育科学省は、ロシア連邦科学・高等教育省とロシア連邦教育省に分割された。
36 *Об утверждении государственной программы Российской Федерации "Развитие образования" на 2013-2020 годы (с изменениями на 31 марта 2017 года)* (утратило силу с 01.01.2018 на основании постановления Правительства Российской Федерации от 26.12.2017 N 1642), http://docs.cntd.ru/document/499091784
37 *Федеральный закон "Об образовании в Российской Федерации" от 29.12.2012 N 273-ФЗ (последняя редакция)*, http://www.consultant.ru/document/cons_doc_LAW_140174/
38 Богоявленская Д. Б. ,Шадриков В. Д. (ред), соч.
39 https://минобрнауки.рф/министерство/статистика
40 там же.
41 https://info.olimpiada.ru/article/555
42 2016年3月29日、大統領物理・数学リセ・サンクトペテルブルグ市立第239番学校における教職員からの聞き取り。
43 2018年2月21日、ソチ・シリウス教育センターおよびシリウス科学・芸術パークにおける教職員からの聞き取りおよび提供資料。

※本稿はJSPS KAKENHI Grant Number JP 15H05198の助成を受けた研究成果の一部です。

第5章 インドネシアの才能教育

中矢礼美（広島大学）

はじめに

本章では、インドネシアにおける才能教育の定義と教育実践の変遷および展望について、社会の状況を踏まえて解説を行う。

インドネシアでは、国際競争力を高めるための人材育成が急務であるという社会の認識の高まりと共に、「優秀な子ども（才能児）」に対する教育の関心が強まってきた[1]。しかし、学校教育の普及と質の保証が十分でない状況に加え[2]、民主化と汚職（社会の不公正）の撲滅を推進する社会情勢が強まる中にあって、「才能児」に対する公的支援について、社会の合意形成をはかることに難航している。

このような状況を踏まえ、以下では、インドネシアでは誰を（一部の富裕層か，才能児か，全ての子どもか）、どういう基準で（IQ か学業成績か身体・芸術・言語などの能力か）選び、どのような成果を目指して（個人のためか、国家の経済発展ためか）、どのような才能教育（エンリッチメントか、アクセレーションか）を実施してきたのかを分析する。第1節では、政策文書およびインドネシア人研究者の先行研究をもとにインドネシアにおける才能教育の変遷を示し、社会情勢が才能教育に与えた影響を整理する。第2節では、近年の二種類の才能教育として、アクセレーションプログラムと国際レベル学校に焦点をあて、政策、保護者の声、才能児の教育経験談から、才能教育の社会的意味を議論する。第3節では、最近の教育動向から才能教育を含む新しい時代に対応する教育の特徴と現状、今後の展望を描く。

1　才能教育の変遷

　インドネシアにおいて、才能教育は 1970 年代に入ってようやく注目を浴び始めた。なぜなら独立後、画一的な学校教育の量的拡大による国民形成、国家統合が最優先であったため、才能のある子どもを適切に見極め、教員、施設・設備を国家レベルで整備することは、政治的、経済的理由から、極めて困難だったためである（Sunaryo, A., 2010）[3]。

　最初の才能教育は、大学の特別入学や奨学金制度という形態として始まった。1970 年に、アンディ・ハキム・ナスティオン（Andi Hakim Nasution）教授による提案で、ボゴール農業大学において特別選抜プロジェクトが実施され、同大学に入学したいという希望を持つ全国の優秀な高校生達は大学入試を受けずに直接受け入れられた（Hawadi, R. A., 2004）[4]。しかし、この選抜方法には官僚主義的な問題があるとして、他大学において実施されるには至らなかった。1974 年からは、国家教育文化省が特別な才能を有する小学生、中学生、高校生、職業高等学校生および大学生に対して、経済的な理由で継続・修了できない場合に奨学金を付与するプログラムを開始した[5]。つまり、特別な教育プログラムを用意するのではなく、既存の教育への優遇措置（特別な選抜方法、経済的支援）をとるという方法であった。

　1980 年代に入ると、国家教育文化省は 1982 年に初等中等教育局、高等教育局、教育研究調査局および人文科学諸領域の専門家および心理学専門家からなる才能児教育開発実践チーム（Kelomplok Kerja Pemgembangan Pendidikan Anak Berbakat: KKPPAB）を編成し、インドネシアの価値観や文化に合わせた才能ある子どもの定義、セミナー、シンポジウム、実務家会議、各種パイロットプロジェクトによって才能教育の可能性を探り始めた。1982 年の国家教育省によるセミナー「才能児教育プログラムの可能性」では次のように才能の定義が賛同された（Kelompok Kerja Pengembangan Pendidikan Anak Berbakat; KKPPAB,1986）。「才能を持つ子どもとは、創造的で生産的な思考能力を有し、心理社会的能力、芸術領域における能力および精神的・感性的能力を有する」。そして、「これらの子どもたちは、個

人のため、社会に貢献するためにも、一般的な教育プログラムとは異なるものを必要としており、一般教育の学校プログラムの外での支援を必要とする」とされた。

　1983、84年からは国立小・中・高等学校での才能児教育パイロットプロジェクトが始められた。ジャカルタでは小学校40校がパイロット校として選ばれ、全児童数の20-25%の成績優秀な児童に対して実施された（Semiawan, C., 1997）[6]。中学校は5校（ジャカルタ3校、西ジャワ州2校）、高校では4校（ジャカルタ3校、西ジャワ州1校）（Sutratinah, T. 1984）[7]が選ばれ、実施された。才能教育を受ける児童・生徒は、IQテストと成績によって国家教育省によって全州から選抜され、特別クラスにおいてエンリッチメント教育と理数科、英語、人文系科目の追加授業が行われた（Sutratinah, T.）[8]。しかし予算の問題によって3年間で打ち切られ、在学していた優秀な高校生のうち150人は質の高い教育の継続のために、海外の大学に奨学生として派遣された。そのうち約80%が学士号を取得し、短期間で博士号まで取得して帰国したものもいた。（Semiawan, C.）[9]。1985年にKKPPABで合意されていた小学生レベルでの知的才能児としての特徴は、以下のとおりである。1) 読み書き能力の高さ、2) 高い知的好奇心、3) 批判的思考能力、4) 学習能力と自律的学習能力、5) 忍耐力、6) 高い責任感、7) 目標達成能力、8) 注意力、9) 新しいものの見方、優れた考え方、10) 身近なもので新しいものを作ることを好む（Hawadi, 2002）[10]。1982年の定義と比較すると、一般的な学力が加えられ、重視されていることが分かる。

　この時期の才能児に関する国家計画および法律としては、第4次5ヵ年国家開発計画（Rencana Pembangunan Lima Tahun：Replita Ⅳ（1983-1988））、1988年国家大綱（Garis-garis Besar Haluan Negara：GBHN）およびインドネシア国民協議会決定（MPR-RI No Ⅱ /MPR/1983）において、学齢期の子どもたちが教育を受けるための機会を拡大すること、才能児（anak berbakat）[11]へ経済的な支援を行うことが述べられた。1989年の国家教育制度法[12]では、「特別な能力（kemanpuan）と知的能力を有するものは、特別な配慮（Keperhatian）を受ける権利を有する」と記された。KKPABで用い

られてきた才能 (bakat) という用語は、ここでは用いられていない。ただし、この法律を受けて国家教育省教育調査局から出されたポジションペーパーでは、「特別な能力と知的能力を有する児童生徒あるいは才能を有する (berbakat) 児童生徒」と才能児を表現している。そして才能児に対する「特別な配慮」のために、この法律に基づいて教育プログラムを開始できるとして、その指針を示している。国家開発計画などでは、特別な対応は経済支援に言及するに留まっているが、教育省は特別な教育プログラムやその実施に向けて、アメリカ、中国、シンガポールの動向を示し、現状において実施できる方策を示している。それは、エンリッチメント教育、算数・数学、理科、語学、社会文化という特定の教科が強い児童生徒への特定教科の強化教育およびアクセレレーションである。しかしアクセレレーションについては、まだ実施されていないこと、芸術分野や情報テクノロジーなどの分野については始まったばかりであるため、課外授業などでの対応が妥当であると示された。

1994年になると全州で教育省によって設定された「優れた学校 (sekolah unggul)」において知的創造的才能児向けに多様な能力育成のための特別プログラムが実施されるようになった。1994年は、義務教育年限が6年間から9年間に延長された年である。国家統合と開発が安定してきた時期であり、教育の量的拡大が進められる中で、才能教育の全国展開が図られたといえる。しかしその後の調査によると、優秀学校と認定された高校の多くがアクセレレーションプログラムを実施しており、16州における20校において調査したところ、その効果は低く、特別な才能を有する生徒は9.7%にすぎないという結果が提示された (Hawadi. A, 1997 in Haryanto & Pujiningsih, 2008)[13]。そして、そもそもアクセレレーションプログラムは才能児のための教育として最善の方策ではないこと、すべての学校が知的に優秀な生徒を指導するための教授能力を備えているわけではないこと、才能児を判別する方法を理解していなかったことなどが問題点として指摘された。

しかしその後も、ジャカルタと西ジャワ州の学校においてアクセレレーションのパイロットプロジェクトが行われ (1998年度から)、2000年

度から他の州にも拡大していった。才能教育が始まった当初のエンリッチメント教育は、アクセレレーションへとほぼ転換されたといえよう。

なお、国家的な取り組みの一方で、1990年にはインドネシアにおけるエリート養成の脆弱さを危惧して、私立教育機関タマンシスワが民族教育の父とされるキハジャル・デンワントロの言葉を教育哲学として、学力・精神力・身体的能力全般において高い能力を有する生徒に才能教育を行う全寮の男子高等学校を設立した。その後、この学校をモデルにいくつかの州において同様の学校が設立され、エリート教育が行われている（Semiawan, C.）[14]。

2　二つの才能教育(アクセレレーション、国際レベル学校)の勃興

山内（2012）によると、「2002年度以降、国公私立を問わず指定されているスーパー・イングリッシュ・ランゲージ・ハイスクール（SELHi）、スーパー・サイエンス・ハイスクール（SSH）も才能教育の制度化といえる」[15]。この定義に従って、本節ではインドネシアの近年の才能教育として、アクセレレーションに加え、国家によって指定された国際レベル学校について概観する。

アクセレレーション

政治社会体制が大きく変化したことを受けて改訂された2003年国家教育制度法（Undang-undang Republic Indonesia Nomor 20 Tahun 2003）において、特別な才能（berbakat）と特別な知的能力（cerdas istimewan）を有する児童生徒は「特別な教育」を受ける権利が保障された[16]。管轄は、国家教育省特別支援学校局であり、インクルーシブ教育の中で対応している[17]。

2009年の「障害と特別な知的能力（kecerdasan）と才能（bakat）の潜在能力を有する児童生徒のためのインクルーシブ教育」についての国家教育省大臣令第70号[18]によると、才能児は特別な知的能力や特別な才能を有する児童生徒と明示されている。そして、特別な知的能力を有する子どもについては、同年に国家教育省によって「特別な知的能力を有す

る生徒のための教育実施手引書」が発行されている[19]。しかし、その他の領域において特別な才能を有する子どもの教育実施手引書は刊行されていない。同手引書において知的才能児とみなす条件は、客観的情報として成績（全国試験および学校の成績全教科平均8.0以上）、心理学テスト（秀才レベルであるIQ ≥ 140か優秀レベルIQ ≥ 125で平均以上に創造性テストや発想力テスト）、主観的情報として自薦他薦を問わず推薦した理由である才能の諸特徴、健康、アクセレレーションの生徒になるための権利と義務について生徒とその保護者が準備できていると認めるプログラム実施側からの確認書である。ここでのアクセレレーションとは、小学校5年、中学校2年、高等学校2年間で修了するプログラムであり、教育内容は国家教育基準を基本とする各教科学習および地域科とされており、特別な教育内容が設定されているわけではない、速習であると説明されている。

　このプログラムを実施できる学校は、これまでに特別プログラムを実施した経験があり、十分にプログラムの情報を得て、実施することが可能だと考て実施を申請し、地方自治体の審査を経て認定された学校である。2009年時点の中央統計庁調査によると、認定校は288校、利用生徒数は5488人（内訳は小学校53校472人、中学校80校2399人、高等学校95校2617人）であった[20]。

　ただし、実際には生徒が得意な理数系科目に集中した教育が行われ、それ以外は軽視され、学習時間も非常に多く、課題も多いという傾向が強くあった[21]。そのため、途中から普通学級に戻る生徒もいたようである。以下、アクセレレーションを実施してきた教師の考えを彼らのブログから見てみよう。小学校教師Aさんは、発達段階からみて問題ではないかと疑問を投げかけている[22]。「実際のところ、アクセレレーションには非常に大きな弱点がある。それは認知レベルの学習にとどまる傾向が強いことだ。（中略）小学生にとって、アクセレレーションはその実施が問われるべき。なぜか。小学生は彼らの世界、つまり遊びの世界にいるからだ。大人のように物事を考えることを強制すべきではない。」

　中学校教師B氏は、優秀な生徒からの質問に答えられないこともあり、

彼らの能力を伸ばすために教授法の改善が必要だと提言している[23]。「優秀な生徒ばかりで、質問に答えられないことも。でも正直に、今は分からないけど、次に答えられるようにするからねと伝えるようにしている。教師は学び続けなければ。(中略)まだ理論的な話や暗記中心の教授法。彼らの能力を最大限に伸ばすためには、もっと画期的な教授方法をあみだしていかなければならない。」

このように、現場の教師の考えとして、アクセレレーションプログラムに対しては教育学的見地から慎重な意見があり、また、才能児に対しては通常の教育では限界があることも指摘されている。

次に、アクセレレーションを卒業した学生C君へのインタビューから、その実態に迫りたい[24]。彼は、1991年東ジャワ州に生まれた。6歳で小学校に入学、高校に入るまで国立学校の通常学級に通っていた。自転車で家から15分の国立高校に入った年(2006)に、その学校でアクセレレーションが始まることとなった。早く卒業すれば大学入学金が値上がりする前に入学でき、家計を助けることができると自分で受験を決断。1学期目にテストを受ける。400名中20人程度がテストを受け、13人が合格し、2学期からプログラムが始まった。2年1学期で3年生までの学習を終え、2年の2学期は3年生と同様の受験対策訓練を受けた。

> 今思えば、少し授業は早かった。でも3年間は長すぎで、3年目は友達とショッピングモールで時間をつぶす生活になっていたはず…。

7時30分から14時半までの授業時間は、通常クラスと変わらない。ただ、国家試験や学校の試験の科目ではない体育や芸術の時間はカットされた。放課後のクラブでは「イスラム・クラブ」に入り、そこで普通クラスの人たちと限られた範囲ではあるがコミュニケーションがとれた。その後は友達の家に遊びに行って、7時頃まで遊んだ。塾には通ったことがない。宿題はあったが、さほど多くなかった。学校行事にも同じように参加した。国家試験科目の先生は「特別な先生」だが、通常学級でも教えていた。教科書は、

化学や数学は通常学級の教科書よりもやや理論が多いものが先生によって選ばれた。教室の設備は通常学級と同じで、ただホワイトボードと黒板の違いがあった。総じて、高校2年間に問題はなく過ごした。普通クラスの生徒に特別視されることもなかった。卒業時にトップの成績だった生徒は普通クラスの生徒だった。アクセレーションのクラスは、ただ早いというだけで、学業成績を上げることは優先事項ではなかったためだと思う。授業料は25万ルピア（約2500円）で通常学級より2.5倍高いが、大学入学金が年々値上がりすることを計算すると安い。

問題は、大学に入ってから起こった。せっかく2年で高校を卒業したのに、結局大学には5年間かかってしまった。1年目に、大学の先生の意図がつかめず、いい評価を得られなかったためだと思う。課題を出されたら、課題を解く方法も分かるし、課題を解くことはできる。数学ならその公式を覚えて使うことができても、その背景にある哲学を理解することが求められることが分かっていなかった。やはりアクセレーションプログラムでは、ドリルが多かったり、学問の背景を学ぶことが授業で求められなかったからではないかと思う。

このプログラムは、経済的な視点から見れば、代替案として優れている。特に兄弟が多い生徒は早く学業を終えて、親の経済的負担を減らしたいと考える。

以上、C君の経験についての話からは、アクセレーションプログラムへの入学の動機は、才能の有無というより、経済的要因が大きいことが分かる。新聞などで批判されていたような普通クラスの生徒との摩擦も大きくなく、人格形成上に支障をきたすような過度で過密で隔離されたような経験もなかったようである。一方で、才能が生かされたり、伸ばされたというような実感よりは、効率的に早く学習すべき内容を消化することが優先されていたことが分かる。

次に、保護者らの意見を見てみよう。

保護者Dさん（40歳）は、「子どもの通うジャカルタ第19中学校では、寄付金500万ルピア（約5万円）を要求しているが（通常クラスは200万ルピア）、経済的な問題がある場合には軽減策を用意している。私にとって問題はない。学校の設備は素晴らしく、私の子どもは早く卒業できるのだから」と述べている[25]。メリットの方が大きいと感じているようである。

保護者（知的才能児保護者の会のジュリアさん）は、「今行われているアクセレレーションクラスは、ただかける時間が違うだけで、知的才能児がより早く教育を終わらすことができるというだけ。このような教育では、潜在的な能力を発見したり、社会性を身につけたりするような刺激を子どもに与えることができない。私たちは、このようなアクセレレーションを知的才能児や才能児に与え続けたくない」という[26]。アクセレレーションは才能児に適切な教育を行うものではないと不満が大きいようである。

マルク州でアクセレレーションプログラムの受験をした児童（当時小学4年生）の保護者Eさんは、子どもをアクセレレーションに行かせることに不安が大きかったことを述べている[27]。「子どもは、偉くなりたいと思っていて、アクセレレーションに入ることはかっこいいと思っていた。だから試験を受けると言ってきかなくて、受けさせた。幸運なことに試験には落ちた。今回受けた試験で合格したら、ジャカルタの寄宿学校に入って、アクセレレーションに参加することになる。こんな小さいうちから親元を離れて、ふるさとを離れて、特別な教育を受けるのは、おかしい。その後にどんな人間になるのか不安でいっぱいだった。」

以上のように、保護者らはアクセレレーションを実施する学校の施設・設備や早く卒業することを評価する人もいれば、才能を伸ばすという教育成果の観点から批判したり、アクセレレーションを実施する学校がない地域の子どもは中学から寄宿学校に入らなければならないという別の問題を指摘していた。

国際レベル学校教育

　この才能教育とは別に、政府はグローバル競争に対応した人材育成教育を強化するために、2006 年から国際レベル学校（Sekolah Bertaraf International:SBI）、国際レベル準備学校（Rintasan Sekolah Bertaraf International:RSBI）を小・中・高等学校段階で設置することとし、地方自治体は公立学校において SBI か RSBI を 1 校以上指定することとした。以下、山内（2012）[28] の定義に従って、インドネシアにおいて一部の指定された国際レベル学校を才能教育の一形態として検討する。

　インドネシアの国際レベル学校は、英語を教授言語とし、各教科教育は国際レベルの授業を行うこととされた。これらの学校への入学要件は国家教育省によって示されており[29]、小学校ではインドネシア知能テスト（Tes Intelegensi Kolektif Indonesia）と学習潜在能力テスト、意欲と才能のテスト、および保護者の学費支払い能力、中学校では追加で小学校 4 年から 6 年までの学校成績 7.5 以上（10 ポイント中）、小学校卒業統一試験 7.5 以上、高等学校では、中学校 1 年から 3 年の成績 7.5 以上、中学校卒業試験 7.5 以上に加えて英語能力と情報テクノロジー・コミュニケーション能力テストとなっている。つまり、学力の最低基準はそれほど高くなく、それ以外の能力テストについては明確な基準が示されていないといえる。

　ところで、この SBI/RSBI が、アクセレレーションを実施するようになった。なぜなら、国家教育省令 2009 年第 70 号が、学校のリソースを鑑みて、特別支援教育や才能児教育を実施することと決定したためである[30]。その法律に依拠して、アクセレレーションを行う資源を有していると申告する SBI/RSBI が増え、その多くがアクセレレーションを同学校内の一部で実施し始めることとなった[31]。SBI/RSBI に入学する生徒はもともと知的能力が高いとされているが、希望者は入学後さらに IQ テストと心理テストを受け、その結果を踏まえてアクセレレーションのクラスに入れるようにした。このことによって、才能児は学力の高い生徒であり、才能児向けのアクセレレーションを行えるのは SBI/RSBI というイメージが社会に広まってしまった。本来アクセレレーションは、

特別支援教育の枠組みの中で取り組まれていたものであったが、この状況によってエリート教育の最高峰というイメージとなり、本来の意味を理解しないで、特別な訓練を受けた教員がいない学校においても実施され始めた[32]。そのため、保護者も学校のアクセレレーションを実施するための教育力を確認することなく、SBI/RSBIに入学させた後に目指すのはアクセレレーションという誤解を持って、子どもの教育環境を選択する可能性が高まってきた。

そのため、研究者の間でもアクセレレーションは国際レベル学校の教育と同じことなのかという議論が始まり、双方の効率性の分析が行われはじめた（Mohamad, F., Maulana, Achmad, and Anshory, Y. A., 2011）[33]。しかし、そもそもこの二つを比較することの意味はどこにあるのだろうか。それらの比較研究を行う際に用いられる指標は、教科に限られた学習成果にとどまっており、グローバル時代に求められる能力や才能児の有する特別な能力についての定義は未だ伝統的な学力観に限定されている。

才能教育のための教員養成プログラム

先に、才能教育を実施していた教員らの言葉を上げたが、才能教育を行う教員の養成はどのように実施されてきたのだろうか。

インドネシアでは特別支援教育の拡充は、2003年国家教育制度法を基盤として、万人のための教育の実現のために推進されてきており、全国的な特別支援教育体制や教員養成については、2009年の国家教育大臣令によって本格的に開始された（Mayasari, 2016）[34]。それによると、政府と州政府は特別支援教育に携わる教育者のコンピテンシーの向上を支援することとし、教育センター、教育の質保証機関、高等教育機関、州政府、国家教育省および宗教省関係の訓練センター、学校教育委員会、指導主事、教科教育集団などによって実施することとなった[35]。しかし、才能教育を行うための教員資格は規定されていない。

高等教育機関における、才能教育のための教員養成の対応を見てみよう。インドネシアで最も歴史が長く、規模も大きいインドネシア教育大学では、才能教育に関する講義が提供されている。教育学部心理学専攻

では、第3セメスターに2単位の選択科目として「才能児の創造性の発達」が開講（100分×16回）されている。概要は、創造性の定義、創造性の理論、創造性発達の理論、発達を促す手法および才能児へ適用[36]。第4セメスターに2単位の選択科目として「才能児の心理学」が開講（100分×16回）。概要は、才能児の定義、特徴、才能に与える影響、才能教育プログラム、創造性の発達とその調査方法、調査の実施と報告であり、才能児の創造性の発達を重視した教育内容である。

次いで規模の大きなジョクジャカルタ国立大学教育学部においても、特別教育プログラムの第3セメスターに2単位の必修科目として「才能教育」が開講されている（100分×16回）。概要は、「才能の実際、定義、才能教育の意義、歴史と最新事情、才能児の多様性、特徴、ニーズ、才能児への教授方法」である[37]。

才能教育に関する講義の位置づけが心理学であったり、特別支援教育であったりと、領域は様々であり、その内容も教授陣の専門性に大きく依存しており、才能児に対する特別な教育を実践するための力をつけるには十分な時間とはいい難いだろう。

大学入試

2015年に14歳の生徒がガジャマダ大学医学部に入学したことが大きく報道された。大学入試において、才能児に対する特別な配慮があるわけではない[38]。基本的に全国統一試験を受けて、その結果と各大学の試験によって合否が決定される。ただし、全国統一試験を受けられる生徒は、学校のアクレディテーション評価によって比率が異なっている（Aランクは75％、Bランクは50％、Cランクは25％）。また全国統一試験と大学の試験の結果が合否判定に与える影響の比率は毎年高等教育省によって異なり、その後の基準は大学に任されている。たとえば、2016年は全国統一試験の結果は合否判定に40％が影響を与えることとなっており、その後、国立大学共通入学試験30％、各大学による入学試験30％という比率で入学者が選抜された[39]。この大学の自由裁量によって、生徒の得意分野の強みが考慮されたり、地域の偏りが配慮されたりする。

つまり、大学側は全教科あるいは筆記試験は得意ではないが、理数系や実技系に特別な能力を発揮する才能児を獲得することが可能となる。他にも、推薦入試制度があり、例えばインドネシア大学では、特定の高校（元 SBI／RSBI 優先）に推薦者を呼びかけ、学校での学業成績や特別な才能も考慮されている[40]。既に SBI／RSBI 学校制度は廃止されたものの、以前 SBI／RSBI だった学校はそのまま推薦枠を有しており、制度はなくなっても学校の教育成果水準の高さに対する信頼が残っていることが分かる。

　杉本（2012、33 頁）は、シンガポールの事例として「才能教育においては、才能児を受験勉強させない努力も重要で、その例として隔離型キャンプ入試やパフォーマンス入試などの、筆記試験・暗記試験によらない独創的な選抜方法の導入、あるいは卒業後の威信の高い教育機関への無試験もしくは推薦による進学ルートの確保があげられる」と述べている[41]。この点で、インドネシアでは才能の定義や能力測定の基準や方法の開発が十分に進められていないといえる。才能児教育への予算、才能児の選抜方法、カリキュラム、教員について国家戦略を示さなければ、才能児の「能力」は生徒自身のためにも、社会のためにも生かされるのは困難である。

3　「才能教育」から探究型の教育へ──新しい能力開発への模索

　結局、SBI/RSBI は政府の膨大な補助金を受けている上に高額な学費を払える富裕層の子どもたちに限られていると不満が広がり、教員組合、非政府組織、汚職監視団、保護者らによって違憲審査が請求され、2013 年に憲法裁判所によって違憲判決が下された[42]。そのため、SBI/RSBI は 2015 年度より廃止することが教育文化省によって通達された。しかし、国家としては国際化に対応する教育を実施する必要があるため、他の方法を模索するとしている[43]。

　反対に、アクセレレーションについては国家教育省が 2014 年に、翌年度から廃止することを宣言した（2015・2016 年度より新入生を受け入れな

い)。その理由として、教育の質保証、選抜の不適切さ、生徒の社会適応能力の低さ、社会からの差別的な視線などの諸問題が上げられた。また、教育内容については、特定教科を集中して学ぶ場合が多く、教科間の関連性が強い 2013 年度新カリキュラムでは齟齬をきたすこともその理由として説明された。その代替案として、才能児は高校で早めに大学の単位修得ができるという案が出された[44]。しかし、突然の廃止とその後のシステムの未整備もあって、社会には大きな波紋が広がっている。

実はこの 2013 年カリキュラムは、グローバル時代に対応した能力育成を目指すもので、高い教授能力や充実した施設・設備を必要とするため実施が難しく、導入後 2 年で一旦留保されたものである。その際、既に軌道に乗っていた一部の学校では継続実施し、準備が整った学校から開始が認められることとなり、2017 年度から再度全国展開が進められている。このように政府はグローバル化に対応すべく教育改革を行っているが、元 SBI/RSBI 以外の多くの学校は依然として新カリキュラムを十分に実践ができないままであり、二極化が懸念される状況である。現在、政府はこの状況に対する社会の不公平感をなくすため、元 SBI/RSBI への特別予算を廃止し、学校に対しても入学条件の見直しを呼びかけている。しかしそのような状況にあっても、学校側は独自の選抜方式、カリキュラム、学費納入方法を工夫して、生徒の学力レベルと学校の名声を維持しようとしている。

こうした経緯を経て、才能教育は、2013 年カリキュラムの特徴を生かしたインクルーシブ教育という方向で進められようとしている。2013 年カリキュラムでは、課題解決・探究型学習となるため、クラスに才能児がいることで、学習が活性化されるのではないかという期待が寄せられている[45]。これまで才能児に対する特別支援教育が必要であるとしていた理由は、通常クラスの授業が退屈で、他の子どもを邪魔するといった問題が発生し、トラブルから不登校になるというものであった。そのため、通常のクラスにおいても探究型学習を実施するのであれば、その中で才能児は自主的にさらに深く、広く、知識を広げていくことが可能であり、本人の知的欲求を満たすと同時に、他の生徒にも好影響を与え

るだろうという考えである。

おわりに

　以上見てきたように、インドネシアにおける才能教育の定義と実施形態の変遷は、国家の政治社会、経済状況を反映した教育観とそのリアリティを映し出すものである。
　インドネシアは、独立後の最優先事項は国家統合であり、社会・教育制度の未整備、経済的困窮の中では、才能児に対して特別な配慮を行う余裕はなかった。1970年代からようやく才能児に対する経済的支援が局所的に始まり、1980年代に入って社会制度が整い、経済的な安定期に入ってからは、すべての児童生徒に適切な教育機会を保障する中で経済的支援が必要な特別な能力と知的能力を有する児童生徒に特別な配慮を行うことが定まった。才能児の定義や才能児のための教育のあり方が国家レベルで模索され始め、当初はインドネシアらしい才能児の定義が議論され、社会的能力にも優れた資質を有することが重要視されていた。しかし、徐々にIQや学業成績といった数値化できる知的能力が有力な客観的選抜指標とされていった。国家教育省は才能児教育としてエンリッチメント教育や特定科目の教科教育などを試験的に実施していた。しかし、広大で多島群国家であるインドネシアでは、全国においてエンリッチメント教育に必要なカリキュラム開発・実施、教員養成や適切な選抜試験を実施するだけの経済的余裕はなく、1990年代からはアクセレレーションが広まった。その後、その効果検証が研究者によって進められたが、それは才能児の能力開発のために必ずしも最適といえるものではなかった。2003年国民教育制度法では、知的潜在能力と特別な才能を持つ児童制度への特別な教育の実施が明記され、特別支援教育の一つの形態として進められることになった。しかし国家および社会はグローバル競争へ対応するための人材育成に注目しており、そこで登場した国際レベルの教育を付与する学校（SBI/RSBI）が才能教育（アクセレレーション）を実施するようになってからは、特別支援教育という意味合い

は形骸化し、裕福で成績優秀な生徒が才能教育を受ける傾向が強まった。その後、SBI/RSBI は富裕層子弟が集まる設備の整った学校への更なる公的資金の投入は不公正・不公平であるとの社会からの訴えにより、廃止に追い込まれた。また、アクセレレーションは政府の意向によって廃止された。その理由としては、探究型学習を特徴とする 2013 年カリキュラムは、才能児にも適切な教育内容・方法を提供することから、才能児に特別な教育を行う必要性はなくなったためとされている。

インドネシアは、引き続き国民統合および国家開発を課題としている。そのため、格差助長に対する社会の不公平感を最小にとどめつつ、グローバル時代の競争を意識した能力育成を行う必要がある。子どもたちの能力・経済力に関係なく、すべての子どもに公平な教育機会を与えつつ、同時にグローバル競争に打ち勝つ人材を育成できるシステムを模索している。現時点での方策は、探究型の学習を特徴とする 2013 年カリキュラムを実施するインクルーシブ教育である。そこには教育施設・設備および教員の資質・能力に課題があり、前途多難であると考えられるが、いかにその課題を克服し、成果をあげるのかが今後注目される。

注

1 Republika News, Ada 1,3 Juta Anak Cerdas Istimewa di Indonesia, Kamis, 16 Desember 2010(『リパブリカニュース』「インドネシアにおける130万人の利口な子どもたち」2010年12月16日)
　この記事によると、インドネシア全国の22州において特別に優秀な子どもに対する所謂才能教育を実施している学校は国立私立学校合わせて311校(うちマドラサ10校)あり、東ジャワ州で最も多いという。しかしまだ十分な対応ができていないため、才能児とみなされた子どもはシンガポール、マレーシア、アメリカといった海外の大学に受け入れられている。最近は韓国も積極的に受け入れるようになっている。アミール氏いわく、現在300人以上の優秀なインドネシア人が海外で奨学金を得て教育を受けているという。しかし彼らはその見返りとして、たとえば定年になるまで(シンガポールだと55歳まで)国に帰れないという頭脳流出の問題があることを指摘している。そのような現象が起こるのは、国際オリンピックであるという。滞在費を海外の大学やエージェンシーが支払うことで、交渉が始められている。早く対応をしなければ、社会にとって人材の損失だと警笛を鳴らしている。

2　純就学率は、小学校97.31％、中学校74.9％、高等学校68.72％（2014）。郡・市間の就学率の差は、小学校で1.9%、中学校で12.75％（2014）。学校質保証機関による評価がB以上の学校は、小学校で68.7％、中学校で62.5％、高等学校普通科で73.5％、高等専門学校で48.2％（2013）である。(Salinan Lampiran Peraturan Mentri Pendidikan dan Kebudayaan Nomor 22 Tahun 2015 Tentang Rencana Strategis Kementrian Pendidikan dan Kebudayaan Tahun 2015-2019.)

3　Sunaryo, A., Sejarah Keberbakatan di Indonesia, Hawadi, R.A.(Edt) (2010). *Menguatkan Bakat Anak*, Jakarta, Grasindo.

4　Hawadi, R.A.(Edt) (2004). *Akselerasi A-Z, Program Percepatan Belajar dan Anak Berbakat Intelektual*. Jakarta, Grasindo.

5　インドネシア共和国国民文化大臣通達1974年第267号 (Surat Keputusan Mentri Pendidikan dan Kebudayaan Republik Indonesia no.0267/U/1974)

6　Semiawan, C. (1997). *Perspektif Pendidikan Anak Berbakat*, Jakarta, Grasindo, 33.

7　Sutratinah, T. (1984). Sejarah Penelitian dan Perkembangan Pendidikan Khusus untuk Anak Supernormal, Cakrawala Pendidikan, No.12, V 3, 157.

8　Ibid., p.158

9　Semiawan, C., ibid, 33.

10　Hawadi, R. A. (2002). *Identifikasi Keberbakatan Intelektual Melalui Metode Non-Tes: Dengan Pendekatan Konsep Keberbakatan Renzulli*, Jakarta, Gramedia.

11　anak は「こども」、berbakat は「才能を有する」という意味。

12　Undang-undang Nomor 2 tahun 1989 tentang Sistem Pendidikan Nasional.

13　Haryanto & Pujiningsih. 2008. Pelayanan Pendidikan Anak Berbakat Intelektual di Sekolah Dasar, *Prosiding Konaspi* VI, Universitas Pendidikan Ganesha, p.8.

14　Semiawan, C. (1997). *op.cit.*, 33-34.

15　山内乾史(2012)「才能教育について(概説)－日本における状況－」日本比較教育学会編『比較教育学研究』45、東信堂、9-10。

16　2003年国家教育制度法第5章4節において、「知的な潜在能力と特別な才能を有する国民は、特別な教育を受ける権利を有する」とし、32章1節では「特別な教育とは、身体的、感情的、精神的、社会的および（もしくは）知的潜在能力と特別な才能を有することによって学習過程において困難さを伴う生徒にとっての教育である」と規定している。

17　Departemen Pendidikan Nasional Direktorat Jenderal Manajemen Pendidikan Dasar dan Menengah Direktorat Pembinaan Sekolah Luar Biasa, (2007). *Pedoman Umum Penyelenggaraan Pendidikan Inklusf*.

18　Peraturan Menteri Pendidikan Nasional Rebublik Indonesia, Nomor 70 Tahun 2009 Tentang Pendidikan Inklusif bagi Peserta Didik yang Memiliki Kelemahan dan Memiliki Potensi Kecerdasan dan/atau Bakat Istimewa.

19　Departemen Pendidikan Nasional, Direktorat Jenderal Manajemen Pendidikan Dasar dan Menengah, Direktorat Pembinaan Sekolah Luar Biasa. 2009. Pedoman Penyelenggaraan Pendidikan untuk Peserta Dididk Cerdas Istimewa. Jakarta.

20 Fakhruddin, M. (2011). Program Percepatan Belajar (Akselerasi) sebagai Salah Satu Inovasi Labschool dalam Memeberikan Layana Belajar bagi Siswa Cerdas Istimewa. http://dokumen.tips/documents/layanan-program-akselerasi.html（アクセス2016.6.12）

21 Asosiasi Penyelenggara, Pengembang, dan Pendukung Pendidikan Khusus untuk Siswa Cerdas + Berbakat Istimewa Indonesia HP; https://asosiasicibinasional.wordpress.com/2013/06/12/hati-hati-masuk-kelas-akselerasi/ （アクセス2018.3.31）

22 Ilman Soleh, SS. (Muhammadiyah Sapen小学校教師), Quovadis Akselerasi di Tingkat Pendidikan Dasar, Ilman's Sapen Blog; http://ilmancom.blogspot.jp/2016/01/quovadis-akselerasi-di-tingkat.html （アクセス2016.6.12）

23 Lab school Jakarta Pendidikan Terbaik Putra-Putri Anda (April 15, 2010); https://wijayalabs.wordpress.com/2010/04/15/kelas-akselerasi-2/（アクセス2016.6.13）

24 筆者インタビューより (2016.6.14)。

25 Brita tentang SMK Blog, Kelas Akselerasi Lebih Mahal; https://stembasurabaya.wordpress.com/2007/11/26/kelas-akselerasi-lebih-mahal/ （アクセス2018.4.15）

26 Orang Tua Anak Cerdas Istimewa Dukung Tiadakan Kelas Akselerasi; http://accelerationclass.blogspot.jp/2008/01/orang-tua-anak-cerdas-istimewa-dukung.html（アクセス2016.4.27）.

27 筆者インタビューより (2015.11.29)。

28 山内乾史 (2012)、前掲書。

29 Permendiknas Nomor 78 tahun 2009 tentang Penyelenggaraan Sekolah Bertaraf International pada jenjang Pendidikan Dasar dan Menengah pada Pasal 16.

30 Peraturan Menteri Pendidikan Nasional Republik Indonesia No.70/2009.

31 SBI Buka Kelas Akselerasi, Berita tentang SMK, https://stembasurabaya.wordpress.com/2009/05/13/sbi-buka-kelas-askelerasi/ （アクセス2016.5.25）

32 Asociasi CI+BI Nasional, 同上（アクセス2018.3.24）.

33 Mohamad, F., Maulana, Achmad, dan Anshory, Y. A. (2011). Acceleration or Internationalization?: A Cost-Effectiveness-Analysis of Improving School Quality in Indonesia [Working Paper]. Bandung: Padjadjaran University.

34 Mayasari (2016). Implimentasi Kurikulum 2013 pada Anak Berkubutuhan Khusus (ABK): Studi Kasus SD Muhammadiyah Sapen Yogyakarta, *INKLUSI: Journal of Disability Studies*, Vol.3, No.1, 1-18.

35 Peraturan Menteri Pendidikan Nasional Republik Indonesia No.70/2009Tentang pendidikan Inklusif Bagi Peserta Didik Yang Memiliki Kelainan dan Memiliki Potensi Kecerdasan dan /atau Bakat Istimewa.（「違いを有し、特別な知的優秀さ、才能を潜在的に有する生徒のためのインクルーシブ教育に関する国家教育省大臣令2009年第70号」）

36 Smt 4_PG542_Psikologi Anak Berbakat_Herlina-sdh.doc – SilabusUPI; https://www.google.co.jp/?ion=1&espv=2#q=upi+silabus+PG+542+anak+berbakat（アクセス 2016.6.1）.

37 Fukultas Ilmu pendidikan Universitas Negeri Yogyakarta, http://eprints.uny.

ac.id/4227/1/SILABI_anak_berbakat_2.pdf（アクセス2016. 6.6.）
38 Program Akselerasi, Parents Guide Magazine JULY 2013. http://www.parents.co.id/
39 Seleksi Nasional Masuk Perguruan Tinggi Negeri（SNMPTN）Tahun 2016; http://www.snmptn.ac.id/（アクセス2016.6.16）.
40 Jalur Masuk Universitas Indonesia 2016, http://simak.ui.ac.id/info/jalur-masuk-2016.html（アクセス2016.6.16）.
41 杉本均（2012）「シンガポールの才能教育」日本比較教育学編『比較教育学研究』、45、東信堂、22-36。
42 国家教育省はPSBIに、1校あたり400から500万円の運営交付金を支給するとしていて、実施には半額程度の支給額となったが、いずれにせよ多額の支援を受けていた。Kemendikbud Stop Subsidi RSBI, jpnn.com, 26 Juli 2012, https://www.jpnn.com/news/kemendikbud-stop-subsidi_rsbi,（アクセス2016.7.26）.
43 Kemendikbud Stop Subsidi RSBI, 同上（アクセス2016.6.2）. この記事によると、国家教育省基礎教育局長スヤント氏は、国際レベル学校の意義について、「国立学校で国際レベルの学校をコントロールしなければ、地方の隅々にまで私立学校が入り込み、国民はより教育格差に苦しむことになる。今日、国家が私立学校を統制するのは非常に難しい」とコメントしている。国際レベル学校の設置には、教育格差の是正を意図しての方策であったという政府の見解を示している。
44 Kemendikbud Hapus Program Akselerasi, REPUBLIKA Online, 09 October 2014, http://www.republika.co.id/berita/koran/didaktika/14/10/09/nd6cab10-kemendikbud-hapus-program-akselerasi,（アクセス2016.5.13）.
45 Kelas Akselerasi SMA Dihapus 2015, Pikiran Rakyat, 8 Oktober 2014.

第6章 シンガポールの才能教育
──多極化するエクセレンスの追求

杉本　均（京都大学）

1　シンガポール初等教育GEP

シンガポール才能教育の理念

　天然資源に乏しく、人口580万（2018）の島国シンガポールにとって、人間こそが最も重要な国家資源であり、地球規模での競争に生き残るために、社会のリーダーの果たす役割をきわめて重要である。才能ある個人やリーダーは、国家の経済と科学技術の発展の原動力であり、国家発展の方向性と手段を国民に指し示す水先案内人としての役割も担っている。したがって、シンガポールは将来のリーダーを識別し、育成するというプロセスにおいて、もはや少しの才能児の見逃しも許されないという、差し迫った環境のなかで、独特の才能教育システムが生み出されてきた。

　シンガポールは1979年から初等学校の第5学年から分岐する能力別コース編成を行ってきたことは有名である。このシステム自体には才能教育は含まれなかったが、「子どもに自らの学習ペースにあった教育を保障する」という理念は今日の「才能教育プログラム Gifted Education Programme（GEP）、以下、GEPと略」の出発点である。具体的な動きは1981年の教育大臣のソ連視察に始まり、アメリカ、中国、イスラエルなどの実践を調査した結果、シンガポールにおいても才能児に対するプログラムを導入すべき必要性が強く認識された[1]。

　GEPはこの最上部に人口比1％の特別ストリームという4階建てを用意することになる。シンガポール教育省は、このような早期からのストリーム編成は、固定的・進路選別的な複線型教育制度とは異なり、個々

の児童・生徒のその時の能力に適したカリキュラムとクラス環境を提供するシステムであり、これによって、児童・生徒のドロップアウトは大幅に減少し、クラス内の能力的均質化は進み、授業の理解や学力の底上げを促進し、今日のシンガポールの教育の成功の背景となったと主張している[2]。

　シンガポールではさらに個人の科目間能力差にも着目して、得意な科目と不得意な科目ごとに教室を変更する細やかなシステムも実施されている。従って、この改革の方向性は、それぞれのストリームへの配属を固定的なものとせず、児童・生徒の発達状況や個別的嗜好に合わせて、常にその適否をモニターしながら、流動的に入れ替えや編成の改善を行うことにあると言える。一般に能力別コース編成を行うと、底辺のストリームに配属された児童・生徒の教育的意欲や自尊心が低下する点が問題点として指摘されるが、シンガポールの下位のストリーム児童・生徒の教育的アスピレーションが低くないことも報告されている[3]。

　1983年にコンセプト・ペーパーの草案が出来あがり、才能教育プログラムの合理的根拠と目的が掲げられた。GEPは「知的に恵まれた子ども」のためのプログラムであり、その構造と、教員の手配、プログラムにふさわしい児童・生徒の選抜に関する議論が行われ、結局提案されたのはエンリッチメント（拡充）であり、アクセレレーション（早修あるいは促進＝飛び級など）ではなかった。

　シンガポールのGEPの目的は、1992年に公式に規定され、2003年に改定された。それによれば、GEPの目的は、才能ある若者の知的厳格さや高尚な価値観を発達させ、変動する社会の責任ある創造的な指導力を養うことにあり、より具体的には、① 知性を深め、思考のレベルを高め、② 生産的想像性を涵養し、③ 自発的な生涯学習の姿勢をもたせ、④ 子どものエクセレンスと達成を志向する意欲を高めることと、さらに⑤ 強い社会的自覚と<u>社会と国家への献身性</u>を育て、⑥ <u>道徳的価値</u>と責任ある指導性の質を高める、とされている。（下線引用者）1992年の目標の⑤には「社会への貢献」とされていたものが、改定により「社会と国家への献身」とされ、⑥に「道徳的価値」が加えられるなど、ナショ

ナルな側面、道徳的側面が付加されていることがわかる[4]。

　政府の初等教育 GEP は次のようなプロセスと制度によって行われている。初等教育 GEP の選抜方法は、8月に初等学校3年生全員にスクリーニングテスト（英語・数学）の募集があり、3000人の児童が選抜される。そのグループが10月のP3選抜テスト（英語・数学・一般能力）を受け、人口の約1％にあたる500人が4年次から別プログラムに進むことになる。初等教育 GEP を持つ9校は**表6-1**のとおりであるが、これらは独立した才能教育専門校ではなく、同じ校舎に通常のクラスとともに才能教育クラスを2から4クラス持つ一般校である[5]。2017年現在、男子352人、女子150人の計502人がこのプログラムに在籍している。

　GEP の科目名は通常のコースの科目と大きく異なることはない。初等教育 GEP のカリキュラムには、必修科目として英語、算数、理科、社会科、母語（中国語）、公民・道徳教育があり、選択科目としてコンピュータ、高度中国語、高度母語などがある。GEP の児童・生徒は,基本的には通常のストリームの学校と同じシラバスに従うが、カバーされるトピックはより深く幅広いものである。創造性と高度な思考技能により大きな力点が置かれており、そのカリキュラムはより知的にチャレンジングである。

表6-1　小学校レベルの GEP 提供校（9校）（2018）

校名	略称	共学別学	開始年	言語母体	1学年に設置されたGEPクラス数
ラッフルズ女子小学校	RGPS	女子	1984	英語	3
ロシス小学校	Rosyth	共学	1984	英語	3
英華（Anglo-Chinese）小学校	ACS(P)	男子	1985	英語	2
南洋（Nanyang）小学校	NYPS	共学	1990	華語	4
道南（Taonan）小学校	TNS	共学	1996	華語	3
ヘンリー・パーク小学校	HPPS	共学	1996	英語	2
カトリック高校（小学部）	CH(P)	男子	1997	華語	2
聖ヒルダ小学校	SHPS	共学	1998	英語	2
南華（Nanhua）小学校	NHPS	共学	1999	華語	2

出典　シンガポール教育省、才能教育局ホームページより筆者作成[6]。

さらにはエンリッチメント・プログラムの一部として、すべての児童に対して個人研究活動（Individual Study Options：以下 ISO）が奨励されている。ISO プロジェクトは児童の個人的関心にもとづいた個人研究活動である。これは児童の作文・会話・視聴覚コミュニケーション技能とともに図書館検索技能、調査技能、学習法学習技能を発達させることを目的としている。参加者は ISO プロジェクトに提出した作品について点数評価はされないが、優れたプロジェクトには学校から表彰や証明書の授与などの様々な方法によって承認される[7]。

　近年の初等教育 GEP における変化は、より多くの GEP 児童とメインストリーム児童の交流が求められていることである。これまで両グループは同じ校舎にあっても教室は分かれており、文化祭や体育会などの共通カリキュラムでのみ合流していたが、エンリッチメント・クラス以外の体育、音楽、美術、手工芸などの授業でも、同じ授業を取ることが制度化されている[8]。

GEP教員

　現在のところ、GEP プログラムの教員の訓練は現職ベースで行われている。才能教育局の係員の授業観察や、カリキュラム計画や教育法などについて、彼らと頻繁な面談をもつことなどによって行われている。新規の GEP 教員は才能教育についての基礎コースを受講し、そこで才能教育の概念やカリキュラム分化の原理などについて認識をもつ。コースの終了後、新任および現職の教員が参加する GEP 年次大会（GEP Annual Conference）が 11 月に開かれる。この大会で次の年の GEP カリキュラムや計画が検討される[9]。

　GEP プログラムを 3 年以上教えた教員は「才能児のためのカリキュラム分化（Curriculum Differentiation for the Gifted）」と、「才能児のための情緒教育（Affective Education for the Gifted）」の 2 つのコースを修了しなくてはならない。GEP 教員は、文部省、才能教育局の当該科目係員と 1 年を通じて緊密に連絡を取り、カリキュラムや教育的アプローチについて相談する。才能教育の専門家や海外のコンサルタントによる研修会も開

かれている。教員はまた海外の才能教育分野のコースや、才能教育プログラムへの参加のために派遣されることがある。初等教育 GEP の一例として、リー・シェン・ロン（Lee Hsien Loong）首相も卒業した南洋小学校の事例を見てみる。

南洋小学校(Nanyang Primary School)

南洋小学校は 1917 年にシンガポール南洋女学校（Singapore Nanyang Girls' School）の初等部として設立された、生徒数 100 名程度の華語系の小学校であった。1927 年に都心に移転し、戦後 1978 年に増加する入学者に応じて南洋女学校から分離し、南洋小学校として独立した。1983 年に英語ストリームが導入され、翌年政府よりバイリンガル校として指定された。1990 年に才能教育プログラムの指定校に選定され、第 4 から第 6 学年の 14 クラス中 4 クラスを GEP クラスとして受け入れている。

南洋小学校の GEP は①地域への貢献、②創造と革新、③最適な学習、④困難に直面した時のねばり、⑤心と体のバランスをモットーとしている。カリキュラムや教育方法は文部省のガイドラインに従っているが、全課程で科目専門教員による授業を行っており、エンリッチメント活動としては、人文科学クイズ、ロボティック・エンリッチメント、社会学習センター訪問、青少年発明フェアー（IVP Fair）への参加、社会科ポートフォリオ作成などを提供していた[10]。

2　多極化する才能教育

中等教育才能教育プログラムの廃止

シンガポール教育省は 2008 年、中等教育レベルの才能教育プログラムを停止することを決定した。シンガポールでは才能教育局によって初等教育 4～6 年の 3 年間と中等教育 4 年間での才能教育プログラムを実施してきたが、後者が廃止されたことにより中央レベルのシンガポールの才能教育は初等教育 3 年間の GEP（前述）のみとなった[11]。しかしこれは初等教育以後の才能教育を全廃するということではなく、2004 年

から新たに導入された、一貫プログラム（Integrated Programme）にその役割を代替させようという政策の転換である。

一貫プログラムとは、これまでの中等教育 GEP（標準 12 歳〜15 歳の 4 年間）をその後の普通中等後教育（16 歳〜17 歳のジュニアカレッジ 2 年間）と提携させて 6 年一貫コースとし、所属生徒には GCE-O レベル試験の受験を免除し、大学までの 6 年間をいわゆる直通列車（through train）のように一貫教育を行おうというプログラムである。これまで GEP が 15 歳で終了し、大学に進学するまでに GCE-O レベルと A レベルの 2 つの競争試験により、プログラムが分断され、受験準備コース化される傾向があったのに対して、一貫プログラムはそのうちひとつの試験を免除し、試験勉強のストレスを軽減し、より自由で創造的なカリキュラムの中で才能を発揮することができるようにすることを目指している。これにより中等教育は制度上、中央の GEP からは離脱することになるが、依然その強力な指導のもとにあり、学校に基礎を置く才能教育（School-Based Gifted Education）と呼ばれている[12]。

一方、社会の中のごく少数の、きわめてすぐれた才能を示した子どもに対して、「例外的に才能ある子どもたち」（Exceptionally Gifted Children: 以下 EGC）というカテゴリーを設け、個別に対応するシステムを残している。通常の GEP プログラムへの選抜率は、初等教育 GEP では同世代の人口のトップ約 1％を想定していたのに対し、この EGC は人口 10 万人に対しておよそ 3 人程度の才能児（いわゆる天才児）を想定しており、同世代人口比 0.003％というきわめて限られた対象を想定している。シンガポールの初等・中等レベルの各学年人口がおよそ 40,000 人であるので、このような子どもは 1 学年に 2〜3 年に一人現れるというきわめて稀な才能児を対象としている[13]。

5 歳に達した子どもが並外れた記憶力や集中力、理解力、抽象能力、言語力、探究力、統括力などを示した場合、才能教育局に報告のうえ、登録された心理学者に相談し、知能検査とともに専門的診断を受ける。これまでの成績や担任のフィードバックを含めて検討した結果、子どもが EGC と判定された場合には、学校においてその個人の情緒的発達を

考慮した個別教育プログラム（Personalised Education Plan）がデザインされ、各学期ごとに評価される[14]。このシステムは社会における多層な才能教育の最も上位に位置づけられるものである。しかし、2～3年に一人の天才は、通常目にする機会はなく、具体的な対応の実態についてもほとんど知られていない。

　一貫プログラム校（IP校）は中等教育機関とジュニアカレッジを提携させるプログラムで、これまでの才能教育の裾野を広げるものであると解釈できる。これを才能教育の一部と認識するならば、シンガポールのプログラム対象生徒は格段に増加することになる。2005年までに中等教育機関として、ラッフルズ学院（RI）、ラッフルズ女学院（中等）（RGS）、中華高校、南洋女学院（NYGS）、英華学院（独立校）、徳明中学の6校、パートナーとなるジュニアカレッジとして、ラッフルズ・ジュニアカレッジ、華中ジュニアカレッジ、国立ジュニアカレッジ、テマセック・ジュニアカレッジ、ビクトリア・ジュニアカレッジ、の4校が指定された[15]。

　これらのプログラムの修了生の進路や活躍をフォローした結果、教育省は2010年新たに7校を指定し、2012年から2015年にかけて一貫プログラムの開設を指定することを決定した。すなわち2012年にはビクトリア・スクールとカダール女子中学、2013年にメソジスト女学院、聖ジョセフ学院、カトリック高校、聖ニコラス女学院、シンガポール中華女学院の4校が加わっている[16]。

　一貫プログラムの形態は大きく3つに分かれる。第1は中等学校と系列のジュニアカレッジが提携して6年間のコースを提供するもの（提携型）で、ラッフルズグループと華中グループがこれに当たる。なお、ラッフルズ学院（RI）は2009年にラッフルズカレッジを併合し、中華高校と華中ジュニアカレッジも2005年に合併して華中学院（CHI）となったので、RI、CHI両校は自校内にて6年間IPを提供するとともに、グループの女学院RGSおよびNYGHからのIP進学者をそれぞれの上級の2年間のセクションに受け入れている。

　第2はジュニアカレッジがそのコースの募集を早期に行い、ジュニアカレッジの環境で一貫プログラムを提供するタイプ（下構型：←で表示）

で、テマセックおよび国立ジュニアカレッジがこれを行っている。第3は、中等学校が上方にそのコースを延長するタイプ（上構型：→で表示）で、英華学院（独立校）と徳明中学が6年間の課程を導入している。英華学院（独立校）の修了者はスイス国際バカロレア試験を受験し、徳明中学の修了者はGCE-Aレベル試験か漢語水準考試を受験する。華中学院（HCI）は6年間のAレベルコースであるが、優秀な生徒は、在学中に南洋工科大学：以下NTUの初年度のコースを取ることができ、合格すれば、NTUに進学した場合、その単位が免除され、卒業を早くすることもできる[17]。以上をまとめると**表6-2**のようになる。

表6-2　一貫プログラムの開設校とそのタイプ

開設年	タイプ	中等学校	ジュニアカレッジ・パートナー
2004	提携型	Ruffles Institute (RI)	Ruffles Junior College (RJC)→2009年RIに併合
2004	提携型	Ruffles Girls' Secondary	
2004	提携型	Chung Hwa Secondary*→Hwa Chung Institute	Hwa Chung Junior College*→Hwa Chung Institute (華中学院)(2005年合併)*
2004	提携型	Nang Yang Girls' Secondary	
2004	下構型	←	National Junior College
2004	上構型	Anglo Chinese High（英華学院）	→
2005	上構型	Dunman High（徳明中学）	→
2005	下構型	←	Tamasek Junior College
2005	新規	NUS理数科高校***	
2006	上構型	River Valley High（立化中学）	→
2012	提携型	Victoria Secondary	Victoria Junior College
2012	提携型	Cadar Girls' Secondary	
2013	提携型	Methodist Girls' School	Anglo Chinese High（英華学院）**
2013	上構型	St. Joseph's Institute	→
2013	提携型	Catholic High School St. Nicolas Girls' Singapore Chinese Girls'	Eunoia Junior College

注 * 2005年に中華高校(CHS)と華中ジュニアカレッジ(HCJC)は合併して華中学院(CHI)になり、南洋女学院(NYGS)のIPコースはこの上級2年と提携している。** Anglo Chinese High（英華学院）が2005年に開設した国際バカロレアコース（6年間）の上級への接続、*** NUS理数科高校は当初より6年間のIP課程で独自のDiplomaを授与する。

出典　Kang, 2005, Press Release 2011.11.8, NUSHSM&S HP2018などから筆者作成。

ラッフルズ学院のラッフルズ・プログラム

　ラッフルズ学院はその名のとおり、シンガポールの建設者、トマス・スタンフォード・ラッフルズ卿（Sir Thomas Stamford Raffles）が1823年に設立したシンガポール学院（Singapore Institution）にその起源をもつシンガポール随一の名門校である。ラッフルズ学院には例年、その前年の初等学校終了試験の成績の上位3％から5％の最優秀な生徒が入学しており、学院全体がすでに準才能児学校ともいえるくらいである。政府の公表している中等学校ランキングでも、常にトップを維持してきた。前首相のゴー・チョクトン（Goh Chok Tong）をはじめとして、シンガポールの政財界や軍隊のトップの多くはここの卒業生（Raffesians）が占めている[18]。ラッフルズ学院はそのモットーにもあるように、「思索家・指導者・パイオニアの育成」をその目標にしており、構内の壁にも「世界レベルの指導者、世界レベルのラッフルズ卒業生」といったスローガンや科学者・指導者・OB/OGの顔などが組み込まれており、様々な機会に生徒を鼓舞し、意欲を高める工夫がほどこされている。

　2004年よりラッフルズ・ジュニアカレッジと提携して6年間の一貫プログラムを開始したためそれまでのGEPは終了した。2009年に両校は合併してラッフルズ学院となったため、自校内で6年間のIP（ラッフルズ・プログラム（RP）と称する）を提供し、修了者にはラッフルズ・ディプロマを授与している。また系列校のラッフルズ女学院4年間を修了したIP生徒を上級2年間のセクションに受け入れている。プログラムは科目的には通常と変わらないが、内容的に深く、探究的で、進度の速いものである。9月の3週間は通常カリキュラムを停止し、大学、研究所、先端企業などとの接触の機会を設けている。さらに通常のカリキュラムでは満足しない生徒には、ラッフルズ・アカデミーという科目別の特別クラスを用意し、科目ごとに別クラスでの分離授業を行っている[19]。

NUS理数科高校の設立

　2004年からの中等才能教育政策のもうひとつの転換点は、これまで

になかった科学・数学、スポーツ、芸術などの特定の領域や分野に例外的な才能を持つ生徒のために特殊高校（specialized high school）の設立を認めた点である。シンガポール・スポーツ高校に続いて、理数系の特殊高校として、2005年NUS理数科高校（NUS High School of Mathematics and Science）が国立シンガポール大学（NUS）に隣接して設立された。NUS理数科高校は15歳と17歳の志願者から選別テストと選別キャンプ（一部は面接やポートフォリオ）によって250人の生徒を選び、6年間もしくは4年間のコースを提供する。その過程でアメリカのSAT（Scholastic Aptitude Test）の受験やAP（Advanced Placement）の受講が可能で、修了によってNUS理数科ディプロマが授与される。最終の2年間は数学、化学、物理、生物のうちのひとつの専攻を持ち、モジュールシステムで単位を取得する。アインシュタイン・クラブやダビンチ・プログラムなどのようなエンリッチメント・プログラムを持っている。2010年にはシンガポール科学技術高校（Singapore School for Science and Technology: SSST）が設立された[20]。

3　シンガポール才能教育の特徴と評価

シンガポール才能教育の特徴

シンガポールの才能教育の特徴は次のようにまとめられる。まず、(1)政府によって公式に推進され、教育省に才能教育局という専門部局を持つこと。(2)初等教育後半第4〜6学年の3年間と中等教育とジュニアカレッジ（中等後教育）を提携させて行う一貫プログラムがその主流である。(3)才能児童・生徒の選抜は通常の修了試験と特別の専用識別テストの併用により、人口比にして同世代約1％の生徒を対象としているが、同世代の0.003％のごくまれな天才児を想定して「例外的に才能ある子どもたち」という個別対応のシステムも用意している。(4)初等教育GEPについては、特別学校ではなく、また教室内混合でもない、特別クラスの校内設置形式を取り、そのクラスの児童・生徒数は通常クラスの2分の1程度の少人数編成である。(5)教育カリキュラムとしては、

児童・生徒が通常のスピードよりも早く進級・進学するアクセレレーション（早修あるいは促進）プログラムではなく、同年齢の学年において、深く発展的な別カリキュラムを受講するエンリッチメント（拡充）プログラムを主として採用していること。(6) そして 2008 年以降の動向として、中等教育 4 年間とジュニアカレッジを結合した一貫プログラムや科学高校などの専門的学校が新設されて多様化していること、である。

シンガポール才能教育への評価

シンガポールの才能教育プログラムはその　初期においては、ジェームズ・ボーランド（James Borland）やアブラハム・タンネンバウム（Abraham Tannenbaum）といった才能教育における海外の第一人者による評価作業を受けてきた[21]。プログラム開始 10 年目にあたる 1994 年には、その成果と問題点についての一連の報道がなされた。GEP 出身者は中等 O レベル試験、A レベル試験のいずれでも上位ストリーミングの生徒の平均よりもはるかに高い成績を残していた[22]。

その一方で、こうしたプログラムの成果が一般的な国家試験における「A」の数の多さによって示されることに、本来の才能教育の目的からの乖離を指摘する意見[23]や、卒業生は社会的責任感や社会や国家への奉仕精神を十分にもっているのか[24]という意見が見られる。国立教育学院（NIE）の助教授アグネス・チャン（Agnes Chang）が 1988 年に 204 人の中等 GEP についての調査を行ったが、その人格や労働態度、他の人種や宗教への寛容性において抜きん出ていた。政治家になろうとするものは少なかったが、国家や社会への貢献への必要性については十分認識していた[25]、という。シンガポールでは、才能児の識別手続きについては通常の学科筆記試験の想定する能力に依拠しており、ペーパー上での国家試験での成績がかなり大きな意味をもっており、その意味でこれらの機構が真に「例外的な」才能に対応できているかという点は検討の余地がある。

GEP に選抜された子どもの情緒的・社交的側面については、プラスの側面とマイナスの側面が報告されていた。一般学校内での特別クラス

の形態をとるシンガポールでは、年齢的にはピアグループの安定性は存在したが、休憩時間や共通カリキュラムで常に一般児童・生徒と接触する可能性があり、クラス間の緊張が存在した。才能教育プログラムが指定された学校はすでに一般クラスでさえ優秀な子どもの集まる特殊校に近く、クラス間の交流は自然であるとの学校側の説明であったが、新聞報道ではいくつかのクラス間の確執を報じた記事も見られた。

これらの才能教育に費やされる費用は、児童・生徒1人あたりにすれば莫大な額が投じられていることになる。これらの偏った投資に対してシンガポール社会が完全なコンセンサスをもっているとはいいがたいし、多民族社会シンガポールでは、民族的な格差を助長することが懸念されている。GEPに参加しない国民からは、すでに恵まれたグループにさらなる資源の重点的配分を行うこのプログラムへの不満が非公式に漏れることはあるが、大きな政治的な反発にまでつながっているとはいえない。これは21世紀の知識を基盤とする新たな国際社会の競争に、小国シンガポールが生き残ってゆくという大前提のためにはやむをえない選択肢として消極的な支持を得ていると解釈することもできる。

シンガポールGEPの特質の変化

今日、2000年以降の制度改革により、先述のシンガポールのGEPの特徴のいくつか失われ、世界的に(少なくともアジアの一部において)収斂するかのような方向性を形成している。その第1は一貫プログラムに代表されるような一貫校の設置である。これは日本の中高一貫校の形成による公立中等教育学校の改革と類似するもので、その学校間に従来は存在していた進学試験や修了試験を免除することによって、受験準備を減らし、カリキュラムに余裕と自由度を与え、才能のより適切な開花を期待するものである。

第2の傾向は、独立の特殊高校の設置である。シンガポールではこれまで、指定校の校内に特別才能クラスを併設する形式を選んできたが、上述のとおりNUS理数科高校の設立や、その他の独立系国際高校の設立が認められ、教育省GEP外の制度とはいえ、独立の特殊高校が登場

した。NUS理数科高校などは、日本のスーパーサイエンス・ハイスクールを思い起こさせるが、日本の事例は時限補助金によるものであり、むしろ韓国の特殊目的高校や科学高校、イギリスのスペシャリスト・スクールなどがそのモデルとして考えられる。

　第3にアクセレレーション（飛び級）・プログラムの導入である。世界の才能教育プログラムには才能児に飛び級や早期入学を認めるアクセレレーション・プログラムと、同学年に留まり、より深く発展的なカリキュラムを別に用意するエンリッチメント・プログラム、およびそれらの混合型が見られる[26]。アクセレレーション・プログラムは既存の教育階梯を才能児が通常よりも早く移動するだけであるので、資源的には新規インフラ投資が少なく、教育資源に制約の多い場合に有利な制度である。一方、エンリッチメント・プログラムは才能児に別のカリキュラムを用意するので、より多くの資源やマンパワーを必要とするコスト高なプログラムであるが、極端に年齢のかけ離れた者が同じ教室に席を並べることはないので、精神面や人間関係において問題の少ないプログラムであった。また万一児童・生徒がGEPプログラムから離脱する場合にも、メインストリームへの再合流が容易であるとされている。先述のとおり、華中学院（HCI）とNTUの間で早期卒業の可能なプログラムが開発されており、一部ではあるがシンガポールにおける初めてのアクセレレーション・プログラムの導入と認めることができる。

　第4は、才能児の選抜・識別方法の多様化である。才能教育を採用する各国において、才能児の識別・選抜方法が通常の修了試験や進学試験を利用したものから、独自の選抜システムを採用するケースが増えているが、NUS理数科高校のように、テストキャンプやポートフォリオを採用したことは、選抜方法の多様化の流れを示すものである。テストキャンプについては、筆記試験や記憶試験ではなく、プロジェクト形式の発想力・表現力・学際力を測ることのできる方法として、韓国の英才高校などが採用している[27]。

　先述のとおり、天然資源に乏しい小規模国家であるシンガポールは、人材を国家の最も重要な資源と位置づけ、限られた人口に含まれる将来

のすぐれた指導者の卵や科学的才能をもれなく見出して、国家の政治・経済や科学の発展に資する必要があると認識している。シンガポールのGEPはこのような才能を埋もれたまま見過ごすことのないように多層にデザインされている。すなわち、すでに明らかに特異な才能を示している少数の児童に手厚い配慮や資源を投入する一方、それだけではこの網に漏れてしまう晩成型の才能児については、同世代の1％と比較的広く網をかぶせ、中等教育と中等後教育6年間を一貫として試験の負担を軽減したカリキュラムで、才能の開花を待つという構造と理解できる。才能教育はもともとコスト高な教育であり、シャーリーン・タン（Charlene Tan）のいうように、教育の社会的（経済的）効率性を犠牲にする側面を持っている[28]。シンガポールのGEPは国家の求める指導者と科学的才能の必要性のゆえに、国家が今後も発展してゆくために必要な負担であるとして、その不平等な資源投下に対して、社会はおおむね支持を与えてきたといえる。しかし多くの国の才能教育プログラムと同様に、その成果は短時間では検証することはできず、また何をもって成果があったとするかの定義においても統一した見解を共有することは難しい。シンガポールは導入した才能教育に万全の自信をもってきたというよりは、国家の人口規模や経済構造のゆえに、「才能教育を持たない」という不安に耐えられなかったと解釈することも可能である。

注

1 GEU: Gifted Education Unit, Ministry of Education, Singapore, 1994, *The First ten Years: Gifted Education in Singapore*, Singapore, pp12-13.
2 Press Release, 2006.9.28, Refining How We Deliver Ability-Driven Education, http://www.moe.gov.sg/press/2006/pr20060928.htm（リンク切れ）
3 シム・チャン・キット（Sim Choon Kiat）、2005年、「高校教育における日本とシンガポールのメリトクラシー──選抜度の低い学校に着目して─」169～189頁、『教育社会学研究』第76集.
4 https://www.moe.gov.sg/education/programmes/gifted-education-programme/rationale-and-goals （2018.5.29 最終アクセス）1992年と2003年のGEPの目標の対比については、Ministry of Education, Singapore, 2004, *20 years of Gifted Education: From Promise To Flow*, Singapore, p.45.参照。

5　https://www.moe.gov.sg/education/programmes/gifted-education-programme/gep-identification（2018.5.29最終アクセス）

6　https://www.moe.gov.sg/education/programmes/gifted-education-programme/schools-offering-the-gifted-education-programme（最終アクセス 2018.5.20）

7　GEP HP, Individualised Study Options,（最終アクセス 2018.5. 28）2003年までは個人的研究学習（Individualised Research Study＝IRS）と呼ばれていた。https://www.moe.gov.sg/education/programmes/gifted-education-programme/individualised-study-options

8　Sun Chee Wah, 2009, Policy and Implementation Paradigm for Gifted Education in Singapore, http://www.docstoc.com/docs/15096642/Policy-and-Implementation-Paradigm-for-Gifted-Education-in-Singapore（リンク切れ）

9　GEP HP, GEP Teachers, *op cit.*,（最終アクセス 2012.3.7）

10　Nanyang Primary School, Home Page: http://www.nyps.moe.edu.sg（最終アクセス 2018.8.11）

11　Ministry of Education Singapore, Gifted Education Programme, Home Page（＝GEP HP）, Development and Growth, http://www.moe.gov.sg/education/programmes/gifted-education-programme/（最終アクセス 2018.8.11）

12　*Ibid.*（最終アクセス 2018.8.11）

13　https://www.gov.sg/education/programmes/gifted-education-programmes/exceptionally-gifted-children（最終アクセス 2018.8.11）

14　*Ibid.*（最終アクセス 2018.8.11）

15　GEP HP, Integrated Programme, *ibid*,; Trivian Kang, 2005, 'Diversification of Singapore's Upper Secondary Landscape: Introduction of the Integrated Programmes, Specialised Independent Schools and Privately-Funded Schools', pp. 53-55, in Jason Tan & Ng Pak Tee eds., *Shaping Singapore's Future: Thinking Schools, Learning Nation*, Pearson Prentice Hall, Singapore.

16　Press Release, 2011, Implementation of Integrated Programme（IP）on Track http://www.moe.gov.sg/media/press/2004/pr20040924.htm;（最終アクセス 2012.3.16）

17　Trivian Kang, 2005, *op. cit.*, pp.57-58.

18　Raffles Institution. 2003, *Gifted Education in RI: Nurturing the Thinker, Leader, Pioneer.* Brochure, RI Singapore.

19　Raffles Institution HP, http://www.ri.edu.sg/#Page/RafflesProgram-361（最終アクセス2018.8.11）

20　NU理数科高校HP; <w>http://www.highsch.nus.edu.sg/index.php（最終アクセス 2012.3.10）; 科学技術高校HP, http://www.sst.edu.sg（最終アクセス 2018.8.8）

21　Gifted Education Unit, Ministry of Education, Singapore, 1994, *The First Ten Years: Gifted Education in Singapore.* pp.18-21, Singapore.

22　Aline Wong, *Straits Times*, 1994/5/12.

23　*Straits Times*, 1994/5/19.

24　*Straits Times*, 1994/11/6.

25 *Sunday Times*, 1998/7/12.
26 Jones, E.D. and Southern, W.T. 1991, "Objections to Early Entrance and Grade Skipping", pp.51-52, in Southern, W.T.&Eric D.J.(eds.). *The Academic Acceleration of Gifted Children*. Teachers College Press, Columbia University.
27 石川裕之、2005年「韓国における才能教育の動向」218頁、杉本均編、『児童・生徒の潜在的能力開発プログラムとカリキュラム分化に関する国際比較研究』第14章、科研費研究成果報告書(課題番号15530543)。
28 Charlene Tan, 2005, 'Driven by Pragmatism: Issues and Challenges in an Ability-Driven Education', pp.5-21., in Jason Tan & Ng Pak Tee eds. *op. cit*.

第7章 アメリカの才能教育
―― 伝統的平等主義の今日的理解と今後の課題

田中義郎（桜美林大学）

1 はじめに

　2011年度、ニューヨーク市が行った幼稚園児の才能児・生徒教育受講資格者認定検査で、テスト受験者14,086人、有資格認定者4,027人、受講希望者3,149人、受講許可者2,747人である。この数字を多いと考えるか、この程度であろうと考えるか、思いはそれぞれであろう。アメリカ合衆国における才能児・生徒教育（Education for Gifted and Talented）の定義は、知能など、何かしらの分野において顕著な才能を有する子ども、もしくは、若者のための教育である。

　　「均一でない人々を均一に扱うことほど不公平なものはない。」（アリストテレスの言葉を、トマス・ジェファーソンが若干言い換えたと言われる）

　あるアメリカ人教師との会話の一部分である。

　あるアメリカ人の女性教師が日本の幼稚園を訪ねた時のことである。彼女は、そこで、いかにも聡明そうな男の子に出会った。反応が素早い。目がキラキラしている。ここでは、手の負えない子どもである。しかし、彼女は、彼には、エネルギーが溢れており、この子はきっとすぐに幼稚園が詰まらなくなってしまうに違いない、と感じた。彼女は、ある子どもが他の子どもより早く課題を終えてしまった時に起こす事件、いわゆる問題行動の理由がそこにあるように認識した。その子は、自分の周り

の出来事をより刺激的にすることで、彼が求めている刺激のレベルやペースにより適合できるようにしようとして、結果的に、教師や他の子どもを混乱させ、怒らせてしまうに違いない。この彼女の理解に、日本人の幼稚園の教師は反論する。彼は、手に負えない普通の子どもである。

文化人類学者によれば、アメリカ人の理解によるギフテッドネス（才能）とこの説明に登場する幼稚園の先生が指摘する男の子が起こす行動の理解には、共通点がほとんどない、と指摘する。日本人のギフテッドネスの理解は、天性の、遺伝による能力であり、同時に、それは同じ能力を持たない子どもの存在に対する疑念と困惑でもある。それは、教育的努力や資源や機会の不均等な分配を導くことになるから。

よく聞く、ありふれた内容の会話であるが、ギフテッドネスに対する認識は、国によって大分違いがあるようである。本章では、アメリカ文化と才能児・生徒教育の認識とその変容について考察する。

2　アメリカ合衆国はなぜ才能ある若者(Gifted and talented Youth)を育てるのか？

デイビッドソン才能開発研究所の記述（2009）には、今日、アメリカ合衆国が直面している緊急を要する社会経済的課題と密接に関係する、以下の14の理由が掲げられている。

1) アメリカ合衆国では、高等学校でのドロップアウトによって、毎年、3,000億ドルを越える損失が生じている。こうした状況が今後も続くとしたら、今後10年間に1,200万人の高校生がドロップアウトし、国は、3兆ドルの損失を被ることになる。（Alliance for Excellent Education, 2009）
2) 2008年の高校卒業生からドロップアウトした120万人が、実際に卒業していたら、アメリカ経済は、彼らの生涯賃金として3,190億ドル余計に生み出すことになる。（Alliance for Excellent Education, 2009）
3) 1995年頃、アメリカ合衆国の大学卒業者率は、世界第一位であった

が、2006年では、第14位に後退している。(McKinsey & Company, The Economic Impact of the Achievement Gap in America's Schools; April 2009)

4) アメリカ合衆国は、15歳の数学の能力では、世界の他の国々と比較してほとんど活躍できていない。韓国、スイス、ベルギー、フィンランド、チェコスロバキアの15歳は、少なくともアメリカ合衆国の15歳の5倍の到達度にある。(McKinsey & Company, The Economic Impact of the Achievement Gap in America's Schools; April 2009)

5) 概ね4/5 (81%) の教員は、「私たちの優れた生徒には、特別な配慮が必要である。彼らは、我が国の将来のリーダーであり、彼らの才能は、グローバル経済の中での競争を可能にする。(High Achieving Students in the Era of NCLB, 2008)

6) アメリカ合衆国に存在するあらゆる仕事のうちの1/3は、サイエンスとテクノロジーの能力を必要とする。しかし、近年、サイエンスとテクノロジーの分野で学び、卒業する若者は、17%に過ぎない。中国では、大学卒業時の専攻の52%がサイエンスとテクノロジーである。(William R. Brody, president of Johns Hopkins University, Congressional testimony July 2005)

7) アメリカ合衆国の学士号のわずか11%がサイエンスと工学であり、その他の国々の23%、中国の50%と比較して少ない。(National Summit on Competitiveness December 2005)

8) 中国では、毎年、50万人の大卒エンジニアが誕生する。インドでは、毎年、20万人。アメリカ合衆国では、7万人である。(National Academy of Sciences: "Rising Above the Gathering Storm" October 2005)

9) 近年、アメリカ合衆国で新たに取得された特許の45%は、外国人に対してである。(Education Week "A Quiet Crisis is Clouding the Future of R & D" May 25, 2005)

10) 2003年に、アメリカ合衆国で新たに取得されたトップ10の特許のうちアメリカ合衆国の会社はわずか1/3であった。(National Academy of Sciences: "Rising Above the Gathering Storm" October 2005)

11) 4年生で、数学とサイエンスのテストで、アメリカ合衆国の生徒

は、国際平均を越えている。8年生では、数学は、国際平均点を下回り、サイエンスでは、わずかに国際平均点を越えているに過ぎない。12年生では、数学、サイエンス共に、世界49カ国中最下位である。キプロスと南アフリカを上回っただけである。(William R. Brody, president of Johns Hopkins University, Congressional testimony July 2005)

12) アメリカ合衆国では15％にみたない生徒が、大学でサイエンス、もしくは、技術系の学位を取得するための必要条件を充たしているに過ぎない。(William R. Brody, president of Johns Hopkins University, Congressional testimony July 2005)

13) 工学を専攻として希望している生徒数は、アメリカ合衆国では、1992年から2002年に至る間に1/3に減少した。(The Business Roundtable July 2005)

14) 高校ドロップアウト者の88％は、単位取得はしているものの、退屈がドロップアウトの主な理由である。(Bill & Melinda Gates Foundation: "The Silent Epidemic" March 2006)

つまり、ギフテッドネスは、アメリカ合衆国の現在、将来にとって国益に関わる重要な国家資源として認識されているようである。

3　アメリカ合衆国の才能児・生徒教育事情

アメリカ合衆国で、教育全般を通して見る時、ジョンズ・ホプキンス大学の才能児センター（Center for the Talented Youth）のリー・イバラ（Lea Ybarra）前所長は、昨今、未来学力（未来の使用に耐えうる学力）に確かな手応えを感じている。

30余年前ジュリアン・スタンレー（Julian Stanley）博士によって同センターが創立された頃と比べて、才能児・生徒教育は日常化し、才能開発学校がアクレディテーションを得るまでになったことを考えれば、学力観の進化や深化を受け入れる（未来学力の存在を否定しない）世界の土壌の変化を実感する。少なくとも同センター創立当初に潜在能力測定を経

て高く評価されたものの、一般には「奇妙な子」扱いされていた子どもたちは今や普通の子どもたちである。80年代後半、2代目のウイリアム・ダーデン（William Durden）所長が、「未来のためにこの子どもたち一人ひとりの個性を救わねばならない」、と力強く語っていたのが幻の様でもある。当時、カーネギー教育振興財団会長のアーネスト・ボイヤー（Ernest Boyer）博士をニュージャージー州プリンストンの本部に訪ねた時、彼は、集団を高めようとする日本と個人を伸ばそうとするアメリカ合衆国、といった表現で日米の教育制度の違いに触れ、アメリカ合衆国における卓越した個性の支援について話してくれた。

　近年、アメリカ合衆国の大学キャンパスではオナーズ・プログラム（The Honors Program）がますます拡大し、普通の学生と卓越した学生は当然のように別々に同時並行で育てられている。テキサス大学オースチン校のプラン2などその良い例である。また、カリフォルニア州におけるコミュニティ・カレッジから四年制大学への編入プログラム、オレゴン州のPASSシステムやミドルカレッジ・ハイスクールに代表される多様な高大教育接続プログラムなど、選抜型の試験に頼る教育制度は大学教育の拡大傾向の中でますます後退してきているように思われる。真に、新たなパラダイムやペダゴジーの形成が期待されているのであろう。
カレッジボードが運営するAP（Advanced Placement）も良き事例の一つである。

　そこでは、教育において緊急を要する次のいくつかの質問に回答を見つけなければならない。

① 個人、地域、価値、才能などに、それぞれの場面において、共通の部分を支援すべきか、むしろ、個別の部分を支援すべきか。
② 共通の部分と個別の部分を同時に支援することは可能か。
③ 説明責任の過程で、より多くの選択肢と柔軟性を加えた場合、何が代償となるか。
④ 失敗の可能性を検討しないで、選択肢のみを増やすことはできるか。

　可能性の追求は良いことだが、一方で、何かしらのリスクを背負うのもまた事実である。才能教育の可能性の追求は、皆が等しく同じ教育の

機会を享受するという場面で、重要な課題に直面する。

4　アメリカ合衆国における才能教育の概要

　すでに多くの理解が得られているように、アメリカ合衆国における才能児・生徒教育（Education for Gifted and Talented）の経緯を辿ると、概ね以下のようである。

　昨今、アメリカ合衆国は、貧富の差に関係なく、必要とする者すべてに特別な教育サービスを与えるべきである、という考えにますます近づいているようである。さて、19世紀に、アメリカ合衆国における才能教育の新しい規定が初めて設けられた。最も初期の段階の一つは、1868年、セントルイスの公立学校区（ウイリアム・トーレイ・ハリス、セントルイス市教育長）は、才能ある生徒（Gifted Students）を教育するために、公立学校では初めて体系的な活動を実施した）で設けられた柔軟な進級制度である。セントルイスの制度は6年間のカリキュラムを4年間で修了しても良いというものであった。1869年、フランシス・ゴルトンの独創的な著作『遺伝的天才』（*Hereditary Genius*）が出版され、彼は、人間の能力が遺伝的であることをつきとめた。歴史を通じて400人以上を網羅したこのイギリス人の伝記の研究は、知能は、遺伝と自然選択説によってもたらされることを統計学の手法を用いて結論づけた。その後、1901年にマサチューセッツ州ウースター市は、才能ある子ども（Gifted Children）のために初めての特別学校を開校した。1920年までに全米の3分の2の主要都市でギフテッドネスのための何らかの教育プログラムが行われた。20世紀の間に、才能児・生徒教育は国家的課題となった。1946年にメンサ（Mensa: イギリスで創設された、全人口の内上位2%のIQ（知能指数）の持ち主であれば、誰でも入れる国際グループ。Mensaとはラテン語でテーブルを意味する）が1947年にアメリカ・ギフテッド協会が、1959年にナショナル・ギフテッド協会が、そして、1959年には特殊教育評議会（The Council for Exceptional Children）の傘下にギフテッド協会が設立された。

1957年のスプートニク・ショックが引き金となって、アメリカ国民は数学や科学分野における優秀な生徒の教育に緊急に取り組むべきだと考えるに至った。翌年、1958年に、ソ連との宇宙開発競争に勝つことを主たる理由として、国家防衛教育法（National Defense Education Act）がアメリカ合衆国連邦議会で可決された。しかし、1972年のマーランド報告（アメリカ合衆国連邦議会に提出されたこの報告書は、才能児において実証される到達度や潜在的可能性の一領域に知能を含めた。この報告書において特定された才能の6つの領域は、一般的な知能、特定の学問的適性、創造的もしくは生産的思考、統率能力、視覚および芸術性、精神運動的能力である。マーランドの定義によれば、才能児は全人口の約5%を構成し、6つの領域のいずれかにおいて卓越した能力を発揮することができる、とした。その後、73%もの学区がマーランドの定義を採用したが、その大部分は、才能児の識別に知能検査の結果を適用していた）において、議会は、才能教育が未だに不十分であるという懸念を示した。そして、1993年にはアメリカ教育庁が『国家としての優秀さ：アメリカの才能を育てる（National Excellence: A Case for Developing America's Talent -October 1993)』という報告書を出版した。2002年の時点で、全米37州で、ギフテッドネスに何らかの支援を与えるという法律があった。そのうち28州だけが才能児一人ひとりの教育ニーズに合う支援内容でなくてはならないとした。アメリカ合衆国連邦法には、才能児・生徒教育に関するものが一つある。1988年に制定されたジェイコブ・K・ジャビッツ才能児・生徒教育法（Jacob K. Javits Gifted & Talented Student Education Act）である。才能児・生徒の識別における偏見を認識し、社会的弱者層の才能児・生徒人口の重点化を盛り込んだ。この法律は、特別助成金という形で、新たな特定規準の実現を希望する人々に資金を提供した。その後、部分的に改定されて、1994年の初等・中等教育法（Elementary and Secondary Education Act）となり、2001年のNo Child Left Behind Act（誰も置き去りにしない法）に加えられている。

5 才能の認定とアメリカ合衆国の伝統的文化環境の限界

　レズニックとグッドマンの研究（1994）によれば、アメリカ合衆国で、才能児・生徒教育（Education for Gifted and Talented）に関与している政策立案者は、アメリカ合衆国の伝統的文化環境の限界と可能性に対して、新たな感性を求めて、三つのチャレンジと向き合ってきた。

　第一のチャレンジは、学校の内外で、若者の才能を育てる努力を支援し、同時に社会の中で開発された様々な才能の蓄積が世に出ることを押し進めるための努力を支援する社会文化を導くことである。

　第二のチャレンジは、学校のプログラムを修正することである。そうすることで、彼らは、一般的な生徒であるだけでなく、同世代の他の若者が持っていない学力や個別の能力に関する興味や態度を発揮することが可能になる。

　第三のチャレンジは、才能ある若者が学校内で目に見えて先導者となることができる。そうすることで、彼らは、彼らの能力に誇りを持つことができ、同時に、何かしらの報償を期待することができる。

　もし、最初のゴールが才能を見いだし、開発することに対する文化的支援だとすれば、私たちは、バーク哲学的（バーク哲学の主要概念は、慎慮（prudence）偏見（prejudice）、時効（prescription）、黙諾（presumption）、相続・世襲（inheritance）、法の支配（rule of Law）、慣習（convention, customs）、伝統（tradition）、私有財産（property）などである）に言って、人をその気にさせる力や習慣を理解しなければならない、としている。実際、それが、アメリカ人をそうしたチャレンジの実現に対する配慮から遠ざけている、と指摘する。

　彼らは、トクヴィルの『アメリカのデモクラシー（De Tocqueville's Democracy in America, 1833, 1983）』（すなわち、「アメリカでは、平等なのは財産だけではない。平等は知識についてさえ、ある程度進行している。人口に比例してアメリカほど無学の者も、また、学識ある人も少ない国は世界に他にないと思う。…アメリカでは、人々の知識に、ある平均的な水準が確立されている。水準以上のものも水準以下のものもあるが、誰もがそれに近いところにい

る。こうして途方もない数の人々が、宗教、歴史、科学、経済、法律、政治についてほぼ同程度の知識をもつことになる。知的不平等は直接神に由来するものであって、これが繰り返し生まれるのを人が妨げることはできないであろう。…人間の知性は等しくはないが、知性を育てる手段は等しく利用できるという事態がそれである。」)を引用し、アメリカ文化が伝統的に有してきた平等性という思想に言及している。

アメリカ合衆国が建国以来持ち続けてきた平等性という思想は、こうしたチャレンジと真っ向から向き合っているということである。とは言え、こうした動きの進展は、アメリカ合衆国の民主主義をより確固たるものとするし、将来に向けてより高次の持続可能性を持ち続ける上で、個々人の特質としての才能の認識は支援されるべきである、としている。

仮に、二つ目のチャレンジを通じて、公立学校が、若者の様々な才能をいっそう受け入れるようになれば、二つの点について注意が促されることになる。才能は、開発されるものであって、単に、認知されるものではない。また、才能は様々に表現され、成果は多様である。もはや、精神テストで測られ、説明されうるようなものばかりではない。才能の狭義の理解は、1905年から1925年まで、人種、文化、あるいは、家族の天性の、あるいは遺伝的特質であったが、今や、こうした狭義の理解で包括できるものではない。天性か育成かの論争では、才能の出現を巡って、環境に寄るか、教育に寄るか、で重要な示唆がなされている。

民主主義における教育の役割は、可能な限り、あらゆる手法で、才能を開発することである。才能の多様性に応えるために、学校の形態を広範囲に再形成する必要があり、それは、単に既に認知されている才能(Talented and Gifted)に配慮したプログラムを担うということばかりではない。家族、階層、性別、人種、人格といった理由で、幼少時に才能を発見する機会を遠ざけ、開発の機会を否定することは適当ではない。

より良い教育に対する関心が高まる中で、個人の特質の違いを受け入れることは、学校環境に限定される必要はない。アメリカ合衆国中で、学校は、図書館、博物館、科学館、交響楽団、大学、企業と協力して、若者が適応し易い学習経験を創造している。すでに青年用のモデルは存

在し、パートタイム型の学校教育やパートタイムの仕事といったシステムであるが、学業中心型の優秀な生徒にとっても十分に魅力がある。若者の教育のためのより望ましい解決策は、学校という機関での教育という極めて狭義の概念に捕われてしまうと、実情に沿わないものになってしまう可能性が大きい。

　同時に、才能ある生徒と一緒に同じ基盤で学ぶ一般の生徒への配慮も必要である。よくあることであるが、優秀な若者ほど、学校教育での通常の学習活動に対して興味関心が持てずに、詰まらなさが原因で、学習を中断し、時には、それが原因で問題行動に発展することもある。一般の若者もまた、学校教育に詰まらなさを感じている。ポジティブ心理学（「幸福」、「創造性」、「主観的な幸福状態」、「楽しみ」の研究）の権威であるチークセントミハーイ（Mihaly Csikszentmihalyi, 1984）の研究の中には、こんな事例もある。1970年代後半のシカゴの中流階層の経験として、学校は、楽しくなく、一日の中でもっとも意気消沈する時間である。実際、これまで、教育を難なくこなし、学校を難なく通過することは、大なり小なり、詰まらない経験としてずっと捉えられて来た。

　アメリカ合衆国の教育は、今日、新たな段階への移行期にある。これまでにない多くの、そして多様な子どもが学校教育を受ける。その中で、才能開発の機会が可能な限り広範囲で保証され、学校は、公立学校の生徒の各人各様の意見に耳を傾け、チャレンジを続ける必要がある。

　才能ある若者の存在は、過去150年間、徐々に明らかになってきた。そして、開発されるべき特別な資源というよりむしろ、アメリカ教育システムへのチャレンジとして認識されて来た。こうしたアメリカ合衆国のシステムは、19世紀およびその時代の組織の文化環境の負債である。今日、こうしたアメリカ合衆国の公立学校の価値と文化について再形成すべき時期である、と認識されている。

6　才能ある若者に対するアメリカ合衆国の公共政策の変遷

　社会の受容力という点で見ると、才能ある若者は、これまでアメリカ

合衆国の教育文化環境の外に置かれて来た。理由は、違うものに対する警戒心であり、用心深さに寄るものである。彼らにとっての特別な必要性は、彼らの必要性とは違った形で用意されてきた。学校や政策は、彼らをいかに正当化するかという条件を整備するというものである。結局、教育学者は、知能検査での言語と数学の測定という古典的心理学に頼った。他の者は、例えば、ハーバード大学のガードナー（Howard Gardner, 2006）のように、多様な知能（多重知能理論として知られている：言語的知能、話し言葉と書き言葉に対する感受性、言語を学ぶ能力、及びある目標を達成するために言語を用いる能力；論理数学的知能、問題を論理的に分析・数学的な操作を実行・問題を科学的に究明する能力に関係する知能；音楽的知能、音楽的パターンの演奏や作曲、鑑賞のスキルに関係する能力；身体運動的知能、問題解決や何かを作り出すために体全体を使う能力；空間的知能、広い空間のパターンを認識して操作する能力；対人的知能、他人の意図・動機づけ・欲求を理解し、他人とうまくやっていく能力；内省的知能、自分自身を理解する能力。自分自身の欲望・恐怖・能力も含め、自己の効果的な作業モデルをもち、情報・自分の生活を統制するために効果的に用いる能力に関係する；そして、博物的知能）を認め、育てる道を探して来た。

　才能ある若者に対する公的支援の特別措置は、長い時間の中で、州レベルで、教育委員会レベルで、変化してきた。才能ある若者は、学校の教育活動の中で認知され、州、あるいは教育委員会レベルで、彼らのために特別に用意されたプログラムで、特別な育成プログラムを受ける機会を得られるようになった。

　1920年代に、鉛筆と紙で最初の知能検査が学校で行われ、子どものクラス分けに使われ、州政府や教育委員会は、才能を極めて狭い定義で、初めて認識した。その後の進展の機会は、才能に対する新しい、広義の定義に応えるもので、Enriched（豊かな）School（学校）、特別学校、などが誕生することになる。

　アメリカ合衆国で連邦政府が才能児・生徒教育に初めて関与したのは、1930年代であり、優秀児・生徒局（Office of Exceptional Children and Youth: OECY）を教育庁の中に開設した。連邦政府のこのテーマでの初

めての助成措置とは、前出の 1958 年の国家防衛教育法（National Defense Education ACT）である。その中で、才能ある若者（Gifted）の特定のための財源を準備した。複数のプログラムがそのために作られ始動したが、1960 年代に財源は一旦縮小された。

　1970 年代の半ばに、連邦政府は、再度、才能児・生徒教育（Gifted）に関心を持ち始めた。1974 年の教育修正案では、才能児・生徒局（Office of Gifted and Talented: OGT）を教育庁内に設置することが含まれており、おおよそ 1,250 万ドルの予算が、才能児・生徒に関連するトレーニング、リサーチ、デモンストレーション・プロジェクトのための財源；州政府および地域の才能児・生徒教育関連団体のための助成；才能および才能児・生徒教育のための全米情報センターのために計上された。

　こうした努力にもかかわらず、1978 年では、14 の州で未だ何も措置を講じていなかったのみならず、法令用語として存在さえしていなかった。4% 程度の才能児・生徒が、何かしらの学校内でのプログラムに参加している程度であった。

　1980 年代の初めまでに、OGT は、閉鎖され、財源は、州の全体予算に統合され、個々の州の判断で使われることとなった。その後、再び機運が高まり、才能児・生徒教育局（Office of Gifted and Talented Students Education: OGTSE）として再出発をし、連邦政府の才能児・生徒教育プログラムへの助成金は増加した。1990 年代では、47 の州で、法律によって才能児の認定が規定され、彼らのプログラムの認定ための最低基準も整備された。アメリカ合衆国才能児協会（NAGC）が提示するアメリカ合衆国の（国家的）定義は、州や学区による才能の多様な定義や、特定のためのモデルを含むものである。37 の州が様々な方法で才能児に事業を提供し、これらの生徒を識別するよう義務付けている。そして、50 のすべての州が才能児・生徒教育に対応するための何らかの方針を定めている。規制の有無は才能児・生徒教育プログラムの質を決定付けるものであり、約五分の一の州が、特別教育などの連邦特別法の実施に才能児・生徒を組み込んでいる。

　1960 年代の公立学校の状況を見ると、質と平等は、文化的に相殺され、

平等という意識は、識別認識の限界を規定するという概念があった。トクヴィル（前出）の指摘する19世紀のアメリカ合衆国の思想に起因するようである。それは、アメリカ文化に起因する環境の限界であり、弱点でもある。前述したように、19世紀のアメリカ合衆国の思想は、財産と知性において平等であり、言い換えれば誰もが等しい力を持っており、平等を行き渡らせようとする時、その方法は、国民一人一人に権利を持たせるか、誰にも与えないか、どちらかである、というものであった。

　20世紀は、アメリカ合衆国の学校と才能児・生徒にとって形成的な時代となった。20世紀の前半は、アメリカ合衆国の教育が過去に例を見ない拡大の時期となった。1890年から第一次世界大戦までは、数多くの移民がアメリカ合衆国にやってきた。人口は、トクヴィルの時代の20倍に膨れ上がった。同時に、義務教育制度と児童労働法は、子どもを学校へと導いた。1900年から1910年、ニューヨークの就学率は57％の増加を記録した。才能児・生徒教育の急速な進展は、拡大する学校で、効率的な運営を目指す学校管理者の政策の一つとして真剣に歓迎された。効率的経営、すなわち、分業、生産ライン、そして、均質な製品、意味するところは、子ども夫々の能力に応じたクラス制を採用して、適切なクラスに生徒を振り分けることによって、不可率を減らすことであった。1909年に、ラッセル・セイジ財団（Russel Sage Foundation）の支援を得て、レオナルド・アイル（Leonard Ayres）は、学校がうまく機能しない問題の研究に取り組んだ。アイルは、学校の中に、あまりに多くの就学該当年齢を越えた生徒がいることを指摘した。同時に、繰り返される失敗で学校の資源を浪費していると指摘した。そうした提言の中で、一般的な生徒の発達段階に見合ったカリキュラムを提言した。そうした提言は、学校文化の中で、明らかに特定される才能児・生徒に対して問題を作り出した。第一世界大戦が終わる頃、ガイ・ホイップル（Guy Whipple）は、才能児・生徒のための特別措置の必要性に対して、学年制度を機械的におこなう傾向の中で、そうした特別措置の必要性を位置づけた。

　知能検査は、才能児を認定する上で、学校管理者の役に立った。ビネーのデザインした初期の検査は、子どもの学校での成功を必ずしも予測で

きなかった。同時に、個別に実施され、2〜3時間を必要とした。ルイス・ターマン（知能検査と教師による特定、地域社会の構成員からの提言を活用することにより、アメリカ合衆国の歴史に残る才能児の特定に着手）が開発したアメリカ合衆国版のスタンフォード＝ビネー式にしても同様であった。1917年、ターマンの弟子であるアーサー・オーティス（Arthur Otis）は、グループで鉛筆と紙で行う方式を開発し、その問題を解決した。Army Alpha（陸軍アルファ）検査の原型であり、1917年、第一次世界大戦の徴募兵170万人が受験した。それは、学校での集団テストの用途への可能性を開いた。とは言っても、ルイス・ターマンの時代、才能児・生徒は、天賦の才能を楽しみこそすれ、学校が作り出した機会を楽しめるものではなかった。

7　才能ある若者に対するアメリカ合衆国の公共政策の変容

　第二次世界大戦以降、文化と学校の関係、そして、ギフテッドネスの認識は、変化した。第二次世界大戦以降のアメリカ社会では、人種間不平等と宗教上の不寛容さの最悪の状態から大きく一歩踏み出した。1957年のスプートニク・ショックが引き金となって、アメリカ国民は数学や科学分野における優秀な生徒の教育に緊急に取り組むべきだと考えた。

　才能ある生徒に対する直接的な関心を払うに至った大きな革新は、知能検査を除けば、現在は、カレッジボードが運営するAP（アドバンスト・プレイスメント）プログラムであった。大学教育のシラバスを利用して、高校生が試験を受けるもので、1953年に、教育の向上のための基金（Fund for the Advancement of Education）の支援によって始まった。最初の年、18校500人の生徒が受験した。10年後には、29,000人が受験している。1980年前半には、12万人が受験し、1990年代の初めには、全米の高校の42％がこのプログラムを提供している。2010年にAPテストを受けた学生数は1,845,006人（全米の約15％）で、17,861校の学校が参加した。過去5年間で学生数51％、学校数が16％増加している。また、APプログラムは30以上のコースについて学業成績の基準を設定し、教

師のために幅広いトレーニングの機会も提供している。

　APプログラムは、教育における水準、カリキュラム、評価についての議論に影響を与える高校の高次の教育活動のモデルとして日の目を見た。こうしたプログラムに対する要求は、高校の管理者、教員、生徒からは明白であり、ほとんどの高校で受け入れられた。APの受講資格は、知能検査の得点ではなく、生徒の高い動機付けと教員の推薦である。APプログラムは、拡大を続け、才能（ギフテッドネス）対応のプログラムとして紹介もされ、自分の力を目一杯発揮してみたい生徒にとって魅力的であり、高次の期待値の下で達成感を得ることができる。

　アメリカ文化における、努力に対する敬意の伝統と功績（メリット）に対する報償の伝統は、今日、学校の中では、あまり見られないが、学校外での子どもの学習活動（音楽、ダンス、演劇、テクノロジー、スポーツ）の中で良く見ることができる。結果として、子どもは、学校内ではほとんど動機付けがなされない。この場合、モデルは、学校で高いレベルの達成水準に新たな活力を注ぐために見いだすことができる。

　アメリカ才能児協会は、「アメリカ合衆国における才能児とは、一つまたは複数の表現　領域において、ひときわ優れたレベルのパフォーマンスを発揮する、もしくは発揮する潜在的可能性を示す人のことである。」と定義する。

　アメリカ合衆国から見れば、日本のギフテッドネスに対する理解は、極めて古典的であり、19世紀後半、20世紀前半の理論、遺伝的特質と社会階層、しばしば、子どもの全体的な成長にとっての純血的関心を隠すもの、に通じるものという印象を受ける。アメリカ合衆国では、才能児と認定された子どもの学校での行動に配慮し、彼らは、常識的な活動から免除される。彼らは、学校での常識的な活動を壊し、環境を変化させ、そのために、プログラムの速度を速め、校外学習を補完し、より個別対応型の授業の機会を楽しむことをする。アメリカ合衆国の文化では、遺伝による特質とそれに伴う動的引張は、変化の敵ではない。一般的でない才能は、それだけで価値がある、と認められているからである。

8 おわりに

アメリカ合衆国の才能児・生徒教育の今後と戦略的教育学の必要性
「アメリカ合衆国は、最も貴重な資源の一つを浪費している。すなわち、国内の多くの生徒の才能や優れた適性、傑出した関心などである。知性や芸術に関わる多様な努力の中で、これらの子どもたちは、最高の取り組みを発揮するような刺激を与えられていない。高度な教育を得られる機会が少なく、その才能が見過ごされることの多い経済的貧困家庭や少数民族出身の生徒では、この問題が特に深刻である。」は、「国の優れた才能 - アメリカ合衆国における才能育成事例」1993年、ワシントンDC、米国教育省、(National Excellence – A Case for Developing America's Child 1993) の弁である。

知的な、そして、芸術的な試みを広範囲に捉えると、若者は、最大の力を発揮すべく必ずしもチャレンジしていない。問題は、経済的に恵まれない者やマイノリティの中に顕著であるが、高次の教育機会を得られていないことや彼らの才能が十分に認知されていないことにある。才能ある生徒に対する有効なプログラムは、アメリカ合衆国中に存在するが、その多くは、実質的に限定されたものである。ほとんどの才能ある生徒は、彼らの特別な必要性と何ら関わりなく学校で過ごしている。

例えば、

① 才能ある小学生の場合、学校が始まる前の段階で、主要5教科において要求される内容のほぼ半分を既に終えている。
② 一般の教員は、才能ある生徒の対応についてほとんど準備がなされていない。
③ Who's Who Among American High School Students に報告されている全米で最も学力の高い生徒のほとんどは、毎日1時間以下の家庭学習時間である。

一生懸命に時間を費やさずとも、トップが取れる。

そこで、必要とされているのは、

① チャレンジングなカリキュラムを用意すること。
② 学習にとってよりチャレンジングな機会を用意すること。
③ 幼児教育への参加率を高めること。
④ 顕著な才能を持っているが、経済的に恵まれない子どもやマイノリティに学習の機会を増やすこと。そして、さらに、ギフテッドネスの定義を拡大すること。

などが、提言され、州や地域の教育委員会は、様々な才能を持った生徒を広範囲で認定するために、定義および評価戦略を再考すべきである。

知能検査が開発されて以降、このテストで才能を測ることが定着してきたが、今日、知能は、様々な方法で測定できることが分かっているし、多くの基準が使われるようになっている。このことは、知能の古典的理解と今日の評価手段と評価方法に教育者の目を向けさせた。教育者は、単にテスト（検査）に頼らず、彼らの能力を観察することで顕著な才能を認めることができる。

才能は文化的に定義することができる。以下の例が示すように、その文化が尊重する領域での優れたパフォーマンスが才能とみなされることになる。複雑なアイデアについて考える子ども達は、複雑なアイデアについて話す。彼らは同年代の子ども達から抜きんでる。彼らは異なって見える。頭のよい子ども達は、並外れたことを言ったり、少し変わっていたり、違っていたりするので、いじめられたり、責められたりする場合がある。十分な友達付き合いをすることは、非常に頭のよい子ども達にとっては難しい場合が多く、特に同年代の子ども達とだけ付き合うよう強制される場合は難しい。特に、成長初期では、彼らの知的成長は、情緒面や肉体面の成長と一致しない可能性が高い。多くは他の子ども達より感受性が鋭い。数多くの研究でわかったことは、非常に才能のある生徒は、同年代の子ども達より、社会的、情緒的に成熟している傾向があり、特に思春期やティーンエージャーのときがそうである。

また、今日、アメリカ合衆国では、才能児・生徒教育を経て大学入学するには以下のような利点がある。それは、大学は、学生が高校時

に合格したコース学習または成績証明書、およびコースの数（AP試験、IB（国際バカロレア）試験、優等賞または才能児・生徒教育コース）を評価される。

また、才能児・生徒教育担当者に求められる条件も決まってきている。才能児・生徒教育を担当する教師は、以下の条件を満たしていなければならない。才能児・生徒教育担当者にふさわしい者として学校推薦を受けているか、職業基準委員会（Professional Standard Commission）の規定に基づく才能児・生徒教育顧問者認定を取得していること（才能児・生徒の教育の基礎, 特徴と特定, カリキュラムの開発, 才能児・生徒教育プログラム開発を含む200時間のコース枠）。さらに、AP試験・IB試験の対策コースを担当する教師は、コース担当者にふさわしい者として学校推薦を受けているか、または、才能児・生徒教育対象生徒の特質やニーズに関する地区研修およびAP・IB試験対策担当者研修を修了していること、である。

特殊教育評議会（Council of Exceptional Children）のジーン・ナザーロ（Jean Nazzaro）は、「アメリカ合衆国は、常に、国境内に存在する極めて多数の文化的、民族的、政治的、人種的グループの利益のバランスを考量しなければならない。ただし、これらのグループ間にも相違は存在する。アメリカ合衆国とその人民にとって特に問題なのは、国内に暮らし、存在する少数民族文化の役割と位置付けである。」

今や、学校教育の目標は、単なる学習支援や社会的人間の形成にのみあるのではない。むしろ、若者たちがいかに学校教育を活用して、豊かな職業生活への価値ある移行をできるように手助けできるか、がその目標に内包されなければならない。そうした中で、今日、真に必要とされているのは、戦略的教育学（Strategic Pedagogy）である。

9　若干の補足として

アメリカ合衆国の才能児・生徒教育教育が直面する新たな今日的局面とは、教育のレーゾンデートルの今日的理解とステークホルダーへの説明責任のバランスに尽きるように思える。

「多様性の尊重」とは、新しい時代の教育のエクセレンスに至る一つのアプローチではなく、どんなかたちであれ、そうしたエクセレンスと呼ぶに値するものにとって不可欠の構成要素であるに違いない。

その上で、検討すべき課題が浮かび上がってくる。たとえば、以下の様である。

○教育（K-16）におけるグローカルな接続とエフェクティブ・カリキュラム（社会的信頼性、有効性、有意味性を有するカリキュラム）とその運営を巡る問題。
○学力のグローカル性とそれらの有機的接続を巡る問題。
○ Effective Knowledge、Dynamic Knowledge、Meaningful Knowledge や体制化された知識構造の獲得と知識基盤社会での人材形成観が描く大きなピクチャーの問題。
○カリキュラムの有意味性、有効性と学力の定義および測定方法の妥当性を巡る問題。
○新たな学力観 - 良く構造化された（正答が準備された）問題解決（Structured Problem Solving）学習の限界と来るべき社会の期待学力の説得力を欠いた関係を巡る問題。
○教育プロフェッションの確立に向けて、教育職員養成プログラムの再構築（Scrap and Build、Restructuring など）と質の継続的向上の保証システムを巡る問題。

さらには、グローバル化が進行する時代、国内外の比較を可能にする、上記諸課題の政策研究の視点別のアプローチについて、
1. 成果（Consequences）の適切性の視点から、
教育の成果は、来るべき社会の人材形成（教育のグローカルな接続を背景とした Knowledge-Based 社会での人材像）に照らして、適切であるか。
2. 公正性（Fairness）の視点から、
教育およびその成果の評価、その運用は、来るべき社会の人材形成のありさまに照らして、公正であるか。

3. 転移および一般化（Transfer and Generalization）の視点から、
　獲得される知識や技能は、来るべき社会の人材形成のプラットフォームに
4. 理解の状態（Cognitive Complexity）の視点から、
　単なる記憶（暗記）でなく、来るべき社会の人材に期待される複雑な問題の分析と解決に必須の高次の思考技術（Critical Thinking など）の獲得に適切に対応しているか。
5. コンテンツの質（Content Quality）の視点から、
　カリキュラムの構成および中身の質は、来るべき社会の人材形成に対応しているか。
6. 有意味性、有効性（Meaningfulness、Effectiveness）の視点から、
　カリキュラム、評価および測定は、来るべき社会の人材形成に向けて有用であるか。
7. コストと効率性（Cost and Efficiency）の視点から、
　教育およびその評価の一連の活動は、コストと効率性で見たとき、妥当であるか。
8. 授業の質、信頼性（Teaching Quality, Reliability）の継続的向上の視点から、適切な授業が適切な担当者によって、来るべき社会の人材形成を目的として、適切に展開されるためのシステムは適切であるか。

など、である。才能児・生徒教育であっても、これらの検証から自由ではない。

参考文献

Davidson Institute for Talent Development, http://www.davidsongifted.org/, April, 2012.
Gardner, Howard. *Multiple Intelligences: New Horizons in Theory and Practice* Basic Books, New York 2006.
Goldhammer, Arthur, trans.; Zunz, Olivier, ed., *Tocqueville, Democracy in America,* The Library of America, 2004
Resnick, Daniel P. and Goodman , Madeline, "American Culture and the Gifted," in Patricia O'Connell Ross, ed., *National Excellence, A Case for Developing America's Talent: An Anthology*

of Readings. Office of Educational Research and Improvement, U.S. Department of Education, June 1994.

Johns Hopkins Center for Talented Youth, http://cty.jhu.edu/, April, 2012

New York Times, *Gifted Students, Times Topics,* http://topics.nytimes.com/top/reference/timestopics/subjects/g/gifted_students/index.html, April, 2012.

U.S. Department of Education. National Excellence: *A Case for Developing America's Talent*, October 1993.

NCGC, *The History of Gifted and Talented Education*, http://www.nagc.org/, 2012.

第8章 南アフリカの才能教育

西村　幹子（国際基督教大学）

1　はじめに―サブサハラアフリカにおいて才能教育を考える意味

　2015年現在、サブサハラアフリカ地域は世界の初等教育不就学児童（61百万人）の約53％を占める[1]。不就学の背景には、貧困、教師の低いモティベーションや病気による欠勤を含む学習環境の乏しさ、早婚や伝統的な儀式、ジェンダー等の社会文化的価値観が存在する。学校に行けたとしても、基礎的な学力水準に達していない生徒も多い[2]。また、学力が家庭の経済力、学校外教育などへの教育投資のレベル、およびジェンダーと関連していることも分かっている[3]。このような圧倒的な資源不足を背景に、教育資源の効率的な分配と公正・公平な分配はアフリカ諸国の緊要の課題となっている。

　貧困削減と初等教育完全普及を国家目標に掲げ、教育の公正性が求められる教育環境のなかで、才能教育はどのように捉えられているだろうか。興味深いことに、世界一の規模を誇る教育関連の学術論文のデータベースであるERIC（Education Resources Information Center）で「アフリカ（Africa）」と「才能のある（gifted）」をキーワードに検索すると、**表8-1**の通り、検索された113件の論文のうち、約8割が南アフリカ共和国（以下、南アフリカ）に関するものである[4]。したがって、アフリカでは、才能教育は南アフリカ以外では殆ど研究されていない、というのが実情である。実際、1989年および1994年時点で、公的な才能教育はアフリカ諸国の中で南アフリカ以外では殆ど行われていなかったことが確認されている[5]。この理由としては、基礎教育の普遍化を最優先すべきであるという一般国民の感情、教育機会の平等性という観点からの才能教育へ

の反感、そして財源不足が挙げられる[6]。つまり、アクセスという意味での教育機会の平等が達成されていない現状にあって、公正性の観点から、才能教育に公的資金を投入すること自体が問題視されているのである。

　南アフリカは、アフリカ諸国の中でも突出した経済大国であり、一人当たり国民総所得は2015年現在、12,870ドルで、アフリカ平均の3.6倍である。しかし、一日1.90ドル以下で暮らす貧困者の割合は2011年現在で16.6％に上り、5歳未満の栄養失調児の割合は23.9％、HIV/AIDSの新規罹患率は2015年時点で1.44％とアフリカ平均（0.3％）および世界平均（0.05％）を遥かに上回ることに鑑みれば、南アフリカも他のアフリカ諸国同様、深刻な社会問題を抱えている国であることが分かる[7]。また、万人のための教育（Education for All：EFA）という国際目標や持続可能な

表8-1　ERICにおいて「アフリカ(Africa)」と「才能のある(Gifted)」のキーワードで検索した結果(2012年2月20日検索、2010年代の文献については2018年1月2日検索)

	出版年						
	1960-69	1970-79	1980-89	1990-99	2000-09	2010-17	全体
論文数全体	1	2	66	19	17	8	113
（年代毎の割合）	(0.9)	(1.8)	(58.4)	(16.8)	(15.0)	(7.1)	(100.0)
南アフリカを対象	1	0	55	15	12	5	88
（全体に対する年代毎の割合）	100.00	(0.00)	(83.3)	(79.0)	(70.6)	(62.5)	(77.9)
アフリカ全体を対象	0	2	4	2	1	0	9
その他のアフリカ諸国を対象*	0	0	1	0	1	0	2
その他**	0	0	6	2	3	3	14

注1　その他のアフリカ諸国としては、1980年代の文献がガーナ、ケニア、ウガンダ、ナイジェリア、2000年代がジンバブウェを対象としたものが含まれる。

注2　その他には、南アフリカで開催された会議における発表資料(6件)南アフリカの出版社により発行された文献だがアフリカに関連しないもの(2件)、アメリカ合衆国およびカナダにおけるアフリカ系アメリカ人に関するもの(2件)、アフリカに関する教育(1件)アメリカ合衆国およびカナダにおけるアフリカとの共同プロジェクトあるいは比較プロジェクト(2件)、著者名にAfricaが入っているもの(1件)が含まれる。

出典　筆者作成。

開発目標 (Sustainable Development Goals: SDGs) において教育の質、公正性、そしてインクルージョン（包摂性－多様な学習ニーズをもつ誰もが学習する権利を満たされること[8]）が議論される中で、「正規の教育が才能ある子どもたちのニーズを満たさない」[9]とすれば、個別のニーズを特定し、それらにどのように応えるか、についての議論が将来的にはアフリカにおいて展開されることも予想される。この時点で消滅しつつある反面教師的な南アフリカの才能教育を振り返っておくことには相応の意味がある。

本稿では、このような問題認識の下、南アフリカにおいて才能教育がどのように捉えられてきたかを時代別に辿ることによって、教育の効率性と公正性のジレンマがどのように表象されているのかを明らかにしたい。具体的には、前述した既存の文献レビューおよび政府の文書を用いて、(1) 南アフリカにおける才能教育の「才能」とは何か、(2) アパルトヘイト時代の南アフリカにおける才能教育の取り組みはどのようなものであったか、(3) アパルトヘイト廃止以降の南アフリカにおける才能教育は教育政策の中でどのように捉えられ、取り組まれているのか、という問いに答えることを試みる。次節では、才能教育の「才能」が南アフリカやその他のアフリカ諸国においてどのように定義されるのかを概観する。第3節では、アパルトヘイト時代の南アフリカにおける才能教育の取り組みを考察し、第4節では、アパルトヘイト廃止以降の南アフリカにおける教育政策と才能教育の位置付けについて論じる。最後に第5節で結論を述べる。

2 「才能」とは何か

そもそも才能教育のいう「才能」とは何だろうか。英語では、talentやgiftedなどと表現されることが多いが、何をもって才能というかには様々な解釈が存在しうる。先進国においては、伝統的には標準化されたIQなどの知能テストや精神測定テストが用いられてきたが、それらが人生の成功の9〜20％しか説明しないという実証研究の蓄積を受けて、才能をどのように測るかということ自体が、特に心理学者の間で活発

に議論されてきた[10]。近年では、社会的なスキル、情緒の安定、思いやり、誠実さなどを含む情動の知能（emotional intelligence）が注目されている。どのような測定方法を以て「才能ある」子どもを選抜するのか、才能教育によってどのような才能を伸ばすことが妥当な政策なのか、については世界的に確固たる基準がある訳ではない。

　ただし、「才能」を定義する際に、南アフリカの文脈の中で問題とされることが大きく分けて二つ存在する。一つは才能教育対象者の選抜過程における社会政治的な側面、もう一つは才能教育の定義自体の文化的側面である。才能教育の選抜過程の社会政治的側面については、IQなどの測定方法が、才能自体を所与のものと捉える点に疑問を投げかける視点が存在する。知性とはそもそも所与のものではなく、状況や成果に対してどのように行動し、取り組むかという「方法」を指すとの観点から、IQなどの測定法は被験者の社会的、教育的、情緒的、行動的な側面を見落としているという立場である。つまり、才能は社会的な期待と個人の能力の相互関係の結果として、社会によって創られるものであると捉える視点である。この立場からみると、南アフリカのような多文化かつ人種等による社会経済的格差の著しい社会においては、それらの「方法」も民族、人種、言語等の社会的属性によって異なる。それにも拘らず、国民の大多数を占める黒人の心理学者や専門家が限られる中で、支配的な文化的集団である白人によって社会的、文化的に疎外された黒人やその他の人種の行動が測定されてきたこと自体の妥当性と信頼性に疑問が投げかけられている[11]。

　才能教育の定義の文化的側面については、主に西欧社会の個人主義に対峙する概念としての集団主義的・協同的なズールー族の文化的特徴が関連している。例えば、同じズールー族を有するジンバブウェの研究において、二つの大きな民族間の才能の定義が異なることを前提とした上で、共通してみられる定義の中に「コミュニティの所有権」があるという[12]。これは、才能を個人のものとして捉え、その成果を著作権や特許などに帰結させる個人主義的な視点とは異なり、個人の創造力はコミュニティが共有するものという考え方である。このような考え方において

は、才能をめぐる個人の卓越性、個人間の競争原理や排他性などは否定される。アフリカの多くの伝統社会においては、才能ある子どもは早くから酋長に仕え、村のスポークスマンになった[13]。つまり、才能教育は個人や家族だけでなくコミュニティにとって役に立つと認識されない限り、その意義を見出されないのである。ズールー族は東アフリカから南下してきたと考えられているバントゥー系の民族集団であり、上記の文化は他のアフリカ諸国にも共通する部分があると考えられる。こうした文化的価値が才能の意味付けにも関わるため、西欧の才能の定義や才能教育のあり方をそのまま当てはめることは難しい。TaylorとKokot（2000）[14]は、アフリカ社会の才能の定義について以下のように説明する。

> 近代の科学技術が発展した社会では、論理的数学的な知性と言語的な能力の諸形態に高い価値が置かれる。他方、アフリカの文化的伝統は科学技術的事実に基づいた知性よりも社会性に重きを置き、子育ての目標を主に社会的なスキルという意味で捉え、物よりも人びととの関わり方を本質的に重要と考える。従って、より社会的指向性をもつ認知的スキルを育てるのである。(p. 802)

他方、学校化社会がある程度進んだアフリカ諸国では、都市部を中心として学歴競争が過熱している地域も少なくなく、多くの人々にとって才能の定義が「学校教育における秀でた成績」を意味するとの指摘もある。ガーナ、ケニア、ウガンダおよびナイジェリアにおいて共通した調査を実施した結果、才能ある生徒の定義としては、創造力のある問題解決能力やパフォーマンス、絵画や彫刻などの芸術性よりも、優秀な学業成績と口語・文語の言語能力が一般的であると報告されている[15]。南アフリカでも、アパルトヘイト廃止後の格差是正対策として、高い学歴を有する黒人の育成のために才能教育が行われるケースもある。したがって、学校教育における秀でた成績を更に効率的に伸ばすことを才能教育の目的とする視点はアフリカにおいても存在する。但し、才能教育＝エリート主義の構図に対しては、歴史的な植民地体制下で起きた一部の民

族や人種に対する優遇措置とイメージが重なるところもあり、アフリカ社会において抵抗感があることも否めない[16]。

このように、南アフリカにおいては、「才能」のもつ独特な社会的、文化的意味が存在すると同時に、近代的な学校教育制度を前提としたエリート／リーダー育成としての才能教育のあり方も模索されている。この意味で、才能教育は社会における意味づけに二重性[17]を有しているといえる。

3 アパルトヘイト時代の南アフリカにおける才能教育の取り組み

アパルトヘイト時代の南アフリカの教育制度は、黒人、白人、アジア人、カラード（混血）という人種により分断され、教育行政も人種により管轄される部署が異なり、教育の目的、学校の環境、財政基盤などが人種により規定されていた。白人への教育には黒人のそれの約10倍の費用がかけられていたと言われる[18]。1953年に制定された「バンツー教育法」により、黒人のための教育の目的は基本的に半熟練労働者の育成であり、「白人が優秀で黒人が劣等であるとするアパルトヘイト体制を、自然に受け入れるように子どもを社会化すること」であった[19]。

このような人種による厳格な格差構造を是認した教育制度において、才能教育は白人のエリート／リーダー育成のための方策として早くから注目された。1964年には、知的能力、才能、関心に応じた初中等教育のあり方[20]を検討するため、当時の国立教育社会研究局（National Bureau of Educational and Social Research）の局長を委員長とし、白人の教育を管轄する教育省の関連部署の上級官僚らで構成された調査委員会が設置された。1970年に出された同委員会の政策提言は、能力や才能に応じた異なる教育が必要との認識に立ち、その根拠として、個々人が才能を十分に発展させることと同時に、教育や職業選択における国家のマンパワーニーズを満たすことを挙げている[21]。つまり、個人の選抜と配分という教育の社会的機能を認めた上で、特に優れた才能を持つ個人が特定の教育的ニーズを満たすことを早い段階から教育制度に要求することを国家

が後押しするものであった。

　この背景には、白人の親たちの働きかけが大きく影響している。実際、一部の特別なカリキュラムを実施した学校を除いて政府が公的に才能教育を実施するには 10 年ほど要している[22]。当時の 4 つの州において、基礎教育段階での補助的な才能教育が行われるようになったのは 1979 年以降であり[23]、教員養成機関において高度な才能をもった子どもたちへの教育に関するモジュールが教員養成コースに含まれるようになったのは 1980 年からであった[24]。その間に才能教育を担っていたのは、親たちによる自発的な取り組みであった。その代表的な事例が、1995 年までヨハネスブルグにあったシュメレンベック教育センター (Schmerenbeck Educational Centre) である。その起源は、1960 年に関心のある親たちが物理の補習授業を始めたことがきっかけとなり、1971 年に英才児教育協会 (Association for the Education of Gifted Children) が設立されたことにある。同協会は、テストによって選抜された子どもたちに対しコンピュータ、数学、天文学、テレビ放送、チェスなどのコースを提供し、1975 年にロンドンで開催された第一回英才児世界会議にも参加した。その後、シュメレンベック教育センターと改名して 1980 年から 1992 年までウィットウォータースランド大学の一部となり、才能教育の実施、教師教育、才能や創造力に関する成人教育、親や生徒へのカウンセリング、才能教育研究・出版などを積極的に展開した。1988 年時点では、白人以外を含む文化的に多様な約千人の子どもたちが通っていたとされるが、彼（女）らは主に社会経済的に中上位の家庭の子どもたちであった[25]。

　この時代のもう一つの大きな国家的な動きとしては、1980 年に国立教育社会研究局の後身である人文科学研究審議会 (Human Sciences Research Council) が内閣から委託された、将来の教育制度設計のための調査がある。この調査は 18 の作業委員会を有する大規模なものであったが、その一つに「特別な教育的ニーズをもった子どもたちの教育」作業委員会が設置され、ここで特に高度な才能をもった子どもたちのための教育についても議論された。この調査全体の結論としては、人種、肌の色、宗

教、性別に依らず、全ての国民が平等な教育機会（平等な水準を含む）を得ることの必要性を訴えた上で、12年間の基礎教育課程における高度な才能を持つ子どものための特別段階の設置と高度なカリキュラムの提供を提言するものであった[26]。ただし、才能教育については、特別な学校や教育制度を設けるのではなく、あくまで普通学級システムの枠内において補足的に行うことが明記されている。そして文化的に困窮した（つまり白人以外の人種の）高度な才能をもった生徒をどのように特定するかに関して、早急に研究する必要があると強調している。

　白人に対する才能教育を前提としていた1960〜1970年代とは異なり、1980年代には国家主導の調査や提案において「全ての人種に平等な教育」という表現が用いられるようになり、その中で白人文化をもたない子どもたちに対する才能教育が行われるようになった。1984年に南アフリカで開催された英才児教育に関する国際会議の開会挨拶においても、教育省の高官が多文化社会における言語の問題や教育機会の格差の問題に配慮する発言をした[27]。具体的には、才能教育の第一段階のアプローチとしてやらねばならないことは「未だ多くの介入が必要なグループの一般的な教育水準を高めること」であり、第二段階として「異なるグループの文化的、言語的なニーズに合った才能教育プログラムを開発し、実施しなければならない」というものである[28]。この背景には、1976年にアフリカーンス語の教育強制への反発として黒人によって起こされたソウェト蜂起と、その後に強まった国際社会からの南アフリカ政府への批判がある。しかしながら、注意しなければならないことは、多文化社会の尊重や白人以外の人種に対する才能教育の必要性を示唆しながら、「才能あるいはその欠如、また能力あるいはその欠如とは、自然現象として受け入れるべきもの」[29]であるとし、才能が培われる、あるいは開花する過程における社会政治的な影響については全く言及されていないことである。つまり、ここにおける平等の概念とは、あくまで白人に対する才能教育を基準として、その他の人種に対しても才能がある場合には、同等の機会を与えるという、才能を所与のものとする考え方がある。現状として存在する差別構造や不平等な教育制度に介入する意思がない

という意味では、公正性の観点は欠如している。

　黒人に対して学校外の才能教育が施され始めたのは1982年と言われる。この事例としては、ソウェト（1982～）とアレキサンドラ（1988～）における土曜クラブが挙げられる。これらのプログラムは、主に小学校4～5年生を対象に、理科、数学、英語の科目の強化レッスン、ライフスキル訓練、調査研究への参加を含む午前中のプログラム、演劇、ダンス、チェス、芸術などの関心に沿った集団活動や様々な文化的集団との交流を含む午後のプログラム、および異文化・異人種交流やコンピュータ実習などを行うキャンプによって構成された。そして、土曜クラブに2年間参加した生徒に対してテストを実施し、その成績に応じて私立校に行くための奨学金の授与を決定する仕組みであった。さらには、「代理の白人の親」を提供し、才能ある黒人の子どもと親が、「南部アフリカにおける地理的、歴史的、経済的、社会的な生活観を克服」し、白人を中心とした私立校の環境に「統合」されるよう支援することが含まれた[30]。つまり、ここにおいては黒人を白人化するような試みが施されており、白人を頂点とする文化的な序列を前提として、才能ある子どもを効率的に白人が支配する社会に組み込んでいく制度が構築されている。このことは同時に、アパルトヘイト下における教育制度が単に人種による分断を意味するだけでなく、白人以外の人種内における白人を基準とした差異化を行っていたことを意味する。この時期、すでに経済的理由から人種間に交流が生まれ、徐々に同じ人種内における社会経済的な細分化が起きていたが[31]、才能や能力という名の下においてもそのような細分化が起きていたのである。

　こうして1990年前後からは、学界において、社会経済的に不利な立場にありながら才能がある黒人の子どもたちを特定する方法について検討する論文が出てくる。これらは、学力や知能テストなどのいわゆる「結果」ではなく、社会条件に配慮しながらいかに潜在能力を測るかという点に議論の焦点を絞っている[32]。但し、心理学的な見地から極めて技術的・実験的な手法の検討をするに留まっており、才能をめぐる文化的価値観や言語の問題、あるいは社会経済的格差や教育環境の格差と才能の

関連などを考慮していない。このように、アパルトヘイト時代の末期には、教育の平等が謳われるようになり、社会経済的背景が異なる人種に対して、いかに才能教育を実施できるのかについての方法論が議論されるようになるが、その趣旨はあくまで既存の差別構造や人種により分断された教育制度を前提として、「才能ある」一部の黒人に対して白人社会への効率的な同化を図るものであった。

4　アパルトヘイト廃止以降の南アフリカにおける教育政策と才能教育

　1994年に南アフリカにおいてアパルトヘイトが廃止された。そして新政府により1996年には新憲法が制定され、第2章29項に（1）すべての人に基礎教育を受ける権利があること、（2）教授言語については、公正性、実行可能性、過去の人種差別的法律および実践を是正する必要性に十分配慮すること、（3）私立校の設立にあっては人種による差別がないこと、州政府に登録すること、公立校と同等以上の教育の質を提供すること、が定められた。そして、同年の学校教育法により、7〜15歳までの初等および前期中等教育が義務化され、それまで人種別に分かれていた教育省が一つの国家教育省となり、各州に州教育省が置かれるようになった。人種、言語、階層、性別、年齢、宗教、地理的条件等に関係なく、すべての国民が平等な教育を与えられる公正な教育制度の確立を目指したのである。

　しかし、**表8-2**に示すとおり、この時期の人種間による教育レベルや教育環境の違いは歴然としていた。アフリカ人（黒人）と白人の間には、識字率、高校修了資格認定試験の合格率等の教育の結果、および教員一人当たりの生徒数に見られる学習環境において明らかな差が存在していた。後者については、2000年においても目立った是正が見られないが、この要因としては、元白人の学校において黒人の子どもたちを排除するように授業料が引き上げられたこと[33]や、アパルトヘイト後も教員配置に何ら変化がなかったこと[34]が挙げられる。

表 8-2　アパルトヘイト廃止時期における人種別の教育状況

		アフリカ人	カラード	インド系	白人
識字率（1994）	農村部	39%	32%	-	92%
	都市部	53%	55%	84%	86%
	首都圏	61%	74%	78%	91%
高校修了資格認定試験合格率（1994）		49%	88%	92%	98%

教員一人当たりの生徒数		元アフリカ人学校	元カラード学校	元インド系学校	元白人学校	新設校
初等	1996	36人	29人	28人	26人	40人
	2000	31人	30人	33人	26人	41人
中等	1996	32人	23人	23人	22人	38人
	2000	31人	30人	30人	24人	36人

出典　識字率および高等修了資格認定試験合格率については、大津和子（2000）「南アフリカにおける教育開発―ジェンダーの視点から―」『国際教育協力論集』、3(2): 97-114、教員一人当たりの生徒数については、Yamauchi, F. (2005). Race, Equity, and Public Schools in Post-Apartheid South Africa: Equal Opportunity for All Kids. *Economics of Education Review*, 24: 213-233を参考に筆者作成。

　実際、元白人学校と元黒人学校の間の学校間格差は、学力においても明確に存在した。例えば、2004年時点における国語および算数の6年次において年次に相応しい学力を達成した生徒の割合は、元白人学校で82.9%であるのに対し、元黒人学校では3.7%、元カラード学校では26.6%であった[35]。また、2003年に基礎教育最終学年（12年次）においてA平均を取る白人は10%であるのに対し、黒人は0.1%であり、この黒人の半数以上が元白人学校に在籍している[36]。

　たとえ黒人の生徒が元白人学校に通えたとしても、そこで教える大多数は白人教師であり、あからさまな人種差別や文化的な無理解があった[37]。アパルトヘイト以前と比較すれば、異なる人種間の学生交流は進み、趣味などを共有する中で、アイデンティティも人種に依らず、より複雑化しているとの指摘もあるが、教授言語と母語の不一致等で成績不良とな

る黒人学生が一つのクラスに集められるなど、人種と言語の問題は未だに教育制度のボトルネックとなっている。

アパルトヘイト廃止後の新政府の下では、教育機会の平等と公正性が主要な教育課題として取り上げられる中で、才能教育は全般的に政策から姿を消すこととなる。1980年代に設立された州の英才児センターなどは1996年以降に閉鎖されたところもあり、先述したシュメレンベック教育センターも1995年には閉鎖された。また、2001年に出された「特別なニーズのための教育」白書は、障害児教育について論じており、特別な才能をもった子どもには触れていない。2010年代になると、政府の文書の中に才能児についての記載が見られ、多様な学習スタイルと知性が教育システムの中で認識され、許容されなければならないと明示されている[38]。しかし、学校教育制度の中では、才能教育はあくまでも普通学級内における教師に任されており、学校外活動は有志の親たちが組織しているのが現状である[39]。政府の政策は全ての子どもの学習ニーズに応えることを人権として認識し、インクルーシブ教育を重視しながらも、普通学級において才能児のニーズは実際には顧みられていない実態が2010年代以降、複数の論文によっても報告されている[40]。

学界においては、アパルトヘイト時代とは異なり、才能教育に関する分析の視点に公正性の観点が含まれるようになる。すなわち、才能を測定する際の言語の問題、社会経済的背景と才能との関連などに配慮しながら、いかに社会的に不利な立場にある才能ある子どもたちを見出すか、更にはその後の子どもたちの社会的地位達成をどのように保障するのか、に焦点が当てられている。例えば、表面上は「落ちこぼれの才能ある子どもたち（Underachieving Gifted Children）」という表現が用いられ、潜在能力が埋もれてしまう原因となる家庭および学校における学習環境を問題視する視点や、学校における教授言語と母語の不一致がもたらす才能の開花過程あるいは測定過程における諸問題を論じるものがある[41]。また、キャリアカウンセリングが白人や英語を話す学習者に限定されていたことを批判した上で、全ての文化、性別、社会経済的地位にある人々に対して開いていくためには、個人と職業を単純に組み合わせるのではなく、

将来を思い描けるような個人のエンパワメントの要素を盛り込むような新たなアプローチの必要性を提案するものもある[42]。

こうした将来を見越した才能教育の取組の事例としては、プレトリア大学による才能ある貧しい黒人学生を教師に育てることを目的とするリンポポプロジェクト (Limpopo Project) がある。このプロジェクトは、2003年から南アフリカで最も貧しい地域の一つであるリンポポ地域において、孤児や経済的に困窮した家庭の子供で、教師という職業に関心があり、かつ卓越した学業成績を収めた学生に対し、供与と貸与の奨学金を組み合わせて大学の教員養成プログラムを提供してきた。初年度に参加した58名の学生たちは、それまでの学校環境との文化的、物質的な環境の違いに戸惑いながらも、大学において非常に優秀な成績を収めた[43]。他方、その戸惑いには高等教育の深刻な構造的側面が関連していた。例えば、言語の問題である。南アフリカの公用語はアフリカーンス語と英語であり、大学でもこの二言語が教授言語である場合が多いが、アフリカーンス語を理解できる黒人学生は皆無で、開講言語によっては授業を受けることすらできない。白人が大多数の教授陣の中には人種に対する差別や偏見を有する教員もおり、文化的な無理解も学生たちを苦しめたことが報告されている[44]。また、初年度に参加した学生の9割が、入学後、より高い賃金の職業に結びつく可能性の高い専攻に変更したため、プロジェクトの当初の目的は達成されなかった[45]。高等教育制度の人員や体制がもつ多文化・多人種共生を受け入れる意味での構造的な課題、そして教師としてロールモデルとなりうる優秀な人材が、(特に元黒人学校の)教師という職の待遇の低さゆえに育たないという悪循環が示唆されている。

もう一つの事例としては、1996年に白人の南アフリカ大学の教授らによってヨハネスブルグに設立されたラドフォードハウス (Radford House) という英才児のための私立小学校がある。この学校は、通常の普通学級は、英才児に退屈、フラストレーション、学校嫌い、憂鬱、自殺行為を誘引し、英才児の特別なニーズを満たすことができないという認識に立っている。その上で、一学級18名という小規模学級において

独自のアプローチで才能教育を実施している。しかし、創設者の論文やホームページにおける設立趣旨や概要には、才能教育の重要性やアプローチの詳細な記述はあっても、人種、言語、文化などについては一切触れられていない。性別については、就学児童の圧倒的多数が男子であり、この理由としては、親が男子の教育により投資する傾向があること等が挙げられている[46]。

アパルトヘイト廃止以降の南アフリカにおける才能教育は、教育政策においてその位置づけを失っただけでなく、広く実践や研究という意味においても、1980年代のような活発さは失われている。この背景には、人種による差別撤廃、学校教育システムにおける公正性の実現が重視される中、才能教育への社会的関心が薄れているということがあろう。このような中、学界においては才能教育を捉える視点や方法論に関して、より公正性を重視した研究が進みつつあるという側面と、アパルトヘイト以前から脈々と続いている才能教育への一部の親と学者の強い関心が、私立校の設立という形で社会経済的に恵まれた子どもたちにその機会を提供し続けているという側面が併存している。

5　結論

南アフリカにおいては、アパルトヘイト時代、その末期、アパルトヘイト廃止後の3つの時代区分において、才能教育の捉え方やあり方が変化してきた。その議論の軸となっているのは、卓越した才能をもつ子どもの特殊な教育ニーズに適切に応えながら、集中的にエリート集団を育成し国家のリーダーを育てるという効率性の観点と、人種や社会経済的背景において不利な立場にある子どもの才能をどのように特定し育てられるか、という公正性の観点である。アパルトヘイト時代においては、人種・言語により分断された教育制度を前提として、白人を基準とした才能教育が施され、公正性の観点は皆無であったが、その末期においては、人種や言語に配慮した才能教育に関心が向けられた。しかし、政策の軸はあくまで効率性にあり、非白人に対する才能教育は白人社会への

効率的な同化を意味していた。アパルトヘイト廃止後には、教育制度全体の公正性が問われる中で、才能教育はその公的な立ち位置を失い、優秀な黒人学生の育成支援（公正性志向）と、一部の裕福な家庭のための才能教育を担う私立学校（効率性志向）に二分化されているようである。そもそも教育の機会における質の格差が著しく、人種、言語、地域、性別等に依らない公正な教育の提供を最優先課題に掲げる社会において、「一部」の子どもを対象とする才能教育が公的に注目を浴びることは難しい。また、公正性の観点から黒人のエリート／リーダー育成を目指す才能教育が効果的に行われるためには、言語や教員配置を中心とした抜本的な教育制度改革、多文化理解に関する教員の訓練など、莫大な投資が必要であり、効率性との対立も明白である。現在の二分化された才能教育のあり方は、公正性と効率性のジレンマを反映しているが、同時にアパルトヘイトの遺産を克服することが容易ではないことを示唆している。才能とは所与のものか、社会的に創り出されるものか。才能は誰によってどのように見出されるのか。才能教育は誰のために、何を目的として行われるのか。これらの疑問は、公正性と効率性のジレンマの裏、あるいは才能教育が注目されない背景に隠れたアフリカ社会における才能教育の意味を暗示してくれる。南アフリカでは少なくとも才能教育が白人エリート主義と不可分であった経緯があり、今日においても権力の配分における不平等を助長する方策であるとの認識が根強い。長い植民地支配と人種間・民族間闘争に晒されてきたアフリカ社会が、国家を中心とした社会に貢献する人材を育成する目的で才能教育を広く受け入れていくには、才能を活かす先にある民主的な国民国家のあり方自体についての議論の深化が不可欠であろう。

　ただし、持続可能な開発目標（Sustainable Development Goals: SDGs）に掲げられたインクルーシブ教育の意味や教育の質や公正性について、才能教育が重要な視点を投げかけてくれることについても留意したい。例えば、Winstanley（2006）は、「挑戦する平等」という概念を打ち出し、学習経験は潜在的な達成度とのギャップに関連していると主張した[47]。また、Oswaldとde Villiers（2013）は、平等性は同一性と混同されると、個

人のアイデンティティを否定し、それらを非人間化すると訴える[48]。つまり、単にすべての子どもが一定の質の教育を受けることではなく、多様な学習ニーズを持つ個々人のニーズに応える教育経験が得られることこそが機会の平等であり、真にインクルーシブ教育であるというのである。このような視点は、そもそも学力不振の児童、障害児、才能児を分けて考える見方自体に疑問を投げかけるものでもあり、カリキュラム、教授法、学習環境全体をどう捉えてすべての子どもに「平等な」教育機会を保障していくのか、という教育制度の設計の根幹に関わる課題を提起しているといえよう。才能教育は、教育機会の「平等」とは何か、「インクルーシブ」な教育環境とは何を指すのか、について今一度、真剣な議論を躍起するものである。

　最後に、本稿の限界について述べる。アフリカ地域の才能教育に関する二次資料は非常に断片的であり、その大半は社会学的・政策的な分析よりも心理学的・技術的な論考である。このため、人口全体の中で才能教育を受けている割合、それらの人種、言語、社会経済的地位、性別などによる内訳、才能教育機関の種類などの基本的な情報が得られなかった。また、アパルトヘイト後に起きた社会経済的地位による黒人の間での二極化等の動態が公正性を捉える視点に及ぼす影響についても考察できていない。さらに、2010年にアフリカ才能者連盟（African Federation of the Gifted and Talented）がナイロビで設立され、複数のアフリカ諸国のリーダーシップにより主に才能教育や才能児発掘のためのアドボカシーを実施しているようであるが、その活動の実態や蓄積はホームページ上においても不明であり、研究的な蓄積も認められない[49]。この実態については現地で調査する必要があると思われる。これらは今後の課題としたい。

注

1　UNESCO Institute of Statistics. (2017). Reducing global poverty through universal primary and secondary education. Policy Paper 32/ Fact Sheet 44. Montreal: UNESCO Institute of Statistics.
2　例えば、2007年に行われたSACMEQIIIの調査によれば、東南部アフリカ地域の

参加14か国(およびザンジバル)における61,396人の生徒の学力テストの結果、基礎的学力を達成していない生徒(Level 1 および2)は、読解で男子18.9%、女子15.7%、数学で男子31.0%、女子31.8%に及ぶ。(Hungi, N., Makuwa, D., Ross, K., Saito, M., Dolata, S., Cappelle, F., Paviot, L., and Vellien, J. (2010). SACMEQIII Project results: Pupil achievement levels in reading and mathematics. *Working Document*, 1. Paris: UNESCO IIEPより筆者計算)。

3 西村幹子(2012)「サブサハラアフリカにおけるジェンダーと基礎教育―ジェンダー・パリティからジェンダー平等へ―」『教育研究』、54:13-25。

4 「アフリカ(Africa)」と「才能(talent)」で検索すると45件あるが、殆どの文献が表1の文献と重複しており、南アフリカがその研究対象の大半を占める。「アフリカ(Africa)」と「エリート(Elite)」で検索すると56件ヒットするが、その定義は文献により様々であり、大半がローカルエリートの台頭やエリート大学、デジタルディバイド等を扱うものや、言語、地域、経済力等、エリートのみに教育機会が開かれている、といった教育機会の平等性について問題視する文献が目立ち、エリート教育自体について論じる文献は限られている。

5 Ngara, C. (2006). Indigenous conceptions of giftedness in Zimbabwe: A comparison of Shona and Ndebele cultures' conceptions of giftedness. *International Education, 36*(1), 46-97においてWilliams, W.G. & Mitchell, B.M. (1989)が引用され、1989年以前に才能が行われていたのは南アフリカのみと説明されている。また、Taylor, C. A. & Kokot, J. (2000). The status of gifted child education in Africa. In Heller, et al. (Eds.), *International handbook of giftedness and talent* (pp.799-815). Amsterdam, Lausanne, New York, Oxford, Shannon, Singapore, & Tokyo: ElsevierおよびOswald, M. & de Villiers, JM. (2013) Including the gifted learner: perceptions of South African teachers and principals. *South African Journal of Education, 33*(1), 1-21においても1994年以前には才能教育は南アフリカにおいてのみ開発されていたとの記述がある。Mcree, J. G. & van der Westhuizer, C. N. (2009). Giftedness and Diversity: Research and Education in Africa. In Shavinia, L. V. (Ed.), International Handbook on Giftedness. Springer, 1409-1425によると、1987年にナイジェリアの首都アビジャでSuleja Academyという才能児教育施設が設立され、1993年には才能児のための学校が公的に設立されたが、ナイジェリア政府は特定の民族がプログラムを支配しており、エリート主義的であると批判されたと説明している。

6 Baldwin, A. Y. (1989). Provisions for the gifted child of third world populations: Attitudes and adjustments: A report of an exploratory study, part I. *Gifted Education International, 6*(1), 38-40.

7 World Bank. (2017). *World development indicators 2011*. Washington, D.C.: World Bank.

8 1994年に国連で採択された「サラマンカ宣言」の「サラマンカ行動枠組み」第3条によると、「学校は身体的、知的、情緒的、社会的、言語的、あるいはその他の条件によらず、すべての子どもたちに対応すべきである」とされ、才能児についても言及されている(UNESCO & Ministry of Education and Science, Spain (1994). *The Salamanca statement and framework for action on special needs education*. Paris: UNESCO, p. 6)。

9 Naidu, S. R. and Presley, P. H. (1995). An analysis of selected descriptive and experimental studies on program model designs for gifted students for potential use in rural school districts of developing countries. *Gifted Education International, 10*, 76-84, p.77.

10 Maree, J.G. and Ebers・hn, L. (2002). Emotional intelligence and achievement: Redefining giftedness? *Gifted Education International, 16*: 262-273およびMaree, K. (2011). El Proyecto Limpopo: evidencia empírica sobre el concepto de inteligencia emocional-social. *REIFOP, 14*(3): 107-129.

11 Sibaya, P. T., Hlongwane, M. and Makunga, N. (1996). Giftedness and intelligence, assessment in a third world country: Constraints and alternatives. *Gifted Education International, 11*, 107-113.

12 Ngara, C. (2006), op.cit. p.54.

13 Freeman, J. (2002). Out-of-school educational provision for the gifted and talented around the world. A report for the Department of Education and Skills. London, p.152.

14 Taylor, C. A. & Kokot, J. (2000), op. cit., p.802.

15 Baldwin, A. Y. et al. (1989), op.cit., p.39.

16 Freeman, J. (2002), op. cit., p.152.

17 この二重性をMaree, J. G. & van der Westhuizer, C. N. (2009)は、「より農村部に留まる黒人」の視点に対して「都市化された黒人の西洋的な視点」という対立で説明している(p. 1414)。

18 村田翼夫(1998)「南アフリカ共和国における教育の現状と教育協力・援助の必要性」『国際教育協力論集』, 1(1): 111-124.

19 大津和子(2000)「南アフリカにおける教育開発—ジェンダーの視点から—」『国際教育協力論集』, 3(2), 97-114, p.97.

20 英語では、the system of differentiated educationと表記されている(Haasbroek, J. B. (1984). Gifted child education: Past and present dispensation. Paper presented at the International Conference on Education for the Gifted "Ingenium 2000," Stellenbosch, Republic of South Africa, June 26-29, 1984.)

21 Haasbroek, J.B. (1984), op. cit., pp.3-4.

22 Mcree, J. G. & van der Westhuizer, C. N. (2009)によると、1967年に発行された39法に従い、才能児に対し、特別なカリキュラムが用意され、7学年になるとコンピュータ科学が課外教科として提供されていたところもあるという。

23 1984年時点で、年間9,000人に才能教育が実施されていた(Meyer, P.S. (1984). Opening address for Ingenium 2000: International Conference on Education for the Gifted, Stellenbosch, Republic of South Africa, 26 June, 1984)。

24 Haasbroek, J.B. (1984), op. cit., pp.17-19.

25 Cawood, J. (1989). Developing talent potential in non-school settings in South Africa. Paper presented at the Eighth World Conference on Gifted and Talented Children, Sidney, Australia, July 1989およびEriksson, G.I. (1990). Choice and perception of control: The effect of a thinking skills program on the locus of control, self-concept and creativity of gifted students. *Gifted Education International, 6*(3), 135-142.

26 Haasbroek, J.B. (1984), op. cit., p.10.
27 南アフリカには、少なくとも12の言語が存在し、その他にも6つの方言が話されている。当時の人種構成は、白人（450万人）、カラード（250万人）、アジア人（75万人）、黒人（1500万人）とされている。(Meyer, P.S. (1984), op.cit., p.8)。
28 Meyer, P. S. (1984), op. cit., p.9.
29 Meyer, P. S. (1984), op. cit., p.5.
30 Cawood, J. (1989), op. cit., p.11.
31 van Ryneveld Grove, H. (1993). Individualisation in the multicultural teaching-learning situation. *Gifted Education International, 9*(1), 59-63.
32 例えば、Skuy, M., Gaydon, V., Hoffenberg, S., & Fridjhon, P. (1990). Predictors of performance of disadvantaged adolescents in a gifted program. *Gifted Child Quarterly, 34*(3), 97-101、Skuy, M., Hoffenburg, S., Visser, L., & Fridjhon, P. (1990). Temperament and the cognitive modifiability of academically superior black adolescents in South Africa. *International Journal of Disability, Development and Education, 37*(1), 29-43、Naidu, S. R. and Presley, P. H. (1995), op. cit.などがある。
33 Yamauchi, F. (2005). Race, equity, and public schools in post-Apartheid South Africa: Equal opportunity for all kids. *Economics of Education Review, 24,* 213-233.
34 Vandeyar, S. (2007). Shifting selves: The emergence of new identities in South African schools. *International Journal of Educational Development, 28*(3), 286-299.
35 Petersen, A., Clark, J., and Dornbrack, J. (2011) The social role of schooling in South Africa today.（国際基督教大学における教育社会学の講義資料）。
36 Maree, K. (2011), op.cit., p.109.
37 Vandeyar, S. (2007), op. cit.
38 Oswald, M. & Rabie, E. (2017). Rethinking gifted education in South Africa: The voices of gifted grade 11 students. *Gifted Education International, 33*(3), 273-285には、政府文書として、以下の2つの文献が記載されている。South Africa Department of Basic Education (DBE). (2010). Guidelines for inclusive teaching and learning. Pretoria: Government PrintersおよびSouth Africa Department of Basic Education (DBE). (2011). Curriculum and assessment policy statement (CAPS). Pretoria: Government Printers.
39 van der Horst, H. R. (2000). A problem solving strategy for gifted learners in South Africa. *Gifted Education International, 14*(3), 103-110
40 Oswald, M. & de Villiers, JM. (2013). Including the gifted learner: perceptions of South African teachers and principals. *South African Journal of Education, 33*(1), 1-21および Oswald, M. & Rabie, E. (2017), op.cit.
41 例えば、Vosslamber, A. (2002). Gifted readers: Who are they, and how can they be served in the classroom? *Gifted Child Today, 25*(2), 14-20およびSibaya, P. T., Hlongwane, M. & Makunga, N. (1996), op. cit.がある。
42 Maree, K., Bester, S.E., Lubbe, C.,& Beck, G. (2001). Post-modern career counselling to a gifted black youth: A case study. *Gifted Education International, 15*(3), 325-339.

43 Maree, K. (2011), op.cit.
44 Maree, K. (2011), op.cit.
45 Maree, K. (2011), op.cit.
46 Kokot, S. J. (1999). Discovery learning: Founding a school for gifted children. *Gifted Education International, 13*(3), 269-282.
47 Winstanely, C. (2006). Inequity in equity: Tackling the excellence-equality conundrum. In Smith, C. M. M. (Ed.). *Including the gifted and talented: Making inclusion work for more gifted and able learners.* New York: Routledge, 22-40. Oswald, M. & de Villiers, JM. (2013), op. cit., p.15に引用。
48 Oswald, M. & de Villiers, JM. (2013), op. cit.
49 ホームページは次の通り存在するものの、国際的に出版されている論文や著書で同組織の活動や成果が扱われているものは見当たらない (Retrieved January 3, 2018 from http://giftedafrica.com/)

第9章 中国の才能教育
―― 教育政策における普及と重点支援とのはざまで

南部広孝（京都大学）

はじめに

　中国では教育改革を進める際によく、その方向性や考え方を表すスローガンが提示されるが、そうしたスローガンの中には典拠が古典に求められるものもある。そのうち最も有名なものの1つは「因材施教」であろう。これは朱熹の『論語集注』に由来する言葉で、孔子の弟子に対する態度、すなわち個人の能力や個性、興味に応じてそれに適した教育を行うことを意味するとされる。1950年代半ばにこの言葉をめぐって教育のあり方に関する大きな議論が起こり、文化大革命（1966～1976年。以下、文革と略）終結後改めてこの観点が取り上げられてきた[1]。後にも見るように、中国で才能教育について言及されるときにも、その推進を図るためにこの語が用いられることが多い。

　同じように古典に由来するもう1つの言葉に「有教無類」がある。この語は孔子が語った言葉として『論語』中に見られ、「だれでも教育によって立派になる」[2]などと解釈される。中国では現在、教育機会の公平性の確保が大きな政策的課題となっているが、その議論においてこの言葉はしばしば、どのような人にも教育を提供すべきだという意味に理解されて取り上げられる。しかも、「因材施教」は教育の個別性が強調されることからエリート教育モデルと結びつきやすいのに対して、「有教無類」は教育の公平性を強調するため大衆教育モデルを想定するものであり、中国の教育は後者の考え方で進めるべきだとの主張がなされたりもする[3]。

　文革終結後の中国では、国の総合的な力量と国際競争力を高めること

をめざして、その基礎となる教育の量的拡大と質の向上を目的としたさまざまな改革が実施されている。その際、教育に投入できる資源が必ずしも十分ではない中で、「有教無類」というような表現を伴って強調される教育の全体的で平等、公平な普及と、「因材施教」をふまえて主張される一部の者を対象としたいち早い水準向上や卓越性の追求、個別的対応の充実との間でどのようにバランスをとるのかが考えられてきた。ここで対象とする才能教育ももちろんそのような全体状況の中に位置づけられ、展開されている。したがって中国の才能教育について検討するときには、個別の取り組みに注目することは当然だが、同時にそれを含む教育全体の状況にも目を配る必要がある。

　中国の才能教育の歴史はしばしば、紀元前 206 年から始まる前漢の時代に設立された「童子科」から説き起こされる[4]。それは才能児を選抜するための試験制度であり、合格者は訓練の後官職に任じられた[5]。その後も、歴代王朝が類似の制度を継承してきた。20 世紀に入って中華民国期には、上海で西洋の知能テストを用いた才能児の選抜が行われていたという[6]。中国では現在、人並みはずれた能力を持つ子どもを対象にした教育は「超常教育」(supernormal education)[7] などと呼ばれる。

　中国における近年の才能教育に関して日本ではこれまで、多様な取り組みを全体的に概観する研究[8]や、高等教育レベルの「少年クラス」（原語は「少年班」）に焦点を当てた研究[9]、後期中等教育段階の「全国理科実験クラス」に関する研究[10]などが行われてきた。また、中国とアメリカの才能教育の比較的検討を通じてわが国への示唆を得ようとする研究も見られる[11]。しかし、先行研究でも指摘されているように中国では才能教育の法的根拠が明確でないため[12]、統一的な制度や規定は存在せず、才能教育の定義も政策としては示されていない。そのため、中国の才能教育を対象にしようとすれば上述した先行研究のように個別の取り組みに注目することになるが、他方で定義のしかたによっては、より広い取り組みや状況を才能教育の範疇に含めて考えることも可能となる。本章では主として後者の立場から、才能教育の個別の取り組みだけでなく、教育制度の実態として生じている状況も視野に入れて検討すること

にする。

　以上をふまえて本章は、中国における才能教育の現状を明らかにするとともに、それを文革終結後の教育政策の全体的な流れの中に位置づけてとらえることを目的とする。その際、教育政策の流れとして特に、より多くの者に教育を普及したりその公平性を確保したりすることと、優れた能力を持つ者に重点的な支援を行うことのどちらがより強調されたのかという点に着目する。以下では、まず中華人民共和国成立期から今日までの教育政策の変遷を概観する（第1節）。続いて、「超常教育」と呼ばれる才能教育の取り組み状況を検討し（第2節）、それから教育制度内での柔軟な対応として生じている実態に目を向ける（第3節）。最後に全体的な考察を行い、中国における才能教育の特徴と教育政策における位置づけをまとめる（第4節）。

　なお、才能教育で対象となる才能には多様な領域が含まれうるが、本章ではそのうち認知的領域に関わる教育に主たる焦点を当てることにする。中国では芸術や体育の領域の才能教育とみなしうる教育が学校の内外で積極的に実施されているが、それは対象には含めない。また、中国では少年宮やオリンピック学校、サマーキャンプなどの校外教育の場でも才能教育に関わる多様な取り組みが進められているが[13]、ここでは学校教育体系の中での取り組みに限定して議論を進めることにしたい。

　また、あらかじめ学校の種類について整理しておく。中国では、初等教育段階の学校は小学と呼ばれ、中等教育段階の学校は総称として中学と呼ばれる。そのうち日本の中学校に相当する学校は初級中学、同じく高等学校に相当する学校は高級中学と呼称する。本章では、各教育段階の学校の名称として小学、中学を用い、前期中等教育と後期中等教育を区別する場合には初級中学や高級中学の語を用いることとする。

1　中華人民共和国成立以降の教育政策の変遷

　才能教育の取り組みについて検討する前に、まず中華人民共和国が成立する前後から今日までの教育政策の大きな流れを確認しておこう。こ

こでは、本章で取り上げる才能教育が実施されるようになる1970年代末を画期として、共和国成立から1970年代末までの時期と、1980年代以降の時期に大きく分けて整理する。

中華人民共和国成立期から1970年代末にかけての教育政策

1949年10月に中華人民共和国が成立する直前、1949年9月29日に「中国人民政治協商会議共同綱領」が定められた。これは、中国共産党を含む政治諸勢力が協議して新たな国の方向性をまとめた文書であるが、この中では、「中華人民共和国の文化教育は、新民主主義的、すなわち、民族的で、科学的、大衆的な文化教育とする」（第41条）[14]と規定された。これを皮切りに、中国共産党が「労働者階級が指導する」ことを原則としていることもあり、教育を労働者や農民を中心とする大衆に普及させることは教育政策における基本的な方針となった。しかしこれ以降、時期によっては一部の機関を重点的に支援して優れた教育を展開させる施策が採られることもあり、教育政策は限られた資源を教育の普及に充てるのか、それとも一部の機関を優先的に整備するのかという選択の間で揺れ動いた。

まず、1950年代に入って、一部の教育機関を選んで重点的に支援する政策が採られるようになった。1953年5月、中共中央政治局会議は「重点中学を運営する」ことを決定した。条件の整った中学を各省で1、2校選んで重点学校とし、そこで得た経験を普及させることとなり、1953年には194校が選ばれた[15]。また1954年には、同じ考えから6校の重点大学を確定した[16]。

これに対して、1958年から始まった大躍進期では「自力更生」のスローガンのもと、急速な経済発展を図るために各地の積極性を発揮させることが強調され、教育に関しても、政府によって一部の機関を優先的に充実させるよりも、各地の自助努力によって大幅に普及させることがめざされた。例えば、1958年9月の「教育活動に関する指示」では、「教育事業を多く、早く、しっかりと、むだなく発展させるために、統一性と多様性を結びつけ、普及と向上を結びつけ、全面的な計画と地方分権を

結びつける原則を採らなければならない」[17]とされた。そして、全日制学校のほか、働きながら学ぶ形式の半工半読学校や、余暇の時間を利用して学ぶ形式の業余学習学校という学校の類型が示された。

大躍進運動が挫折した1960年代前半には、再び一部機関の重点支援政策が採られた。1962年には「一部の全日制中学、小学を重点的にしっかりと運営することに関する通知」が出され、「全日制初等中等学校の中で、まずいくつかの基礎がしっかりした中学、小学に力を集中して確実に運営し、それによってできるだけ速く教育の質を向上させ、教育水準を高める」[18]ことが示された。そして1963年には、中学全体の3.1%に相当する487校が重点中学に指定された[19]。

1966年から10年にわたって続いた文革期では、社会全体で混乱が見られたが、基調としては極端な平等主義が採られた。エリート養成や知育偏重が批判され、教育は学校のみならず労働現場でも行って教育と生産労働を結びつけ、社会主義の建設者や後継者になることがとりわけ強調された。

文革が終結して以降は、普及の必要性は認めつつも、重点支援や個人の能力の違いに対応した教育の提供に力を入れる方針が改めて採られた。この方針は例えば、鄧小平の次のような発言に見て取れる。すなわち、「教育を行うには、2本の脚で歩く、すなわち、普及に注意し、向上に注意するようにしなければならない。重点小学、重点中学、重点大学を運営しなければならない。厳格な試験を通じて、最も優秀な者を重点中学と重点大学に集めなければならない」[20]とか、「私個人は、飛び級を認めることに賛成だ。そのようにすれば、人材がいっそう速く輩出できるではないか。まずいくつかの学校でやってみればよい」[21]、また「結局のところ、個人自らが努力するかどうかも見なければならない」や「個人が成長の過程で示す才能や品徳の違いを認めないわけにはいかないし、そうした違いに照らして区別して対応することで、各個人が異なる条件に基づいて社会主義と共産主義の全体目標に向かって前進できるようにする」[22]などである。重点学校制度が再開されたり才能教育の取り組みが始まったりしたのは、まさにこの時期にあたる。

このように、中華人民共和国成立から1970年代末までは教育政策が短い周期で教育の普及と重点支援の間で揺れ動き、1970年代末には、文革期の混乱からの立て直しとして、重点支援や能力に応じた教育の提供が強調された。

1980年代以降の教育政策

1980年代に入ると、教育の普及、そして教育機会の公平性の確保が大きな課題とされ、それらの実現に向けてさまざまな政策が採られるようになった。1986年に公布された「中華人民共和国義務教育法」(以下、「義務教育法」と略)はその重要な法的根拠である[23]。

同法では、義務教育期間は9年と定められ(第2条)、「およそ満6歳の児童は、性別、民族、種族にかかわらず、規定の年限の義務教育を受けるものとする」(第5条)とされた。義務教育開始年齢は、条件の整わない地域では満7歳とすることも認められていた。また、「学費は徴収しない」(第10条)とされた。もっとも、地方政府が学校の設置や費用負担を行うことが定められる一方で、義務教育の普及については省・自治区・直轄市が「当該地域の経済、文化の発展状況に基づいて確定する」(第2条)と定められ、全国で統一的に義務教育を実施することは想定されていなかった[24]。

1990年代に入っても、例えば「中国教育改革・発展要綱」(1993年)において、「中学、小学は、『応試教育』から国民の資質を全面的に向上させる方向へと転換し、すべての学生に目を向けて、学生の思想道徳、文化科学、労働技能と心身の資質を全面的に向上させるようにする」(傍点は筆者)ことが述べられた[25]。そしてその後、受験のための教育である「応試教育」からの転換をめざして素質教育の実施が主張されるようになった。素質教育は、国民の資質を向上させ、学生の創造的精神と実践的能力の育成に重点をおいて、徳・知・体・美等の面で全面的に発達した人間を育てる教育とされるが、その実施にあたっても、「素質教育を全面的に実施するにあたっては、すべての学生に目を向け、学生の全面的な発達にふさわしい条件を作り出して、法に基づいて適齢児童・青

少年の学習に関する基本的な権利を保障することを堅持しなければならない」（傍点は筆者）と述べられるなど[26]、すべての学生の権利を保障することが謳われた。

2006年には、「義務教育法」の改正が行われた。改正後の規定ではまず、「およそ中華人民共和国の国籍を有する適齢の児童、少年は、性別、民族、種族、家庭の財産の状況、宗教信仰等にかかわらず、法に基づき平等に義務教育を受ける権利を有するとともに、義務教育を受ける義務を負う」（第4条）とされた。満6歳になった児童は試験を受けることなく小学に入学することになるが（第11条）、地方政府は適齢の児童、少年を最寄りの学校に入学するようにさせることが求められている（第12条）。なお義務教育開始年齢は依然として、条件の整わない地域では満7歳とすることが認められている。「学費、雑費は徴収しない」（第2条）こともこれまでと同様に定められている。さらに、地方政府には学校間格差を縮小させ、各学校が均衡を保ちながら発展することを促すことが求められ、重点学校と非重点学校を分けてはならないことが明記され、同時に各学校においても、重点クラスと非重点クラスを分けることが禁止されている（第22条）[27]。以前の規定と比べると、同じような教育がすべての子どもに提供されるべきであることがいっそう明確に示されるようになった。

2010年に公表された「国家中長期教育改革・発展計画要綱（2010-2020年）」でも、公平性の確保や、それを前提としたうえでの個別的な対応が政策課題となっている。すなわち、「均衡のとれた発展は、義務教育の戦略的任務である」とされ、具体的に、学校間の格差を適切に縮小させること、都市と農村の格差を速やかに縮小させること、そして地域間の格差の縮小に努めることが挙げられた。また、「因材施教を重視する。学生の異なる特徴や個性の違いに注意し、学生一人ひとりの優れた潜在能力を発達させる。能力別授業・クラス編成、単位制、指導教員制など教育管理制度改革を推進する。優れた学生の養成方式を改善し、飛び級、転学、転専攻、高学年向け科目の選択履修などの面で支持と指導を与える。高級中学段階と高等教育機関における傑出した学生の養成モデルを

模索する」とされている[28]。

この間、高等教育では重点大学の指定や1990年代以降の「211プロジェクト」や「985プロジェクト」による重点的な財政支援が行われたものの、初等中等教育に関しては、ここまで見てきたように、1980年代以降一貫してすべての児童生徒に質の同等な教育を提供することや教育の提供に関する公平性を確保することが強調されてきている。そして、「因材施教」が、教育を普及する中で、子ども一人ひとりの違いに注意するという意味で用いられるようになっている。

2　「超常教育」の取り組み

では続いて、才能教育の取り組みについて見ていくことにする。

中国における才能教育で大きな画期となったのは文革終結後の1978年である。この年には、心理学者が才能児に関する共同研究グループを立ち上げ、関連の研究を展開するとともに教育機関と連携して才能教育の試行的な取り組みが始められた。また同じ年、中国科学技術大学に「少年クラス」が設置されたことも重大な一歩となった。その後、1980年代半ばにかけて才能教育の積極的な展開が見られた。1985年には教育部が12大学に「少年クラス」を新設することを決め、学生募集が行われた[29]。また初等中等教育段階でも、1984年に天津実験小学で、1985年には北京市第八中学でそれぞれ才能教育を行う実験的なクラスが開設された[30]。しかし1980年代後半以降は、大幅な拡大や制度化の傾向は見られず、今日に至るまで、個別の学校での取り組みが部分的に継続するにとどまっている。なお、就学前教育段階に関しては、2004年に初めての実験クラスが北京市で設置されている[31]。

現在中国で展開されている才能教育は、例えば**表9-1**のように整理されている。その多くは個別学校の取り組みであることから、以下ではこのうち主要な形式について、先行研究をふまえながら事例を取り上げて説明する。

表 9-1　中国における才能教育の形式

教育段階	才能教育の形式
高等教育	少年クラス、強化クラス、理学実験クラスプログラム、「双成」実験クラス
中等教育	才能児実験クラス、校内学校実験、才能教育実験クラス、理科実験クラス、小クラス早修、「三優」教育実験
初等教育	早期入学実験クラス、才能児実験クラス
就学前教育	実験クラス、小クラス活動

出典　査子秀「我国関於超常児童的教育与研究」何静主編『超常教育研究与実践集萃－北京八中超常教育30年文集之専題篇』学苑出版社、2015年、10頁の表2をもとに作成。

大学「少年クラス」

　すでに述べたように、大学の「少年クラス」は1978年に中国科学技術大学で設置されたものを嚆矢としており、しかもそれが、現在の中国における才能教育の出発点となっている。「少年クラス」設置の社会的背景としては当時、自然科学分野の成果が若年時に出されることが多いという認識があったこと、科学技術の推進とその基礎としての教育の重要性が叫ばれていたこと、若い大学教員の集団を育成する必要性が認識されていたことなどがあった[32]。第1期の学生は、各地から推薦された者を対象に、筆記試験、面接試験等を組み合わせた方法で審査・観察・分析が行われ、21名が合格となった。

　1985年には教育部によって、北京大学、清華大学など12大学でも「少年クラス」を設置することが決定され、規模の拡大が図られた。しかし、その多くはほどなく学生募集を停止している。例えば、清華大学や北京師範大学は1988年に学生募集をやめたし、北京大学も1990年に募集を停止した。その理由としては、選抜の負担が大きいこと、選抜結果に対する不満があること、「少年クラス」の特殊性に対する学内配慮が欠けていたことなどがあったとされる[33]。いくつかの大学は現在、それぞれの特長や条件にあわせて「少年クラス」以外の特別クラスを設置するなどしているものの、通常よりも低い年齢の者のみを対象としたクラスの運営は今や非常に限定的なものとなっている。

そのような中で、中国科学技術大学の「少年クラス」は現在まで継続して教育活動を展開しており、1978年の設置から2014年までの36年間で計1,261人を受け入れ、1,070人の卒業生を送り出している[34]。現在の取り組み状況は、2018年度の学生募集計画をふまえると次のようになっている[35]。出願条件は、中国共産党と社会主義の祖国を愛し、科学を愛し、心身が健康で、学業成績が非常に優秀で総合的な資質が傑出している者で、2002年1月1日以降に出生した、高級中学2年次以下の生徒とされている。この生年月日の規定によれば、入学時にはどんなに大きくても16歳となる。選抜は2段階で、志願者は事前書類審査を受けた後、まず全国統一大学入学試験に参加する。その成績をもとに選ばれた者が第2次試験として、数学、物理の試験、非認知的テストを受け、これらの成績を総合的に評価して最終的な合格者が決定される。また、2010年からは「少年クラス」の1つとして「創造モデルクラス」（原語は「創新試点班」）が開設されている。このクラスは、2018年度の学生募集にあたり、2001年1月1日以降に出生した、学習成績が優秀で潜在的な創造力が傑出した高級中学2年次以下の生徒が募集対象とされている。全国統一大学入学試験に先立って、数学と物理による第1次試験、数学、物理、化学、非認知的テストによる第2次試験が行われ、それらを通過した受験者は、全国統一大学入学試験に参加して所定の基準に達すれば合格となる[36]。

「創造モデルクラス」を含む「少年クラス」の学生は、入学後、1、2年次は自らの専攻を定めず、数学、物理、英語などの基礎教育を受けて集中的に強化するとともに、現代科学技術の最前線を理解させる教育や人文科学分野の資質を高める教育も受ける。その後は学生が自ら専攻を選択し、指導教員のもとで、学生の能力が最大限に発揮されるよう個別化された学習計画が組まれ、早めに実験室に入って科学研究の実践活動を行うなど、学習の進度も柔軟に調整されることになっている[37]。

才能児実験クラスとしての「小児クラス」

大学での「少年クラス」設置をふまえて、1980年代半ばにはその前

段階として中等教育レベルでの類似クラスの設置が進められた。その1つは、中国科学技術大学が1985年に北京景山学校及び江蘇省の蘇州中学と連合で開設した「少年クラス予備クラス」で、これは中国科学技術大学「少年クラス」への入学を明確な目標としたものである。同時に、それ以外の学校でも個別に、より低い年齢の子どもを対象とした才能教育の実践が試みられるようになった。

その中で、北京市第八中学のいわゆる「小児クラス」（正式名称は「超常教育実験班」）は中等教育段階で最初に実施された組織的取り組みであり、上述したように1985年に、中国科学院心理研究所及び北京市教育科学研究所と協力して設置された[38]。第1期の生徒募集では、700名の受験者に対して、「才能児認知能力判別テスト」と国語（原語は「語文」）及び数学により35名（8歳～11歳）を選抜した。それ以降2014年までの29年間で491名の卒業生を送り出している。

同校の2017年度（第24期）の生徒募集では、2006年1月1日から2007年12月31日までに生まれた、北京市の正式な戸籍を有する小学生が対象とされていた。国語、数学、思考（原語は「思惟」）の3科目からなる第1次試験に加え、第2次試験と身体検査、それから夏期休業期間中の体験入学（原語は「試読」）による選抜を通じて入学者が決定されることになっている。体験入学では、生徒を外部から隔離して校内に住まわせ、同じ条件で学習能力や個性・資質がチェックされる。このクラスの入学後の学制は5年程度で、その間に小学5年次から高級中学3年次まで8年分の課程を学び、卒業後は全国統一大学入学試験に参加して大学進学をめざす。クラスには2名の担任を置き、優秀な教師を選んで教育にあたらせるとされ、遠距離通学となる生徒には宿舎も用意されている。教育内容は、基礎教育段階の課程に依拠し、高級中学の水準を目標として、「必修科目＋選択科目＋総合実践活動科目」で構成されている。総合実践活動科目には、社会実践活動、ボランティア活動、研究性学習が含まれる。運営の特色として、研究に基づく不断の改革、体育の重視、思想品徳教育の重視が強調されている。なお、才能教育についていけない生徒については、場合によっては、その学業状況に応じて通常のクラ

スに編入される。

　なお、北京市第八中学では2010年から、比較対象のグループとして「素質クラス」を設置している。このクラスは、10歳児を募集対象とし、入学後の4年間で小学5年次から初級中学3年次までの課程を履修するものである[39]。上述した「小児クラス」が早修型なのに対して、これは拡充型とみなすことができる。

「理科実験クラス」

　中等教育段階における別の形態の才能教育として「全国理科実験クラス」がある。理科分野に特化した課程を提供するクラスは1980年代後半に試行されはじめ、1990年代に入って清華大学附属中学、北京大学附属中学、北京師範大学附属実験中学、華東師範大学附属中学で「全国理科実験クラス」として展開されるようになった。設置の目的としては、理数分野で優れた成績を示す生徒への特別な教育の提供に加えて、理数教育のあり方、才能教育のあり方などの探究が挙げられた。これらのクラスは、それぞれ全国から20～25人を募集し、初級中学在学中に学科コンテストで上位10名に入った生徒を、試験を通じて選抜し、高級中学卒業後は推薦で重点大学に進学させることになっていた[40]。しかし、2004年に、これらのクラスの生徒募集は停止された。その理由として、このような形式が社会発展の要求に合わなくなったことや、初等中等教育に負の影響を与えていることが挙げられた[41]。ただし、これらの学校では現在でも類似のクラスが運営されている[42]。

　一方、省レベルで理科に重点を置く類似のクラスを設置することも見られた。例として安徽省を取り上げると、同省では2001年に「安徽省理科実験クラスを設置・運営する学校の確定に関する通知」が出され、省全体で学生募集を行う「理科実験クラス」を運営する6校を選定した。しかし、2007年、新たな教育課程の実験への対応や、教育のバランスの取れた発展を理由に、全省を対象とする生徒募集を停止するとともに、特色クラスや特長クラスといった重点クラスを運営してはならないとされた[43]。もっとも、例えば安徽師範大学附属中学には現在でも「科技特

長クラス」が設置されており、多元的な人材養成モデルの模索や優秀で特長をもった創造型人材の育成などをめざして、自主学生募集の形式で所在市内の卒業生を対象に生徒募集を行っている[44]。

3　教育制度内の柔軟な対応

　すでに述べたように、中国ではとりわけ1980年代後半以降、教育の普及、そして教育機会の公平性の確保が大きな課題とされ、それらの実現に向けてさまざまな政策が採られてきた。しかし他方で、そうした政策の実際の運用においては多様な状況が認められる。そのように教育制度、特に義務教育段階の措置が柔軟に実施される中には、結果的に才能を持った子どもへの対応になると考えられる取り組みも見られる。ここでは、大きく3つの点について取り上げる。

　第1に、上述した義務教育開始年齢に関する規定にもかかわらず、現実には年齢構成の点で多様な状況、特に規定の年齢より若い児童生徒が存在していることがある。2016年を例にすれば[45]、5歳以下で小学に通っている児童が全国で146,100人いる。その大多数（145,717人）は1年次に在籍しているが、2年次に367人、3年次に16人いる。他方で、小学1年次の児童全体（17,528,636人）のうち5歳以下は0.8%を占めており、これに7歳入学としている地域での6歳入学者も含めれば、いわゆる早期入学者の比率はさらに高くなる。また、学年が上がるにつれて規定の年齢に満たない児童の占める比率は増加傾向にある。例えば4年次の児童は、6歳入学の場合標準年齢が9歳となるが、2016年に4年次に在学する8歳以下の児童の比率は2.9%となっている。このことは、早期入学者の存在に加えて、いわゆる飛び級が実施されていることを示唆している。同じ2016年には、8歳で小学6年次に在籍している児童が248人いた。

　また、通常の12年の課程を経れば中国でも18歳で大学に進学することになるが、大学への進学にあたって年齢の下限が設定されていないうえ、上述したように早期入学者、飛び入学や飛び級を行った者がいるこ

とから、大学進学者の年齢も多様である。大学進学者の多くが参加する全国統一大学入学試験の受験者の年齢分布を見ると、古いデータになるが、2004年では受験者全体（8,671,327人）の12.6％が18歳未満となっている[46]。大学進学者の年齢分布がこれと同様であるかどうかは確認することはできないが、少なくとも実態として、18歳未満での大学入学が必ずしも極端に例外的な状況とはなっていないことがわかる。

　第2に、教育課程の柔軟な編成が可能となっていることが挙げられる。中国では従来、「教学大綱」によって教育の目的や内容、その時間数や学年別配当がかなりはっきりと規定されていたが、2001年以降はそれが「課程標準」となり、次のような幅のある規定のされ方へと変わった。まず、各科目に充てる時間数は9年間の総授業時数に対する比率としてのみ示され、その範囲内でどの程度の時間をどの学年に割り当てるかはそれぞれの状況に応じて決めるとされている。また、地方や学校が自由に内容を決められる時間が「総合実践活動」とあわせて全体の16〜20％とすることが定められている[47]。これに加えて指摘しておきたいのは、現行の「義務教育法」において、教師に対して、児童生徒を平等に扱うとともに、その個人差に注意を払って「因材施教」を行い、児童生徒の十分な成長を促すことを求めている点である。ここには、地方、学校、教師がそれぞれ実際の状況に適切に対応することで、教育の多様なあり方が生まれる余地が存在している。すでに述べたように、中国では才能教育に関する統一的な定義が存在しないこともあり、学校によっては義務教育の枠内であっても、こうした教育課程編成の柔軟性を活用する形で例えば拡充型の才能教育を展開することも可能になる。

　このような教育課程の多様化の一環として、後期中等教育段階でアメリカのAPプログラムに類似した「大学先修科目」（原語は「大学先修課程」）という取り組みが導入されるようになっている。2002年に華東師範大学第二附属中学で始まったものがその嚆矢だとされるが、2010年代に入ると、個別の中学で行われるほか、浙江省や北京市では組織的な展開も見られるようになった[48]。個別の取り組みとして一例を挙げると、例えば中国人民大学附属中学では、2012年から試験的な実施が始まって

いる。北京大学などと共同で科目内容や実施方法を定め、生徒のニーズや教育資源に基づいて開設する科目を決定し、その授業は、北京大学が確定した内容と指定の教材を用いて行われる。当初は大学教員が授業を担当したが、後には当該学校の教員が担当するようになった[49]。

第3に、「義務教育法」では認められていない重点学校ないしそれに類似の機能や役割をもつ学校の存在がある。すでに述べたように、重点学校は1953年に設置が決定され、まず194校が指定された。その後1960年代半ばに指定校は増加したが、文革期間中には大きな破壊を受けた[50]。文革が終結すると、限られた資源をもとに国の発展に必要な人材をいち早く養成する必要から、重点学校制度が再開された。1978年には高等教育段階とともに、初等中等教育段階でも重点学校を試験的に設置することが改めて決まり、1980年には重点中学が5,000校余り設置されるまでになった[51]。この時期の重点学校の教育でも「因材施教」が強調された。その後、1986年に「義務教育法」が公布されると、義務教育期間にあたる小学と初級中学の重点学校は廃止されることになったものの[52]、実際にはそうした学校は、すでに備えた優位性をもってそれ以降も「優秀な」児童生徒の受け入れを継続している。

中国で「超常教育」というときこうした重点学校は通常その対象に含まれないが、質の高い教育を提供するよう重点的に整備されたごく限られた数の学校が学力を中心とする入学試験によって「優秀な」児童生徒を受け入れてきたことは、そこで学問的能力に関するある種の才能教育が行われてきたとみなすこともできよう。もっとも、教育の公平性の確保が議論される中で、重点学校の児童生徒は必ずしも本人の知力の優秀さという原則に照らして選ばれたわけではなく、社会資本や文化資本など「家庭の優秀さ」が入学基準になってしまっているとか、重点学校で行われている教育は厳しい受験教育であり、理想的な教育から大きくかけ離れているといった批判もなされている[53]。

4 中国の教育における才能教育の位置づけ

　ここまで述べてきた内容から、中国における才能教育の展開は次のようにまとめることができるだろう。第1に、才能教育の類型を早修型と拡充型に分けて見れば、それぞれ次のような取り組みがある。早修型では、通常よりも低い年齢の生徒を受け入れてより短期間で課程の修了を図る初等中等教育段階の「才能児実験クラス」や高等教育段階の「少年クラス」が設置されているのみならず、通常の課程・クラスでも早期入学、飛び入学、飛び級がそれほど珍しくはない程度で見られる。「理科実験クラス」は通常の年齢の子どもを受け入れているものの、入学後は課程の早修が行われることになっている。一方拡充型の才能教育には、表9-1に挙げた形式のうち高等教育段階の「強化クラス」や中等教育段階の「校内学校実験」、「三優」教育実験などを含めることができるだろうし、「理科実験クラス」は理系科目についてはより深化した内容を学ぶという点で拡充型の要素も含まれている。また、特定の科目に特化した教育課程編成を行う個別学校の取り組みや「大学先修科目」もその範疇にあると思われる。

　第2に、早期入学や飛び入学、飛び級までを含めれば、早修型の才能教育は学校教育制度全体にわたって広く見られるのに対して、拡充型は、近年の「大学先修科目」の取り組みで組織的な展開が見られることを除けば、相対的に限定的なものにとどまっている。その理由として考えられるのは、先行研究でも指摘されているように[54]、大学入学試験の存在である。中国ではよりよい大学への進学を目標とする傾向が強く、その目標に向けて規定の内容（＝入学試験の出題範囲）をいち早く学ぶことは受け入れられても、それを超えてより広く深い内容を学ぶことは必ずしも望ましいとはされない。また、よりよい大学に入るためには大学入学試験で課されるすべての科目で高得点を獲得することが必要であり、そのことからも特定の科目に時間をかけることは高くは評価されないことになる。こうした状況は、中国では学校教育が全体として大学進学と密接に関係しており、才能教育もその例外ではないことを示している。こ

の点からすれば、「大学先修科目」が今後、大学入試との関係も含めてどのように展開するかは興味の持たれるところである。

　第3に、教育の普及や教育機会の公平性の確保という政策の大きな流れからすると、特定の子どもにより多くの資源を使用する才能教育は、それとは相容れないものととらえられることになりがちである。文革終結後しばらくは傑出した才能児をいち早く養成する措置が積極的に打ち出されたが、1980年代後半以降はむしろ教育の普及や格差の縮小に向けた施策に重点が置かれてきた。その結果、現在に至るまで才能教育に関する法的根拠や政策が示されることはなく、それに必要な予算措置も行われないままで、個別の学校で細々と展開される[55]という状況が生じていると考えられるのである。しかも、従来は才能教育を展開する拠りどころとして用いられていた「因材施教」という語が、今日では、より長期でより均質的な教育を公平に提供することを前提として、個人の能力や個性、興味に応じてそれに合った教育を行おうとする姿勢を示すものとして使われるようになっていることも、才能教育を特別に分けて考えることを難しくしている。

おわりに

　中国では、文革終結後しばらくは才能教育の展開が積極的に進められたものの、1980年代半ば以降教育の普及や教育機会の公平性の確保が重要な政策課題となる中で、才能教育は国レベルの政策的、財政的根拠を持たないまま個別の取り組みとして継続される状況が続いている。また実態としては、どちらかと言えば拡充型よりも早修型の才能教育が多く行われており、前者では個別学校での取り組みが存在する一方、後者については特別なクラスが設置されるほか、早期入学や飛び入学、飛び級が実施されるなど学校教育の柔軟な運営に組み込まれている面がある。

　現在中国の教育は、素質教育の実施を中核として、教育機会の拡大・充実や格差の縮小による公平性の確保を強調して展開されている。言葉を換えれば、「有教無類」か「因材施教」かではなく、「有教無類」を前

提とした「因材施教」の実現がめざされていると言えよう。このような方向性の中で中国の才能教育がどのように考えられ、どのように展開していくのか、今後の動向に注目したい。

注

1　大塚豊「中国における才能教育の現状」『高等教育研究紀要－才能教育の現状と課題』財団法人高等教育研究所、1993年、151頁。
2　金谷治訳注『論語』（岩波文庫）岩波書店、1963年、223頁。
3　王立峰「教育公平与政府責任的反思－以責任法制化為路径」『社会科学戦線』2010年第3期（『複印報刊資料　教育学』2010年第6期、2010年、55-61頁所収）。
4　湯盛欽主編『特殊教育概論－普通班級中有特殊教育需要的学生』上海教育出版社、1998年、陳雲英等『中国特殊教育学基礎』教育科学出版社、2004年、楠山研「中国における才能教育の動向と実践」『児童生徒の潜在的能力開発プログラムとカリキュラム分化に関する国際比較研究』（平成15年度～平成16年度科学研究費補助金研究成果報告書　研究代表者：杉本均）京都大学大学院教育学研究科、2005年、147-166頁、Chan, D.W., "China, Gifted Education", Kerr, B.A. (ed.) *Encyclopedia of Giftedness, Creativity, and Talent* (*Voume1*), Thousand Oaks; SAGE Publications, Inc., 2009, pp.134-136など。
5　Yang, W., "Education of Gifted and Talented Children: What's going on in China", *Gifted Education International*, Vol.18, No.3, 2004, pp.314-315.
6　楠山、前掲論文、2005年、147頁。
7　この語は1978年に設立された才能児共同研究グループによって用いられるようになったとされる（Yang, W., *op. cit.*, 2004, p.318）。
8　大塚、前掲論文、1993年、楠山、前掲論文、2005年、147-166頁、南部広孝「文革後中国における才能教育の展開－教育普及政策下での取り組みを中心として」『比較教育学研究』第45号、2012年、52-65頁。
9　大塚豊「中国の才能教育」麻生誠・岩永雅也編著『創造的才能教育』玉川大学出版部、1997年、156-169頁、南部広孝「中国の高等教育における才能教育－『少年クラス』を中心に」前掲『児童生徒の潜在的能力開発プログラムとカリキュラム分化に関する国際比較研究』、2005年、168-177頁。
10　趙晋平「中国の高等学校における『才能教育』－『全国理科実験クラス』を中心として」『飛梅論集』（九州大学大学院教育学コース院生論文集）第3号、2003年、145-160頁。
11　野添絹子「中国の才能教育の現状と課題－アメリカとの比較」『東洋文化研究』第9号、学習院大学東洋文化研究所、2007年、63-91頁。
12　楠山、前掲論文、2005年、148-150頁。
13　大塚、前掲論文、1993年、166-169頁、Yang, *op. cit.*, 2004, pp.321-322.
14　「中国人民政治協商会議共同綱領（節録）」何東昌主編『中華人民共和国重要教育

文献(1949年～1997年)』(全3巻)海南出版社、1998年、1頁。
15 《中国教育年鑑》編輯部編『中国教育年鑑 1949-1981』中国大百科全書出版社、1984年、167頁。
16 同上書、330頁。
17 中共中央・国務院「関於教育工作的指示」何、前掲書、1998年、858-860頁。
18 教育部「関於有重点地辦好一批全日制中、小学校的通知」何、同上書、1133頁。
19 《中国教育年鑑》編輯部、前掲書、1984年、167-168頁。
20 鄧小平「尊重知識、尊重人材」何、前掲書、1998年、1573頁。
21 鄧小平「関於科学和教育工作的幾点意見」何、同上書、1573-1576頁。
22 鄧小平「在全国教育工作会議上的講話」何、同上書、1606-1607頁。
23 「中華人民共和国義務教育法」何、前掲書、1998年、2414-2415頁。
24 楠山研『現代中国初中等教育の多様化と制度改革』東信堂、2010年、113-117頁。
25 「中国教育改革和発展綱要」何、前掲書、1998年、3467-3473頁。
26 中共中央・国務院「関於深化教育改革全面推進素質教育的決定」何東昌主編『中華人民共和国重要教育文献(1998年～2002年)』海南出版社、2003年、286-290頁。
27 「中華人民共和国義務教育法」何東昌主編『中華人民共和国重要教育文献(2003年～2008年)』新世界出版社、2010年、1123-1126頁。
28 「国家中長期教育改革和発展規劃綱要(2010－2020年)」《中国教育年鑑》編輯部編『中国教育年鑑 2011』人民教育出版社、2012年、1-20頁。
29 大塚、前掲論文、1993年、156頁。
30 楠山、前掲論文、2005年、149頁。
31 楠山、同上論文、160頁、Chan, *op. cit.*, 2009, p.135.
32 朱源・秦裕芳『科技"神童"的揺籃－中国科技大学少年班与少年大学生』湖南人民出版社、1988年、1-3頁。
33 大塚、前掲論文、1993年、156-160頁。
34 中国科学技術大学少年班学院「少年班学院簡介」＜http://scgy.ustc.edu.cn/2014/1231/c11008a118263/page.htm、2018年4月23日最終アクセス＞。
35 以下の記述は、「中国科学技術大学2018年少年班招生辦法」、2017年＜http://zsb.ustc.edu.cn/2017/0915/c12992a191569/page.htm、2018年4月23日最終アクセス＞による。また、南部、前掲論文、2012年、58-59頁を参照した。
36 中国科学技術大学「中国科学技術大学2018年少年班"創新試点班"招生辦法」、2017年＜http://zsb.ustc.edu.cn/2017/0915/c12992a191568/page.htm、2018年4月23日最終アクセス＞。
37 中国科学技術大学「少年班学院」＜http://zsb.ustc.edu.cn/2017/0510/c13075a181694/page.htm、2018年4月23日最終アクセス＞。
38 北京市第八中学に関する以下の記述にあたっては、楠山、前掲論文、2005年、157-163頁、南部、前掲論文、2012年、59-60頁、同中学ホームページ＜http://www.no8ms.bj.cn/cms/home/、2018年4月24日最終アクセス＞を参照した。
39 北京市第八中学ホームページ＜http://www.no8ms.bj.cn/cms/home/、2018年4月24日最終アクセス＞。

40 趙、前掲論文、2003年、149-150頁。
41 教育部辦公庁「関於全国理科試験班停止招生的通知」(2004年5月25日)＜http://www.moe.gov.cn/srcsite/A06/s7053/200405/t20040525_181772.html、2018年4月24日最終アクセス＞。
42 このようなクラスの例として、やや古い情報になるが、南部、前掲論文、2012年、60-61頁には、北京師範大学附属実験中学の「理科実験クラス」(「理科抜尖創新型人才培養特色班」)についての記述がある。
43 「明年起停辦高中理科実験班」(2006年11月28日)＜http://www.ahedu.gov.cn/26/view/3759.shtml、2018年4月24日最終アクセス＞。
44 「安徽師範大学附属中学2017年科技特長生招生辦法」(2017年4月)＜http://fz.ahnu.edu.cn/detail.asp?id=11088、2018年4月24日最終アクセス＞。
45 以下の数値は、中華人民共和国教育部発展規劃司編『中国教育統計年鑑 2016』中国統計出版社、2017年、154-155頁による。
46 教育部発展規劃司編『中国教育統計年鑑 2004』人民教育出版社、2005年、658頁。なお翌年の教育統計年鑑からはこの情報が含まれなくなっており、これ以降は年齢分布を確認することができない。
47 「義務教育課程設置実験方案」何、前掲書、2003年、1040-1041頁。
48 丁道勇・石中英主編『跨越高中与大学的鴻溝－大学先修課程的理論与実務』北京師範大学出版社、2016年、43-46頁。
49 同上書、103-123頁。
50 《中国教育年鑑》編輯部、前掲書、1984年、167-170頁。
51 教育部「関於分期分批辦好重点中学的決定」何、前掲書、1998年、1860-1861頁。
52 楠山、前掲論文、2005年、153頁。
53 楊東平「教育公平三題：公平与効率、公平与自由、公平与優秀」『教育発展研究』2008年第9期(『複印報刊資料　教育学』2008年第8期、2008年、38-41頁所収)。
54 楠山、前掲論文、2005年、164頁、Yang, *op. cit.*, 2004, p.323など。
55 楠山、同上論文。

第10章 韓国の才能教育
―― 高度人材育成のための国家戦略

石川　裕之（畿央大学）

はじめに

　隣国の大韓民国（以下、韓国）は、東アジア諸国の中で最も才能教育に力を入れてきた国の１つである。韓国は1983年以降今日に至るまで30年以上にわたって公的な次元における才能教育[1]を実施してきた。その目的は、端的にいえば科学技術分野の高度人材の育成にある。現在、韓国国内の才能教育対象者は10万名を超えている。21世紀の知識基盤社会を迎え、グローバル競争が激しさを増す中、今や才能教育は教育の卓越性を追求し国際競争力を持つ高度人材を戦略的かつ効率的に育成するための手段として教育政策上重要な位置を占めている。

　一方で韓国は1948年の建国以来、教育の平等性を追求し、教育の機会均等化と大衆化を高いレベルで達成してきた。1950年代末、朝鮮戦争の爪痕が深く韓国がまだ「最貧国」の１つに数えられていた時期、すでに韓国では初等学校（わが国の小学校に相当し、当時は「国民学校」と呼ばれていた）の就学率はほぼ100％に達していた[2]。その後、1980年代には中学校進学率がほぼ100％に達し、1990年代には高等学校（以下、高校）進学率もほぼ100％に達している。高等教育進学率についても1990年代以降急激に上昇し、2017年時点の高等教育進学率は68.9％、純就学率は67.6％となっている。今や韓国は10名中7名が大学に通う国になったのである。

　韓国の教育体系はわが国とよく似ているし、年齢主義の強さや教育熱の高さなど教育文化の面でも共通点が多い。また、教育の機会均等化と大衆化が高いレベルで達成され、教育資源配分の公平性が重視されてい

る点も同じである。こうした国では、一般的に教育資源配分の効率性を追求する才能教育は否定されやすくなると考えられる。ではなぜ、またどのようにして、韓国では才能教育の実施が正当化されてきたのであろうか。さらには、才能教育の実施に対しこれまで慎重な姿勢をとってきたわが国と対照的に、なぜ韓国では積極的な才能教育政策がとられてきたのであろうか。先に結論めいたことを述べると、韓国においては教育資源配分の公平性と効率性の追求は表裏一体、コインのうらおもてのような関係にあるからである。一般の学校教育において徹底して教育資源配分の公平性を追求してきたからこそ、公教育制度全体においてバランスをとるべく、徹底して教育資源配分の効率性を追求する場、すなわち才能教育の存在が必要とされてきたのである。

　本章では、主に制度・政策的側面に注目しつつ、第1節で韓国における才能教育の定義と目的について、第2節で才能教育が導入された背景およびその発展の経緯について、第3節で才能教育機関の現状について明らかにする。さらに教育資源配分の公平性と効率性のバランスという観点から、第4節で韓国の才能教育の特徴と課題について考察し、最後の第5節では近年の政策的変化を踏まえ韓国の才能教育の今後の方向性について探る。本章では、紙幅の都合もあり才能教育の具体的な実践事例について詳しく取り上げることはできなかったが、これについては他稿[3]を参照されたい。

　なお、韓国では"gifted"あるいは"gifted children"の訳語として「英才（영재）」が、"gifted education"の訳語として「英才教育（영재교육）」が使用されている。これらの語は韓国社会に広く定着しており、公的・私的の別を問わず他の訳語が使われことはほとんどない。そこで本章では引用文中および固有名詞についてはそのまま「英才」や「英才教育」の語を使用し、それ以外については「才能児」や「才能教育」の語を使用する。

1　才能教育の定義と目的

才能教育の定義

それではまず、韓国における才能教育の定義からみてみよう。韓国では2000年に才能教育関連法である「英才教育振興法」が制定されており（2002年施行）、その中で才能教育に関する用語の定義が明確に定められている[4]。「英才」（才能児）および「英才教育」（才能教育）の定義は表10-1のとおりである。

ここから、定義の構成としてはまず「英才」（才能児）とは何かを説明上で、その「英才」を対象とした教育を「英才教育」（才能教育）と位置づけていることが分かる。したがって、各個人の能力と素質に合った内容と方法で実施する教育であっても、それが「英才」を対象としない場合、韓国では正式な「英才教育」とはみなされない。また、「英才」の定義の中で「生まれついての優れた潜在力」とあるように、才能の先天性を強調している点も韓国の定義の特徴といえよう[5]。

では実際に「英才」は誰によって何を基準に「英才」として認定されるのか。韓国においてその答えは単純明快である。なぜならば韓国では英才教育振興法に基づいて設置・運営が認可された「英才教育機関」において教育を受けている者のみが、公式に「英才」と認められているからである。つまり韓国においては事実上、各英才教育機関における教育対象者選抜試験の内容が、個々の子どもの優れた才能の有無を判別し、彼らを「英才」として認定するかどうかの基準となっているのである。

表10-1　才能教育関連用語の定義（英才教育振興法第2条）

「英才 (영재)」 （才能児）	「英才」とは、才能が優れた人間として、生まれついての優れた潜在力を啓発するために特別な教育が必要な人間をいう。
「英才教育 (영재교육)」 （才能教育）	「英才教育」とは、英才を対象として、各個人の能力と素質に合った内容と方法で実施する教育をいう。

出典　筆者が作成。

極端にいえば、過去に英才教育機関で教育を受けていた子どもであっても、プログラム修了等によっていったん英才教育機関から離れればもはや公式には「英才」とはみなされなくなるわけである。

以上から、韓国における才能児は必ずしも固有の存在でなく、英才教育振興法に基づく英才教育機関の教育対象者であるという属性によって担保された存在といえる。つまり才能教育の実施が才能児の存在の前提となっているのである。ただし、松村が端的に指摘しているように、「いずれにせよ学校教育実践にとっては、特別プログラムの対象の認定基準がその（才能の：引用者注）定義に相当し、そういった特徴をもつ子供が『才能』をもつことになる」（松村、2003年、14頁）といえる。才能教育の長い伝統を持つ英語圏においてすら、現時点では才能児や才能教育に関する用語の使われ方は曖昧であり、その定義も研究者によって微妙に異なる。こうした状況をふまえると、韓国における「才能児とは公的な才能教育機関において才能教育を受けている者を指す」という定義は、ややトートロジーのような印象もあるものの、現実的な定義であるといえよう。

才能教育の目的

それでは、韓国ではどのような目的を設定して公的な才能教育が実施されているのであろうか。以下は英才教育振興法制定の目的を示した条文であるが、そのまま才能教育の目的を示していると解釈できる。

> 「この法は、教育基本法第12条および第19条により、才能が優れた人間を早期に発掘し、能力と素質に合った教育を実施することで、個人の生まれついての潜在力を啓発し、個人の自己実現を図り、国家と社会の発展に寄与せしめることを目的とする」（英才教育振興法第5条）

ここから分かるように、韓国における才能教育の目的の中には、才能児の能力と適性に応じた教育機会を提供することで個人の自己実現を図

るという「個人的・教育的側面」と、その才能を開花させることで彼らを国家および社会の発展に寄与せしめるという「国家的・社会的側面」の2つがみられる。この条文には明らかにアメリカの「マーランド報告」の影響がみられるが、同報告が才能教育を実施する理由について「自己や社会への貢献を実現するため」（原文は"in order to realize their contributions to self and society"）としているのに対し、英才教育振興法においては「自己実現」や「社会」への寄与に加えて、「国家」への寄与が含まれている点が特徴的である。

　公的資金を用いて才能教育を実施する以上、その成果は個人が享受するだけでなく、広く国家・社会にも還元されなければならないという理屈は、それほど無理のないものと考えられる。ただ、一国の才能教育の特徴をみていく上で重要な点は、個々の才能児の自己実現を図るための教育をおこなった結果、それが国家・社会発展への寄与にもつながるとみなされているのか、あるいは才能児を発掘し彼らを国家・社会発展に寄与させるための教育をおこなった結果、それが彼らの自己実現にもつながるとみなされているのかの違いである。前者の立場に立つなら、才能教育はより個別的でより多様な形態で実施されるであろう。一方、後者の立場に立つなら、才能教育は国家・社会の目的に沿って一定の方向性を持つものとなり、より統制のとれたかたちで展開されるであろう。以下でみていくように、韓国は明らかに後者の傾向が強い。では、なぜそうした傾向を持つに至ったのか。これについて考えるために、まず韓国の才能教育がどのような背景から導入され、いかなる経緯をたどって形成されてきたのかについて概観してみよう。

2　才能教育の導入背景と発展経緯

才能教育機関の設立

　韓国において最初に設立された本格的な才能教育機関は、1983年に開校した京畿科学高校である。この学校は数学・科学分野の才能教育を実施するための特別学校として新設されたものであったが、その設立に

は2つの背景があった。1つは1974年に「平準化」政策と呼ばれる高校入試禁止政策が導入されたことである。「平準化」政策の目的は、受験競争の緩和と学校間序列の解消、それによる公平で平等な教育環境の醸成にあった。このため同政策は、受験競争が激しく学校間の序列が明確に存在していた都市部の一般高校（わが国の普通科高校に相当）を中心に適用された。「平準化」政策は、学校別での競争入試を禁止することと、居住地ごとに定めた学群内の学校に抽選によって入学者を配定することを骨子としていた。これは一見わが国にかつて存在していた総合選抜制度と似ているが、決定的に異なるのは、「平準化」政策の場合、国公私立の別を問わず政策実施地域内のすべての一般高校に上記の原則が適用される点である。もちろん抽選の結果私立高校に配定される場合もあるが、その場合授業料は公立高校と同一とされ、不足分は公的資金によって補填される。生徒の配定が抽選によっておこなわれる以上、私立高校の教育内容は公立高校とほぼ同様のものとせねばならず、私立高校は生徒選抜件を失った上に学校運営やカリキュラム編成等において教育行政当局から厳格な統制を受けることとなった。こうして都市部の私立高校は「準公立化」していったが、このことが高校教育の機会均等化に大きく寄与したことも事実である。

　また、「平準化」政策の実施に先立つ1969年、やはり受験競争の緩和等を目的として国公私立の別を問わず全国すべての中学校の入試が廃止されていたことも重要である。こうして都市部では多くの子どもたちが競争的な入試を一切経ずに高校まで進学してくるようになった。国公私立の別を問わずに適用された中学校入試の廃止と「平準化」政策は、教育の平等性と教育資源配分の公平性を徹底して追求するための試みであったといえる。これら2つの政策は、細かな改革をともないつつ、導入後約50年を過ぎた現在も継続されている。

　こうして実施された「平準化」政策は、受験競争の緩和や学校間序列の解消に一定の成果を上げた。しかし一方で学級の異質集団化を招き、高校教育の画一化をもたらした。様々な学力層の生徒が混在する学級においては、教育の内容や進度は自然と中位層に合わせられることになる。

このため一般高校においては、特定分野において優れた能力と適性を示す潜在的な才能児に対して適切な教育機会を提供することが難しくなったのである。このことが後の才能教育の導入につながった。

才能教育導入のもう1つの背景は、1970年代半ば以降、科学技術分野の高度なマンパワーに対する需要が高まっていたことである。天然資源に乏しい新興工業国であった当時の韓国においては、国家・社会の発展をリードする優秀な科学者の育成が喫緊の課題とされた。しかしながら、「平準化」政策実施後の一般高校では科学者の卵を養成するのに必要な数学・科学分野の高度な専門教育をおこなうことは困難であった。こうした状況の解決策として、数学・科学分野の才能教育機関である科学高校が設立されたのであった。

才能教育の発展と特殊目的高校の受験名門校化

1987年に科学高校は「特殊目的高校」[6]の指定を受け、才能教育機関としての法的根拠を獲得した。また1992年には外国語高校、芸術高校、体育高校がそれぞれの分野の才能教育をおこなう特殊目的高校として指定を受けた。こうして、才能教育機関の種類と数は急速に増加していった。さらに1995年には大統領諮問教育改革委員会の報告書(いわゆる「5・31教育改革方案」)において才能教育強化の方針が示され、1997年に制定された教育基本法では才能教育の実施が政府および地方自治体の義務として明記された。

このように1990年代半ばは政策的に才能教育が強化されていった時期であるが、一方で才能教育実施に対する社会的批判が強まっていった時期でもあった。その背後にあったのは特殊目的高校の受験名門校化である。1990年代に入り科学高校や外国語高校の数が急増すると、卒業生の目覚ましい大学進学実績が世間の注目を集めるようになった。その結果、科学高校や外国語高校への進学をめぐる激しい受験競争が起こり、塾や家庭教師などの課外学習が過熱していった。いつしか科学高校や外国語高校は才能教育機関としてよりも有名大学進学のための受験名門校とみなされるようになった。こうして人々の才能教育に対する不信感が

募っていったのである。

才能教育実施に対する批判とIMF危機による変化

　1990年代半ば以降に巻き起こった才能教育実施に対する批判としては、主に次の3つを挙げることができる[7]。第1に少数の者にだけ特別な教育を提供することは不平等であるという批判であり、第2に社会経済階層の再生産を助長するおそれがあるという批判であり、第3に子どもや保護者の教育熱を煽って受験競争や課外学習を過熱させるという批判である。こうした批判は現在も完全に消えたわけではないものの、1990年代末に韓国社会を大きく揺るがす出来事が起こったことで才能教育をめぐる状況は一変することになった。その出来事とは1997年にアジア各国を襲った通貨危機である。これによって韓国は一時IMFの支援体制下に入ることを余儀なくされたため、韓国では「IMF危機」とも呼ばれている。

　IMF危機によって韓国はデフォルト寸前にまで追い込まれ、企業は次々に倒産し、街には失業者があふれた。1970年代以降目覚ましい経済発展を達成してきた韓国の人々にとってこれは衝撃的な出来事であり、教育政策に対する彼らの認識を大きく転換させることになった。すなわち21世紀の知識基盤社会において世界との激しい競争に勝ち抜いていくには、唯一の資源である人的資源を国家的に開発していく必要があるという認識が韓国社会に急速に広まったのである。この時期から才能教育批判の声は小さくなっていき[8]、才能教育関係者の間からは「21世紀の知識基盤社会においては、1名の卓越した才能児が数万～数百万名の国民を養っていく力を持つ」といった言葉が盛んに出てくるようになった[9]。IMF危機以降、国家・社会の発展に寄与する人材の育成という機能が才能教育に強く期待されるようになったことで、才能教育が少数の者に特別な教育を提供すること自体は正当化されるようになったのである。こうした中、2000年に韓国初の才能教育関連法である英才教育振興法が制定され、2002年に施行された。これ以降、韓国は国家的な才能教育体制の構築を推進していくこととなる。

英才教育振興法の施行以後、才能教育政策の基本的な方向性や重要な内容は、教育部長官（わが国の文部科学大臣に相当）が5年ごとに樹立する「英才教育振興総合計画」によって定められることになった。また、各省庁の長官も同計画に基づいて関連する所管業務を遂行し、施行計画を樹立・推進することが義務づけられた（同法施行令第2条）。

表10-2　才能教育関連事項年表

年	出来事	備考
1983	科学高校の設立	目的は「平準化」政策の補完および優れた科学者の育成
1992	外国語高校の設立	目的は一般高校における学校別競争入試復活の代替案
1995	「5・31教育改革方案」の発表	グローバル化・情報化時代に対応した教育改革の推進。創造性を涵養する教育の一環として才能教育強化の方針が示された
1995	韓国のWTO加盟	韓国が世界経済システムに組み込まれた
1996	早期進級・卒業制の導入	科学高校以外では振るわず
1996	韓国のOECD加盟	先進国の一員に
1997	教育基本法に「英才教育」の条項新設	才能教育実施が国と地方自治体の義務に
1997	この頃、才能教育に対する社会的批判が最高潮に	科学高校や外国語高校の受験名門校化が原因
1997	IMF危機	韓国は未曾有の経済危機を経験
2000	英才教育振興法の制定	才能教育が国家教育政策の柱の1つに
2002	英才教育振興法の施行	才能教育が国家教育政策の柱の1つに
2002	第1次英才教育振興総合計画の樹立	2003〜2007年の5年計画。国家レベルの才能教育体制構築
2007	第2次英才教育振興総合計画の樹立	2008〜2012年の5年計画。さらなる量的拡大へ
2013	第3次英才教育振興総合計画の樹立	2013〜2017年の5年計画。量的拡大から質的充実へ政策転換

出典　筆者が作成。

すなわち英才教育振興法の登場によって、国家全体の才能教育関連業務が、1つの総合計画に基づいて相互に連携しつつ遂行される体制が構築されたのである。また、政府系シンクタンクである韓国教育開発院（Korean Educational Development Institute: KEDI）には英才教育研究センター（National Research Center for Gifted and Talented Education）が設置され、才能教育に関する基礎研究やカリキュラム・教材開発等が推進されていった。また同センターによって英才教育総合データベース（Gifted Education Database: GED）[10]が構築され、才能教育機関や才能教育対象者に関する情報をはじめ、国内の才能教育関連情報を一元的に収集・管理・発信できる体制も整えられていった。

以上で述べてきた才能教育に関する主要な事項を時系列に整理したのが**表10-2**である。なお、予定通りであれば第4次英才教育振興法総合計画は2018年から開始されるはずであるが、朴槿恵元大統領の弾劾による政権交代があった影響か2018年3月時点で第4次英才教育総合計画は樹立されていないようである。

次節では、現在韓国にはどのような才能教育機関が存在し、どれくらいの子どもがそれらの機関で才能教育を受けているのかについてみていこう。

3　才能教育機関の類型・種類と現況

才能教育機関の類型・種類

表10-3に示したとおり、韓国には現在2類型・4種類の公的な才能教育機関が存在している。

才能教育機関はその法的根拠に基づいて大きく、特殊目的高校と英才教育機関の2つに分けることができる。特殊目的高校には上述したように外国語高校や芸術高校、体育高校など各分野・領域の専門人材を養成する特別学校も含まれる。しかし2000年代以降に特殊目的高校と英才教育機関との差別化が進んだことや、2010年の高校制度改編の際に改めて特殊目的高校の設立目的と教育実態の整合性を問われたことで、現在

表 10-3　才能教育機関の類型・種類およびその特徴

機関の類型	機関の種類	法的根拠	法令上の規定	教育課程の位置づけ	募集地域	備考
特殊目的高校	科学高校	初・中等教育法施行令第90条	「科学人材養成のための科学系列の高等学校」	正規	市・道	・公立 ・全寮制 ・小規模
英才教育機関	英才学校	英才教育振興法	「英才教育のために、この法（英才教育振興法：引用者注）によって指定されたり設立される高等学校課程以下の学校」	正規	全国	・国・公立 ・全寮制 ・小規模 ・現在は高校段階の科学分野および科学芸術分野のみ
英才教育機関	英才教育院	英才教育振興法	「英才教育を実施するために『高等教育法』第2条による学校などに設置・運営される附設機関」	非正規	市・道 市・郡・区	・原則無償 ・主に中学生が対象
英才教育機関	英才学級	英才教育振興法	「『初・中等教育法』によって設立・運営される高等学校課程以下の各級学校に設置・運営され、英才教育を実施する学級」	非正規	通学区	・原則無償 ・主に初等学校高学年が対象

出典　筆者が作成。

では唯一科学高校を除き才能教育機関として認識されなくなっている[11]。

　一方、英才教育振興法に基づく英才教育機関としては、① 特別学校である「英才学校」、② 大学や協力学校等の附設機関である「英才教育院」、③ 一般学校に設置される「英才学級」の3種類が存在している。まず英才学校は政府の指定によって設立・運営される正規学校であり、現在は数学・科学分野の「科学英才学校」が6校、数学・科学分野と芸術・デザイン分野を融合した STEAM（Science, Technology, Engineering, the Arts and Mathematics）教育をおこなう「科学芸術英才学校」が2校、計8校存在している。これらはすべて高校段階の学校であり、国立1校を除きすべて公立学校である。最初の英才学校は、2003年に既存の釜山科学高校から転換された韓国科学英才学校である。2015年と2016年に新設された科学芸術英才学校2校を除けば、その他の英才学校もすべて既存の科

学高校から転換されたものである。法的根拠は異なるものの科学高校と英才学校は数学・科学分野の才能教育を実施する高校段階の特別学校という点で一定の共通性を有している。ただし英才学校は入学難易度、法制上・行財政上の支援の手厚さ、社会的威信などの点で科学高校を圧倒しており、才能教育体制の頂点に君臨する機関として位置づけられている。

英才学校は原則として全寮制を敷いており、24時間体制で数学・科学分野に特化した高度な専門教育を実施している。生徒募集地域は全国単位で、中学校1・2学年修了からの飛び入学も許容される。各校の入学定員は100〜140名程度と小規模であり、徹底した少数精鋭主義がとられている。上述したように英才学校は韓国最高峰の才能教育機関として特権的ともいえる法制上・行財政上の優遇措置を受けており、優秀な教員、大学顔負けの施設設備、国家カリキュラムの枠にとらわれない自由なカリキュラム編成など充実した教育環境が整えられている。しかしながら授業料は一般の国・公立高校と同一であり[12]、企業や後援会等からの奨学金も充実しているため、事実上無償に近い条件で教育を受けることができるといわれる[13]。

一方で、同じく英才教育機関の一種である英才教育院や英才学級は、放課後や週末、長期休暇等を利用して非正規課程の教育プログラム（多くが1年単位）を提供するノンフォーマル教育機関である。これらの機関に所属する子どもたちは昼間や平日一般の学校に通い、その間は一般の子どもたちと同じ教育を受ける。そして放課後や週末、長期休暇等の正課外にプラスアルファで才能教育を受けるのである。寄宿制により24時間どっぷりと専門につかる英才学校とは、同じ英才教育機関でも教育形態・方法においてかなり差異がある。

英才教育院にはさらに、①教育庁（わが国の教育委員会に相当）の支援を受けて地域の協力学校等に附設される「教育庁英才教育院」、②同じく教育庁の支援を受けて地域の大学に附設される「教育庁支援大学附設英才教育院」、③政府の支援を受けて全国各地の大学に附設され、数学・科学分野に特化した教育をおこなう「大学附設科学英才教育院」の3つ

のタイプがある。一方、英才学級は一般的に地域の学校に放課後学級のようなかたちで設置されるが、近隣の学校が共同で1つの英才学級を設置・運営するケースが多い。

英才教育院や英才学級では多様な分野の教育プログラムが運営されている。しかし教育対象者数では、数学・科学分野の履修者が圧倒的に多い。また、教育段階については初等学校から高校までをカバーしているが、英才教育院では主に中学生を、英才学級では主に初等学校高学年を教育対象としている。教育対象者の募集地域は機関ごとに異なるものの、一般的に英才教育院が市・道(わが国の都道府県に相当)単位または市・郡・区(わが国の市町村に相当)単位であり、英才学級が通学区単位となっている。なお、英才教育院と英才学級の授業料は原則無償であり、運営費は政府や地方自治体、設置先の学校などの支援によってまかなわれてきた。しかし現在こうした無償制度に変化が起こっており、後述するように地方の才能教育予算の削減によって英才学級については有償化の流れが生じている。

次に、それぞれの才能教育機関においてどれくらいの子どもが才能教育プログラムを享受しているのかについてみていこう。

才能教育機関の現況

才能教育機関の数と教育対象者数を示したものが**表10-4**である。

2016年時点で才能教育の対象者は10万8,253名であり、同年齢層の1.84%が公的な才能教育を受けていることになる。量的には初等学校段階を主とした英才学級が最大で、才能教育対象者の実に53.8%を収容している。中学校段階を主とした英才教育院はその次に多く、40.0%を収容している。一方で、高度に専門的な教育を提供する全日制正規学校である科学高校と英才学校は両者合わせて6.2%のみを収容している。

ここから、韓国の才能教育においては教育段階が上がり専門性が高まるほど対象者は減少する傾向があることが分かる。特に特別学校が中心となる高校段階では対象者数が激減する。実は、こうした才能教育体制の量的側面にみられる特徴は自然にできあがったものではなく、2000年

表10-4　才能教育機関の現況（2016年時点）

機関の類型	機関の種類		機関数		教育対象数 （全体に占める割合）
特殊目的高校	科学高校		20		4,424 (4.1%)
英才教育機関	英才学校		8		2,275 (2.1%)
	英才教育院	教育庁 英才教育院	334	257	43,286 (40.0%)	33,863 (31.3%)
		大学附設 英才教育院		77		9,423 (8.7%)
	英才学級		2,045		58,268 (53.8%)
合計			2,407		108,253 (100.0%)
同年齢層に占める割合			-		1.84%

出典　教育部、韓国教育開発院『2016英才教育統計年報』韓国教育開発院、2016年、8頁、14頁、18頁、19頁、24頁をもとに筆者が作成。

図10-1　政府の目指す才能教育体制モデル

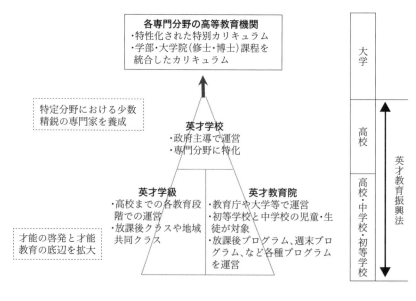

出典　チョ・ソクフィ（研究責任者）『英才教育振興法総合計画樹立方案』韓国教育開発院、2002年、116頁、韓国教育開発院『大韓民国の英才教育』韓国教育開発院英才教育研究センター、2015年、18頁に筆者が加筆。

代以降韓国政府によってある程度意図的・戦略的に形成されてきたものである。政府系シンクタンクが2000年の英才教育振興法制定を契機として図10-1のような新たな才能教育体制モデルを打ち出したが、それは当初から英才学校を頂点とするピラミッド型モデルだったのである。

現在の才能教育の状況をみると、内容的にも量的にもまさにこの図のとおりになっており、国家的な才能教育体制の構築を目指した第1・2次英才教育振興総合計画はその目標をほぼ達成したといえる。実際、2015年に英才学校を卒業した生徒493名への調査によれば、彼らの79.3%は初等学校または中学校あるいはその両方で公的な才能教育を受けており、75.0%が中学校段階で公的な才能教育を受けていたという[14]。韓国の才能教育体制の構造を量的な側面からみると、英才教育院や英才学級に所属する多くの才能児の中から数学・科学分野に最も優れたごく少数の才能児（英才学校の生徒）を選び出すための「人材プール」としての機能を有しているといえよう。

以上、韓国の才能教育の全体像について制度・政策的側面から概説してきた。次に、その特徴から韓国の才能教育が抱える課題について考察してみたい。また、課題だけでなく才能教育のこれまでの成果についても触れたい。

4　才能教育の特徴と課題

数学・科学分野への偏重

韓国の才能教育にみられる1つめの特徴と課題は、才能教育プログラムが数学・科学分野に極端に偏重している点である。英才教育振興法では、①一般知能、②特殊学問適性、③創造的思考能力、④芸術的才能、⑤身体的才能、⑥その他の特別な才能のうち、いずれかに優れた能力を示す者を才能教育の対象とすると定められている（同法第5条）。ここから、法的には認知的能力に関わる分野のみならず芸術（音楽や美術など）や体育に関わる分野も公的な才能教育の対象となり得ることが分かる。

しかしながら、表 10-3 に挙げた才能教育機関に所属する才能教育対象者が実際にどの分野の教育プログラムを受けているかといえば、**表10-5** のとおり数学・科学分野が全体の実に 8 割を占めているのである。その他の分野のプログラムを受けている対象者は全体の 2 割に過ぎない。たとえば英才教育振興法にも示されている芸術的才能や身体的才能に関わるプログラムに参加している対象者は、音楽分野 1.7％、美術分野 1.5％、体育分野 0.5％ となっている。ただしこれには、1990 年代まで一般的に才能教育機関の一種と捉えられていた芸術高校や体育高校が、英才教育振興法の施行によって同法に基づく公的な才能教育体制の枠組みから除外されたことも関係していると考えられる。英才教育振興法の上位に位置する教育基本法でも芸術と体育は才能教育の対象分野に入っているため[15]、実質的には現在も芸術高校や体育高校で当該分野に優れた才能を持つ生徒のための教育がおこなわれているとみてよい。いま仮に芸術高校と体育高校の生徒数を表 10-5 の各分野の数値に足し合わせた場合、芸術分野（音楽＋美術）は 15.4％、体育分野は 3.3％ となる[16]。芸術分野についてはかなり割合が上昇するものの、それでも数学・科学分野が占める割合には遠くおよばない[17]。

　教育資源配分の効率性という観点から考えた場合、こうした才能教育体制の特徴は限られた経済的・人的資源を数学・科学分野に集中的に投入することができるという利点を持つ。その一方で、数学・科学分野以

表10-5　各分野の才能教育プログラムにおける教育対象者数の割合(2016年時点)

分野	数学	科学	数学・科学	発明	情報科学	外国語	音楽	美術	体育	人文社会	その他	計
割合	13.2％	14.9％	51.4％	4.2％	3.4％	2.1％	1.7％	1.5％	0.5％	3.8％	3.3％	100.0％
		79.5％					20.5％					

注　複数分野を融合したプログラムの場合、当該プログラムの中で最も重点が置かれている分野に分類。
出典　教育部、韓国教育開発院『2016英才教育統計年報』韓国教育開発院、2016年、8頁。

外に才能を持った子どもが才能教育を受ける機会が狭まることになるのは当然の帰結である。上述したように、英才教育振興法に示された才能教育の目的の中には、才能児の能力と適性に応じた教育機会を提供することで個人の自己実現を図るという個人的・教育的側面と、彼らを国家および社会の発展に寄与せしめるという国家的・社会的側面の2つがみられた。しかし実際の才能教育の実施状況をみると、科学技術分野の高度人材の育成という国家的・社会的な目的に合致した体制となっており、一人ひとりの才能に応じた教育機会の提供という個人的・教育的な目的は二次的なものになってしまっている。

女子の少なさ

2つめに指摘できる特徴と課題は、才能教育対象者に占める女子の少なさである。**表10-6**のとおり、才能教育対象者全体のうち女子は4割に過ぎず、残り6割は男子が占めている。特に科学高校や英才学校における女子の少なさは際立っており、教育段階や専門性が高くなるにつれて、つまり図10-1で示した才能教育体制モデルの頂点に向かうにつれて女子の割合が減少するという特徴がみられる。

こうした女子の少なさの要因はどのように説明できるであろうか。まず考えられるのは、韓国の才能教育体制は数学・科学分野に偏重しているため、性別による数学・科学分野に対する選好度の差異が影響してい

表10-6 才能教育対象者数に占める女子の割合（2016年時点）

機関の種類		才能教育対象数のうち女子の割合	
科学高校		26.5%	
英才学校		13.8%	
英才教育院	教育庁英才教育院	40.2%	41.5%
	大学附設英才教育院		35.4%
英才学級		43.9%	
合計		41.0%	

出典　教育部、韓国教育開発院『2016英才教育統計年報』韓国教育開発院、2016年、24頁をもとに筆者が作成。

るという可能性である。特に科学高校や英才学校に進学した場合、大学での進路はほぼ理工系に限定されるため、そもそも女子の志願者が少ないことも想定されよう。実際に英才学校 6 校の 2015 年度の入学者選抜における志願者数をみてみると[18]、男子 9,353 名に対し女子 2,207 名であった。女子の志願者数は男子の 4 分の 1 に過ぎなかったのである。しかしより重要なのは、志願者の男女比が合格者の男女比と対応しているかであろう。同じ調査によれば、男子の合格者は 562 名、女子の合格者は 102 名であった。男子は 16.6 名に 1 名が合格しているのに対し、女子は 21.6 名に 1 名しか合格していない。ここから英才学校の入学者選抜においては相対的に女子のほうが合格しにくく、性別に基づくクオータ制のような配慮はなされていないことが分かる[19]。

才能教育体制自体に女子を排除する構造があるのか、あるいは韓国の教育体制に理数系の進路から徐々に女子を排除していくような構造があり、それが理数系中心の才能教育体制に反映されているのかについてはより厳密な検討が必要である。しかし仮に性別によって各分野に対する選好度が異なるとすれば、才能教育体制の数学・科学分野偏重という特徴そのものが女子を才能教育から排除する方向へ作用しているといえよう。

才能教育の成果

ここで才能教育の成果についても触れておこう。上記のような課題や限界を抱えつつも、韓国の才能教育がこれまで 30 年以上にわたり理工系への人材誘導や科学者の育成、才能児の自己実現の支援において一定の成果を収めてきたことはまぎれもない事実である。その一例として、韓国における才能教育機関の嚆矢である科学高校についてみてみよう。初期の科学高校の卒業生は現在 40 代後半から 50 代に差し掛かろうとしているが、今や各大学の重要な研究ポストや企業の中核的な研究ポストの多くが彼らによって占めているといわれる[20]。少し古いデータになるが 2003 年の追跡調査によると、最初の科学高校である京畿科学高校の第 1 期生の 75％が科学技術分野で活躍ということであり[21]、韓国初の人工衛星打ち上げに成功した羅老ロケットの開発チームにも同校の卒業

生が複数参加している[22]。その他、国内大学最年少教授、ソウル大学最年少教授、SK グループ最年少役員など科学高校の卒業生たちは科学技術分野における最年少記録を次々と塗り替えている[23]。

　また、個性が強すぎて一般の学校・学級になじめない潜在的な才能児の中で、公的な才能教育体制によって救われたケースも一定程度存在するものと推測される[24]。正確な数字としては出てこないものの、こうしたケースも才能教育の成果の1つとみなすことができるのではないだろうか。

　最後に、2000年代半ばから2010年代にかけて韓国の才能教育政策に生じている変化について明らかにし、才能教育体制が抱える今後の課題について検討してみたい。

5　才能教育政策の変化と方向性

「社会矯正主義」の萌芽と障害に対する配慮の不足

　1つめの変化は、2000年代半ばから社会経済的なマイノリティや教育機会の地域格差に対する配慮が才能教育においておこなわれるようになってきた点である。盧武鉉政権（2003〜2008年）以降、韓国では社会経済階層の二極化や都市と地方の格差拡大が解決すべき重要な社会問題として取り上げられるようになり、これが才能教育政策にも影響をおよぼした。2005年に英才教育振興法が改正され、2006年以降は同法に基づく英才教育機関の教育対象者選抜において、社会経済的な理由等で潜在的な能力を十分に発揮できない才能児に対し、別途の選抜手続きを講じることが可能になったのである（同法第5条第2項）。特別な配慮の対象となるのは、①国民基礎生活保障（わが国の生活保護に相当）受給者の子女、②島嶼・僻地の居住者、③特別支援教育対象者（原語は「特殊教育対象者」であり、2008年にこの項目が追加された）、④邑・面地域（郡の下の行政区画で、農村部が多い）の居住者、⑤その他に社会経済的理由で教育機会の格差が発生したと認められる者である（同法施行令第12条第2項）。こうした配慮は、韓国において「社会的配慮」と呼ばれている。

　杉本は才能教育に対する社会的要請について、①個々の子どもの能

力に適した教育を提供するという「適能教育主義」、②社会の活性を高め、国家の国際的地位を高めるための「国際競争主義」、③文化的・社会経済的に不利な立場にあるグループを上昇させようとする「社会矯正主義」の3つのパターンに分類している[25]。②の「国際競争主義」はさらに、科学技術分野を中心に革命的な発見や発明を導こうとする「科学ノーベル賞型」と、国家・社会の将来を正しく導く指導者をみつけ出そうとする「国家リーダー養成型」に分けることができる。これまでみてきたように、韓国の才能教育体制はもっぱら「適能教育主義」と「国際競争主義・科学ノーベル賞型」への対応を中心に構築されてきた。しかし2000年代半ば以降は、社会の変化にともない「社会矯正主義」への対応もなされるようになったと捉えることができる。

　それでは、こうした「社会矯正主義」の萌芽は実際の才能教育にどのように反映されているのであろうか。表10-7は才能教育における社会的配慮対象者数と配慮類型を示したものである。2016年時点で才能教育対象者全体の4.5％が社会的配慮対象者となっており、その数は4,903名にのぼる。実に才能教育対象者の20名に1名程度が社会的配慮対象者ということになる。

　韓国のように学歴が重視される社会では、社会経済的マイノリティが才能教育を受けることで自己の才能を発見・伸長し、学校教育の階梯を駆け上がることによって社会的上昇を果たす可能は十分にある。したがって社会的配慮にみられる積極的格差是正措置としての才能教育の活用は、一定の効果と意義を持ち得るものと考えられる。

　一方で、才能教育における社会的配慮にはいくつかの課題もみられる。1つは配慮類型の偏りである。同じく表10-7から分かるように、社会的配慮対象者の5割以上は経済的要因を抱える子どもであり、これに地理的要因を合わせると約7割となる。つまり、実際に才能教育における社会的配慮の対象となっているのは経済的に貧しい子どもや島嶼・僻地に居住している子どもが大部分なのである。

　もう1つの課題は配慮の内容である。上述したとおり、英才教育振興法に示された社会的配慮とは、同法に基づく英才教育機関の教育対象者

表10-7 才能教育における社会的配慮対象者数と配慮類型（2016年時点）

	経済的要因	社会文化的要因	地理的要因	身体的要因	家庭環境的要因	計
配慮対象者数	2,692	282	736	39	1,154	4,903
割合	54.9%	5.8%	15.0%	0.8%	23.5%	100.0%
才能教育対象者全体に占める割合						4.5%

注1　ここでいう社会的配慮対象者とは、英才教育振興法施行令第12条第2項で示された社会的配慮対象者のうち社会統合選考（機会均等選考、社会多様性選考、疎外階層選考）で合格した者を指し、一般選考で合格した者を含まない。
注2　各配慮類型の一例としては、経済的要因には生活保護を受給していること、社会文化的要因には両親のいずれかが外国人であること、地理的要因には島嶼・僻地に居住していること、身体的要因には特別支援教育の対象者であること、家庭環境的要因には一人親家庭であることなどが該当する。
出典　教育部、韓国教育開発院『2016英才教育統計年報』韓国教育開発院、2016年、15頁、27頁、57頁をもとに筆者が作成。

選抜において別途の選抜手続きを講じることができるというものである[26]。いわば才能教育の「入口」における配慮であり、才能教育の「過程」や「出口」における配慮が規定されているわけではない。さらに社会的配慮対象者に適用される具体的な選抜基準や選抜手続きについては各才能教育機関に一任されており、実際の対応としては英才教育振興法で示されている社会的配慮対象者の条件に合致する子どものために、一般選抜とは別に特別定員枠を設けるにとどまっていることが多い。しかも筆者がこれまで調査した限りでは、社会的配慮対象者のための特別選抜においては配慮類型に関わらず一括して募集・選抜しており、選抜方法も一般選抜と何ら変わりないもの（書類審査や筆記試験、面接等）が課されていた。合格者決定の際に配慮類型（経済的に貧しい子どもなのか、それとも障害を持つ子どもなのか等）への配慮はおこなわれず、特別選抜内においては共通の選抜基準が課され、一般選抜と同じ方法で競い合い、特別定員の数に応じて合格者と不合格者が線引きされる。このような配慮の内容では、当然才能と障害を同時に抱える2E（twice-exceptional）の子どもは選抜時において相対的に不利になるし、仮に合格したとしても入

学後特別な配慮が提供される保証はないため、応募に対し慎重にならざるを得ない。こうした問題点は、特別支援教育の対象者を含む身体的要因に該当する子どもが、社会的配慮対象者のうちわずか0.8％に過ぎないことに端的に現れている。

才能教育予算の削減

2つめの変化は、今後韓国の才能教育体制に根本的な変容をもたらす可能性がある。それは、2010年度以降に起きている才能教育予算の削減である。英才教育振興法施行以降、政府や地方自治体は才能教育体制の整備と量的拡大に力を注いできた。このため才能教育対象者数は目覚ましい増加を遂げ、それにともない才能教育に関連する予算も増加の一途をたどった。こうした状況に変化が現れたのは、第2次英才教育振興総合計画（2008～2012年）が実施された2000年代末から2010年代前半にかけてのことである。この時期はちょうど新自由主義的な教育改革を推し進めた李明博政権（2008年～2013年）に当たり、才能教育対象者の拡大路線は維持された一方で、才能教育機関の運営改善に焦点が当てられ、不要な予算の削減と各地域における才能教育プログラムの特性化を通じた特定分野への集中投入が図られるようになった[27]。その結果、市・道教育庁ごとに差はあるものの、全体的にみれば各市・道教育庁の才能教育関連予算の総額は2010年をピークとして減少に転じたのである（図10-2）。こうした才能教育予算削減策の背後には、より多くの児童・生徒を対象とした普通教育を充実させるための財源確保という目的もあったという[28]。2010年代の才能教育予算の削減はまさに、普通教育と才能教育の間に横たわる教育資源配分の公平性（普通教育への配分）と効率性（才能教育への配分）をめぐる葛藤であるといえる。

また、才能教育予算の削減の後を追うように、才能教育対象者数も2013年を境に減少に転じ、全児童・生徒数に占める割合も2014年からは下降傾向にある（図10-3）。才能教育の継続的な量的縮小は、30年以上におよぶ韓国の才能教育史上初めての現象である。なお2016年に才能教育対象者の割合が上昇した理由は、才能教育対象者の減少よりも少

図10-2 市・道教育庁における才能教育予算総額の推移

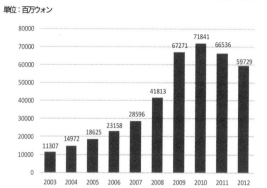

単位：百万ウォン

出典 チョン・ヒョンチョル（研究責任者）『Chapter4. 英才教育機関および支援体制分析』韓国科学技術院科学英才教育研究院、2013年、118頁をもとに筆者が作成。

図10-3 才能教育対象者数と全児童・生徒数に占める割合の推移

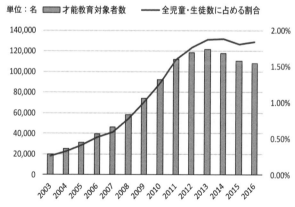

単位：名

注 才能教育対象者は、英才教育振興法に基づく才能教育機関（英才学校・英才教育院・英才学級）および科学高校に所属する児童・生徒の総数。

出典 教育部、韓国教育開発院『2016英才教育統計年報』韓国教育開発院、2016年、8頁をもとに筆者が作成。

子化の進行のほうが早く、分母である全児童・生徒数が大きく減少したためである。

才能教育予算が削減され、才能教育対象者も減少を続ける中、現場のモチベーションは確実に下がってきている。もともと英才教育院や英才学級の教員は地域の一般学校の教員が兼務することが多く、その過大な負担が問題となっていた。たとえば英才学級や英才教育院の教育プログラムは放課後や週末・夏期休暇中におこなわれるため、英才教員院や英才学級を兼任する教員は休みがほとんどなくなってしまう。しかしこうした負担の大きさに比べて給与や昇進面でのインセンティブはほとんど存在せず、一般学校の理数系科目担当の教員が才能教育機関の兼任教員に割り当てられ仕方なく担当している場合も多いという[29]。予算削減後は、割に合わないという理由でベテラン教員が才能教育の担当を忌避するようになったため、新任教員が才能教育を担当するケースも多いとのことである[30]。韓国の才能教育は現在、1990年代末に特殊目的高校の受験名門校化に対する社会的批判が高まった時以来の大きな危機に直面しているといえよう。

なお機関別にみた場合、第一に予算削減の対象となったのは全才能教育対象者の半数以上を収容する英才学級であった[31]。各市・道教育庁は英才学級に配分する予算を削減しつつ、もう一方でこれを補うために英才学級の教育プログラムを有償化するという戦略を打ち出した。たとえばソウル市と仁川市が2013年から、京畿道が2014年から各地域内の英才学級の運営費を全額教育対象者による自己負担としている[32]。慶尚南道の場合、英才学級の1機関あたりの公的な運営費支援を2014年の600万ウォン（10ウォン≒1円）から2015年には300万ウォンへ、英才教育院の1学級あたりの運営費支援は2014年の1,400万ウォンから2015年には700万ウォンへとそれぞれ半減した。また、2016年から高校段階の才能教育プログラムについては受益者負担を求める方針である[33]。

才能教育における関連予算削減と受益者負担拡大の背景には、近年社会に広がっている才能教育に対する不平等感や不信感があるという。IMF危機以降、才能教育に対する社会的批判は一時やわらいでいたもの

の、ごく少数の才能児のために過大な財源を投入しているのではないか、才能教育が私教育を加熱させているのではないか、より多くの子どものための普通教育に予算を集中すべきではないかといった声が近年再び大きくなっているという[34]。一部の者が有名大学進学のための方途として才能教育を利用したり、科学高校卒業生など数学・科学分野の才能教育を受けた者が、研究者やエンジニアなどよりも社会的・経済的に安定していて待遇のよい医師を目指すケースが後を絶たないことも才能教育に対する不信感を煽る要因となっている。2000年代以降、韓国の才能教育は国家・社会に有為な人材を生み出すことを大義名分として、公費により無償あるいは安価で提供されてきた。しかし近年は上記のような状況から、「自分の利益を求めるなら自分のお金で」という世論が強まってきているということであり[35]、こうした世論が予算削減にともなう才能教育プログラムの有償化を後押ししているという。

　才能教育プログラムの有償化は、これまで公的な性格が極めて強かった韓国の才能教育に、「私事化」という質的変容をもたらす可能性がある。これによって今後韓国の才能教育がどのような方向へ進んでいくのか、現時点でそれを正確に予測することは容易ではない。才能教育の「私事化」が「自分のお金を使うのだから自分の利益を求めることは当然」という才能教育対象者やその保護者の利己主義を正当化する方向へ進み、最終的に才能教育の受験教育化を招く危険性もあろう。一方で、才能教育の「私事化」が国家・社会発展への寄与という目的の影響力を弱め、相対的に個人の自己実現という目的の影響力を強めるように働くことで、才能教育プログラムの個別化・多様化を促進する方向へ進む可能性もあろう。予算削減による才能教育プログラムの有償化は確かに韓国の才能教育にとって不安定要因であるものの、もしかすると韓国の才能教育が現在の数学・科学分野偏重を脱し、個々の子どもの能力と適性に応じた多様な教育機会を保障し得る新たな体制へと転換していく契機となるかも知れない。

おわりに

　以上、本章では韓国における才能教育の現状や特徴、課題等について、主に制度・政策的側面に注目しつつ考察してきた。韓国では2000年代以降、才能教育に特化した法令に基づき、国家的な才能教育体制が構築されていた。冒頭で述べたように、韓国においては教育資源配分の公平性と効率性の追求は表裏一体の関係にあり、「平準化」政策のように一般の学校教育において徹底して教育資源配分の公平性を求めてきたからこそ、一般の学校教育とは分離するかたちで徹底して教育資源配分の効率性を求める場、すなわち才能教育の存在が必要とされてきたのである。

　これまでみてきたように、韓国における才能教育実施の正当性はまず何よりも、科学技術分野の高度人材を育成することを通じて国家・社会の発展に寄与するという機能によって担保されていた。しかし一方で、このことが最も優れたごく少数の才能児を選び出すことに適したエリート主義的ともいえる才能教育体制の構造を現出させていたし、才能教育プログラムを極端な数学・科学分野偏重へと導いていた。また2000年代半ば以降は、才能教育において社会経済的なマイノリティや教育機会の地域格差に対する配慮がおこなわれるようになっていた。しかし女子や障害を持つ子どもなどに対する配慮が不十分なものであったりと、今後解決すべき課題も抱えていた。さらに、2010年代に入ってからは才能教育予算の削減が続いており、韓国の才能教育は1990年代末以来の大きな危機に直面していた。予算削減の穴を埋めるために一部才能教育プログラムの有償化が進んでいたが、今後それが才能教育の「私事化」へとつながり、教育対象者やその保護者の利己主義を正当化する方向へ進むのか、あるいは才能教育プログラムの個別化・多様化を促進する方向へ進むのかは未知数であった。

　予定通りであれば2018年は第4次英才教育振興総合計画が始動する年である。2017年に起きた朴槿恵元大統領の弾劾とその後の文在寅大統領による革新政権誕生という政治的な混乱の中、才能教育を含む韓国の教育政策の方向性は不透明さを増している。国の内外を取り巻く状況

の困難さと予測不可能性が高まる中、今後韓国の才能教育はどのようにその正当性を確保し、発展の道を模索していくのであろうか。今後が注目される。

注(韓国語文献もすべて日本語に訳して記した)

1 本章で才能教育とは「才能児に対してその能力を効果的かつ最大限に伸長するためにおこなわれる特別な教育的措置の総称」を指し、才能児とは「特定の分野や領域において優れた顕在的もしくは潜在的能力を示す幼児・児童・生徒」を指すこととする。
2 韓国産業情報院『2002 韓国教育統計年鑑』韓国産業情報院、2001年、258頁。
3 韓国の才能教育の実践については、岩永雅也、松村暢隆『才能と教育－個性と才能の新たな地平へ－』放送大学教育振興会、2010年、144-146頁、石川裕之『韓国の才能教育制度－その構造と機能－』東信堂、2011年、169-240頁などを参照されたい。
4 なお、英才教育振興法の正当性を支える根拠は、憲法と教育基本法における以下の条文に求められる。
「すべての国民は、能力にしたがって均等に教育を受ける権利を有する」(大韓民国憲法第31条第1項)
「すべての国民は、生涯にわたって学習し、能力と適性にしたがって教育を受ける権利を有する」(教育基本法第3条)
「教育内容・教育方法・教材および教育施設は、学習者の人格を尊重し、個性を重視して、学習者の能力が最大限に発揮されるよう準備されなければならない」(教育基本法第12条)
「国家と地方自治団体は、学問・芸術または体育等の分野において才能が特に優れた者の教育に必要な施策を樹立・実施しなければならない」(教育基本法第19条)
5 このように韓国において才能の先天性が法令レベルで明示される理由としては、次の3つが考えられる(石川、前掲書、2011年、142-143頁)。
第1に、国民の間の才能教育ブームを過度に加熱させないためである。韓国では「英才」という言葉が社会に広く定着している分、それが「手間のかからない頭のいい子」や「教師が好む秀才」といった程度の意味に捉えられるケースが少なくない。こうした状況下では才能教育ブームが加熱しやすいため、才能教育の専門家はこれまで繰り返し才能の先天性を強調してきた経緯がある。
第2に、優れた才能の先天性の明示は、家庭の経済力や地域格差などの後天的要素を才能教育からできるだけ排除しようという意志の表れと捉えることができる。後述するように、近年韓国でも、才能教育が社会統合のための政策的手段として位置付けられるようになり、地域格差や家庭の経済力の差に配慮した措

置が実施されるようになってきている。
　　第3に、韓国の才能教育には民族主義や優生主義的志向との結び付きがみられ、これが才能の先天性の明示を躊躇しない理由の1つとなっていると考えられる。
6　特殊目的高校とは、特定分野の専門的な教育を目的とする高校であり、指定を受けた学校は一定の範囲内で当該分野の特性に応じた入学者選抜方法やカリキュラム、評価方法などを用いることができる。現在は科学高校、外国語高校および国際高校、芸術高校および体育高校、マイスター高校の全4系列・6種類が存在する。
7　イ・ギュファン「国家競争力強化論理と教育改革」『韓国教育研究』第1号、1994年、15-19頁、ソン・ジフィ「高校平準化『補完論』の虚構性と新しい平準化理念」『教育批評』第8号、2002年、22頁。
8　たとえば、全国教職員労働組合は進歩主義・平等主義陣営の急先鋒といえるが、2001年に同組合の政策交渉局長は、政府の才能教育政策に対して実施基盤が未整備である点や受験競争を過熱させる恐れがある点を厳しく批判する一方で、以下のような見解を示している。「英才としての特性を有する学生に、彼らの能力を最大限啓発できる教育環境を整えてあげることは必要なことである。また、世界各国において国家的次元の人的資源を啓発するための英才教育を強化している状況において、英才教育の体系化は至急になされなければならない」(京郷新聞、2001年3月9日付)。
9　石川裕之『韓国の才能教育制度－その構造と機能－』東信堂、2011年、221頁。
10　英才教育総合データベース(GED)ウェブサイト、https://ged.kedi.re.kr/。
11　たとえば、科学高校と外国語高校については、かつて初・中等教育法施行令第90条の中でその設立目的として「英才養成」が明示されていた。しかし2010年6月の同施行令改正の際に「英才養成」という文言は削除され、それぞれ「科学人材養成」、「外国語に熟達した人材養成」という目的に置き換えられた。ただし、科学高校については現在でも一般的に才能教育機関の1つとみなされており、才能教育に関する公的な統計においても特殊目的高校のうち科学高校に関してのみ関連情報が収録されている。
12　筆者による京畿道での現地調査(2013年9月実施)では、英才学校の予算は一般高校の5～6倍であるが、生徒数は5分の1、授業料は一般高校と同じ年間140万ウォン(10ウォン≒1円)程度とのことだった。なお同校の予算は京畿道教育庁が年間50億ウォン支出しており、授業料などを含めると年間70～80億ウォンになるという。これは一般高校の約8倍に相当する予算である。さらに、英才学校の生徒の1名あたりに投入されている公教育費は一般高校の生徒の約3倍というデータもある(韓国教育開発院『大韓民国の英才教育』韓国教育開発院英才教育研究センター、2015年、33頁)。
13　ネイル新聞、2004年4月22日付。
14　韓国教育開発院、前掲書、2015年、29頁。
15　「国家と地方自治団体は、学問・芸術または体育等の分野において才能が特に

優れた者の教育に必要な施策を樹立・実施しなければならない」(教育基本法第19条)。

16 教育部、韓国教育開発院『2016英才教育統計年報』韓国教育開発院、2016年、8頁および教育部、韓国教育開発院『2016整理された教育統計』韓国教育開発院、2016年、25頁をもとに筆者が算出。

17 なお、各地域の才能教育を管轄する市・道教育庁の才能教育担当部署は、多くの場合科学教育と職業教育を担当する「科学職業課」であることも、韓国においては「才能教育の実施分野≒数学・科学分野」という公式が教育行政レベルで成り立っていることを物語っている。

18 韓国教育開発院、前掲書、2015年、32頁。

19 ある英才学校の教員によれば、「理数系なのでどうしても男子のほうが入試の成績がよく、結果的に男子生徒が多くなっている」とのことであった(筆者による京畿道での現地調査(2013年9月実施)に基づく)。管見の限りではあるが、才能教育の現場では性別に関わらず成績順に合格者を決定することこそ「公平」であると認識されているようであった。

20 シン・ウォンシク『初等学生のためのかしこい特目高勉強法』パムパス、2008年、17-18頁。

21 「科学高『半分の成功』」『時事ジャーナル』2003年3月20日号、独立新聞社、2003年、42頁。

22 京畿日報ウェブ版、2013年1月31日付、http://www.kyeonggi.com/?mod=news&act=articleView&idxno=645587、2018年3月31日アクセス。

23 東亜日報ウェブ版、2006年1月3日付、http://news.donga.com/Society/more29/3/all/20060103/8262598/1、2018年3月31日アクセス。

24 たとえば韓国科学英才学校を取材したNHKクローズアップ現代の「トップエリートを育てよー韓国の教育でいまー」(2003年5月22日放送)では、中学校時代に一般の学校になじめず、授業中に机の下に潜り込んで出てこないことがよくあったという生徒が登場する。その母親が「もしこの学校(英才学校:引用者注)に入らなければ大変な問題児になって、進学する学校もなかったと思います」とコメントしている。筆者が韓国の才能教育の現場を調査している中でも、個性が強すぎて一般の学校・学級になじめなかったという才能教育対象者のエピソードをしばしば耳にすることがある。

25 杉本均「才能教育の国際的動向」杉本均(研究代表者)『児童・生徒の潜在的能力開発プログラムとカリキュラム分化に関する国際比較研究』平成15〜16年度科学研究費補助金基盤研究C(2)研究成果報告書、2005年、5頁。

26 厳密には英才教育振興法に基づく英才教育機関にのみ適用されるものであるが、実際には科学高校にも準用されている(石川裕之「韓国における2E教育の現状と課題」松村暢隆(研究代表者)『認知的個性を活かす特別支援の基礎・実践的研究—2E教育の理念で生徒の特異・興味を活かして苦手を補う—』平成23〜25年度科学研究補助金基盤(C)研究成果報告書、2014年、73-74頁)。

27 チョン・ヒョンチョル(研究責任者)『Chapter4. 英才教育機関および支援体制

分析』韓国科学技術院科学英才教育研究院、2013年、112-113頁。
28　筆者による慶尚南道での現地調査(2015年11月実施)に基づく。
29　筆者による京畿道での現地調査(2013年9月実施)に基づく。
30　朝鮮日報ウェブ版、2017年5月29日付、http://news.chosun.com/site/data/html_dir/2017/05/28/2017052801108.html、2018年3月31日アクセス。
31　チョン・ヒョンチョル、前掲書、2013年、120頁および筆者による京畿道での現地調査(2013年9月4日)に基づく。
32　筆者による京畿道での現地調査(2013年9月実施)に基づく。
33　石川裕之「韓国の地方における才能教育の現状と課題－慶尚南道を事例に－」『畿央大学紀要』第13巻第1号、2016年、40頁。
34　朝鮮日報ウェブ版、2017年5月29日付、http://news.chosun.com/site/data/html_dir/2017/05/28/2017052801108.html、2018年3月31日アクセス。
35　同上。

**才能教育の評価：
個人の評価とプログラムの評価**

米原あき（東洋大学）

　教育評価は重層的で多元的な概念である——学習者個人の評価、教育活動の評価、教育内容（カリキュラム）の評価、教師の評価、学校の評価など、評価の対象となる層が多様であるという意味において、教育評価は重層的であり、また、教育成果の評価を意味する総括評価、教育活動を開始する前に行う事前評価、教育活動の途上で改善のために行う形成評価、調査研究目的で実施される外在的評価など、その役割や機能が多岐にわたるという意味で、教育評価は多元的でもある（梶田 2010；田中 2010）。一般的に「教育評価」というと、学習者個人の能力や達成度を評価する総括評価として理解されることが多いが、その傾向は才能教育の評価においても同様である。ここでは、個人の能力を評価する視点と、日本社会ではあまり一般化していないが、才能教育の評価に際して重要な考え方であると言われいてる（Callahan 2004；Neumeister & Burney 2012）、「プログラム評価」の考え方について概説する。

1　個人の評価

　伝統的な知能検査（Intelligence Quotient Test：IQ テスト）はフランスのビネーとシモン（Binet & Simon 1905）によって考案された（松村 2003；本多 2008）。これがアメリカで発展し、1916 年に「スタンフォード・ビネー知能基準テスト」と呼ばれる IQ テストとして使われるようになった。ビネーの IQ テストはその後も標準化を繰り返して日本にも導入されており、1930〜40 年代に考案された「鈴木ビネー知能検査」や「田中ビネー知能検査」は 2000 年を過ぎたのちも更に時代に応じた更新を重ねて活

用されている。しかしながら、これらの知能検査が本当に知能を測定しているのかという社会的な批判は創設当時から現在に至るまで絶えることがない（松村 2003）。例えば、これらのテストの結果は、文化や生活環境といった経験的な要素に左右される。つまり、テストに使用される語彙や文脈が日常的に使用されるような環境で生活する個人はテストスコアが高く、そうではない個人はスコアが低くなる可能性があるが、そのスコアの高低が個人の知能の高低を測定しているとは限らない。特に多文化化する現在の社会では、普遍的な知能検査の信頼性を確保するのはますます困難になっていくことが予想される。

1980年代以降のアメリカでは、このような伝統的な知能検査にかわる理論や測定法が数多く登場した。スタンバーグ（Sternberg 1990；1993）は「知能の三部理論」を説き、知能には「分析的（analytical）知能」「創造的（creative）知能」「実際的（practical）知能」の三種類があり、「生きた（successful）知能」は、この三種が統合されて実現するものであると論じた。また、スタンバーグは、これらの知能は質問紙法で測定することができると考えていた。

ガードナー（Gardner 1983；1999）は、「多重知能（Multiple Intelligences: MI）理論」を提唱し、知能には8つの側面——言語的、論理数学的、音楽的、身体運動的、空間的、対人的、内省的、博物的な知能——があると考えた。スタンバークと違い、ガードナーは質問紙法では非言語的な知能の把握はできないとして、MIを測定するひとつの方法は存在しないと訴えた。ガードナーによれば、「子どもの学習活動の観察」こそが、言語的知能や論理数学的知能の評価に偏らない「知的に公正な（intelligence-fair）」評価であるという。これによって従来の知能検査では捉えられなかったMIの多様な側面を評価することへの関心が喚起された。

一方、特定の子どもを「才能児」と認定するための評価ではなく、すべての子どもたちの能力や適性を早期に見分け、それぞれのニーズに適合した教育機会を提供するための才能認定手法が必要であるとする、「才

コラム2　才能教育の評価：個人の評価とプログラムの評価　221

能伸長」の立場から才能教育の理論と方法を提案する論者もあらわれた。レンズーリ（Renzulli 1978；2002）は「才能の三輪概念（three-ring conception of giftedness）」を提唱し、個人の才能は、単に「普通より優れた能力（above average ability）」のみならず、「創造性（creativity）」と「課題への傾倒（task commitment）」を含む三つの要素の相互作用によって発揮されるものであると考えた。「三輪概念」をもとに開発されたのが「回転ドア認定モデル（Revolving Door Identification Model: RDIM）」と呼ばれる才能認定の手法である。そこでは、①「優秀な子どもの行動特性の評定尺度」（Renzulli et al. 1976）と呼ばれるチェックリスト、②子どもの興味を調査する質問紙（Renzulli 1997）、③子どものプロフィール、そして④「活動情報メッセージ」（教師の気付きを書き込む形成的評価のための用紙）を包括的に活用した評価が行われ（松村 2003）、特に小学校段階で教師が子どもの才能行動を把握するために活用されている。

中等学校レベルの生徒の才能認定に活用されてきたのは、フェルデューゼン（Feldhusen et al. 1990）による「パーデュー学業・職業評定尺度（Purdue Academic/Vocational Rating Scales）」である。この評定尺度では、数学・理科・英語・社会・外国語という学業領域と、商工業・家政・企業・農業という職業領域について、それぞれ15項目程度の観点別評価項目が設定されており、教師はこれらの評価項目を参考にして生徒の適性を考慮しながら進路指導・キャリア指導を行うことができる。フェルデューゼン（Feldhusen 1994）は「教育における才能の発見と伸長（Talent Identification and Development in Education: TIDE）モデル」によって、すべての子どもに何らかの才能を見出し、それを適切に伸ばす、個性化教育の実現を目指したのである。

以上のように、個人の才能を評価するための考え方も、「個人の知能を筆記試験や質問紙で測定する」という総括評価の立場から、「観察に基づいてすべての子どもに何らかの才能を見出す」という形成評価の立場まで幅広く、様々な理論や手法が存在する。

2　プログラムの評価

　教育の評価について考えるときのもう一つの視点は、教育活動や教育内容を総合的に含む教育プログラムの評価である。日本の教育評価の文脈では、学習者個人や教師、学校など、ある主体のパフォーマンスの検討を評価と捉える考え方（実績測定：performance measurement）が一般的だが、教育の「取り組み」そのものの良し悪しや、その取り組みの改善の方途を検討するための評価アプローチも存在する。特に教育や福祉など、人間を対象とする取り組みは、その取り組みの過程で様々な変化が起こりやすく、常に改善を求められる。このような改善や課題解決のために必要な情報源として評価を位置づける考え方を、プログラム評価（program evaluation）と呼ぶ（源 2016；安田 2011；Rossi et al. 2004）。プログラム評価の考え方は、「貧困との闘い（the War on Poverty）」や「偉大なる社会（the Great Society）」などの、社会改善を目標とする公共政策が台頭した1960年代のアメリカで始まり、現在も教育や福祉などの複雑な課題解決が求められる対人社会サービスの分野で活用されている（Rossi et al. 2004）。

　プログラム評価とは、「社会調査の方法を活用し、社会的介入プログラムの有効性を体系的に調査し、評価を行うもの」であると定義され、その評価は、「プログラムを取り巻く政策的・組織的な文脈を考慮して行われるもので、社会状況を改善するための活動の情報源となる」ことが期待されている（源 2016；Rossi et al. 2004）。PDCAサイクルとして知られる「計画（Plan）・実施（Do）・評価（Check）・改善（Action）」の体系において「評価」が実施されるのは「計画・実施」の後になる——すなわち、事後的な総括評価になる——が、プログラム評価の考え方では、PDCAの各段階に、①ニーズ評価、②セオリー評価、③プロセス評価、④効率性評価、⑤インパクト評価といった5つの評価活動が想定されており（Rossi et al. 2004）、取り組みの過程全体に並走するかたちで評価活動が行われる。

　プログラム評価を実施する際には、まず、「計画」の段階でニーズ評

コラム2　才能教育の評価：個人の評価とプログラムの評価　223

価とセオリー評価を行う。すなわち、ある取り組みを計画する段階から、そこにどのようなニーズがあるのかを調査を通じて明らかにし（ニーズ評価）、また、そのニーズを満たすためにはどのような目標を立て、どのような手段を講じればよいのかといったプログラムの構成（これをロジックモデルと呼ぶ）を吟味する（セオリー評価）。続く「実施」の段階ではプロセス評価を行う。実際にプログラムを実行する中で起こる変化や問題を、調査を通じてモニタリングし、現場の動きを見守りながら臨機応変に必要な対応を行う。そして「評価」の段階では効率性評価とインパクト評価を行う。その取り組みが投入コストに対してどの程度の成果をあげたのか（効率性評価）、またその結果、どのような範囲にどのような効果をもたらしたのか（インパクト評価）が、この段階で総括的に検討される。このような一連の評価活動を、社会調査によって得られる質的・量的なデータをもとに、形成的に進めていくのがプログラム評価の一般的な手続きとなる（米原 2016）。

　キャラハン（Callahan 2004）は、才能教育評価に特有の難しさとして次の２点を指摘し、それらの困難性に応じるアプローチとして、プログラム評価に言及している。キャラハンによれば、才能教育評価の難しさは、まず、才能教育のプログラムが学校ごとに大きく異なり、合意を得た普遍的な「良いプログラム」というものを規定し得ない点にある。したがって、なんらかの基準に則って「どのプログラムが良いか」という相対評価を行うことはできず、「そのプログラムを改善するためには何が必要か」という個々のプログラムに対する絶対的な観点から形成評価を行う必要がある。また、才能教育プログラムの目標は非常に複雑で、定義することが困難であるケースが多いという点も才能教育評価を難しくしている。例えば創造力や判的思考力などの概念は、直接的に測定したり観察したりできない仮説的な概念であり、心理学の分野でも明確に定義することが困難な概念として扱われている。したがって、画一的に策定された指標やガイドラインに則って、事後的な評価を行うという実績測定

型の評価には馴染み難く、むしろプロセスを重視した臨機応変な改善策を検討することが求められる。以上の点からも、才能教育の評価にはプログラム評価のアプローチ、すなわち「プログラムを取り巻く文脈を考慮して行われる、プログラム改善のための情報源としての評価」が有意義であると考えられる。

　ノイマイスターとバーニー（Neumeister & Burney 2012）は、プログラム評価をせずに才能教育プログラムを行った場合——つまり、体系的な内部評価（internal evaluation）を怠った場合——才能ある子どもたちに対する教育成果や彼らの経験の質の低下を招くこともあり得るといった警鐘を鳴らし、プログラム評価を実施することを推奨している。ノイマイスターとバーニーは、才能教育の実施者が過大な負担を負うことなくプログラム評価を導入できるよう、「プログラム評価実施のためのフローチャート（Flowchart for conducting program evaluation）」を示し（図1）、その具体的な手順と、各ポイントで必要となる調査やアンケート、チェックリストなどの具体例やフォームを提供している。プログラム評価は、ある個人の能力を直接的に測定しようとする評価アプローチとは異なり、評価活動を通じてプログラム改善に必要な情報を収集し、その取り組みを改善することによって、間接的に個人の能力開発を促進しようとする、広い意味での教育活動の一環であると言える。

図1　プログラム評価実施のためのフローチャート

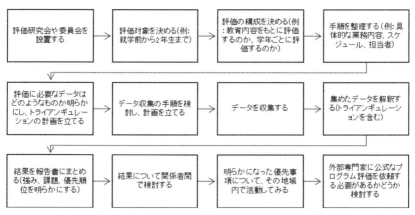

出典　Neumeister & Burney 2012, p.9, Fig.2より筆者邦訳

参考文献

梶田叡一(2010)教育評価、有斐閣双書。
田中耕治(2010)教育評価、岩波書店。
本多泰洋(2008)オーストラリア連邦の個別化才能教育：米国および日本との比較、学文社。
松村暢隆(2003)アメリカの才能教育：多様な学習ニーズに応える特別支援、東信堂。
源由理子(2016)参加型評価：改善と変革のための評価の実践、晃洋書房。
安田節之(2011)プログラム評価：対人・コミュニティ援助の質を高めるために、新曜社。
米原あき(2016)「学び」の一環としての「評価」：協働型で行うプログラム評価の可能性、日本/ユネスコパートナーシップ事業ESDの教育効果(評価)に関する調査研究報告書。
Binet, A., & Simon, T. (1905). New methods for the diagnosis of the intellectual level of subnormals. In Goddard, H.H. (Ed.), Development of intelligence in children (the Binet-Simon Scale). Baltimore: Williams & Wilkins.
Callahan, C.M. (Ed.). (2004). Program evaluation in gifted education. CA: Corwin Press.
Feldhusen, J.F. (1994). Talent identification and development in education (TIDE). Gifted Education International, 10, 10-15.

Feldhusen, J.F., Hoover, S.M., & Sayler, M.F. (1990). Purdue academic rating scales. NY: Trillium Press.

Gardner, H. (1983). Frames of mind: The theory of multiple intelligences. NY: Basic Books.

Gardner, H. (1999). Intelligence reframed: Multiple intelligences for the 21st century. NY: Basic Books. (= 松村暢隆訳(2001) MI：個性を生かす多重知能の理論、新曜社。)

Neumeister, K.S. and Burney, V.H. (2012). Gifted program evaluation: A handbook for administrators & coordinators. TX: Prufrock Press.

Renzulli, J.S. (1978). What makes giftedness?: Re-examining a definition. Phi Delta Kappan, 60, 180-184, 261.

Renzulli, J.S. (1997). Interest-a-lyzer family of instruments: A manual for teachers. Mansfield Center, CT: Creative Learning Press.

Renzulli, J.S. (2002). Expanding the conception of giftedness to include co-cognitive traits and to promote social capital. Phi Delta Kappan, 84, 33-40, 57-58.

Renzulli, J.S., Smith, L.H., White, A.J., Callahan, C.M., & Hartman, R.K. (1976). Scales for sating the behavioral characteristics of superior students. Mansfield Center, CT: Creative Learning Press.

Rossi, P. H., et al. (2004). Evaluation: A systematic approach. CA: Sage publication. (= 大島巌、平岡公一、森俊夫、元永拓郎監訳(2010) プログラム評価の理論と方法：システマティックな対人サービス・政策評価の実践ガイド、日本評論社。)

Sternberg, R.J. (1990). Metaphors of mind: Conceptions of the nature of intelligence. NY: Cambridge University Press.

Sternberg, R.J. (1993). Procedures for identifying intellectual potential in the gifted: A perspective on alternative "metaphors of mind." In Heller, K.A., Monks, F.J. & Passow, A.H. (Eds.), International handbook of research and development of giftedness and talent. UK: Pergamon.

結論

山内乾史(神戸大学)

　本書では日本を含む10か国の才能教育の現状を詳述した。第一章において述べたとおり、才能教育はいまや市民権を獲得し、国家的・社会的に取り組まれているように見える。国家的・社会的に取り組まれているように見えるということは、可視化されているということである。

　冒頭から脱線して恐縮だが、先日「あえて"量産型"を演じる東大女子のジレンマ」というタイトルのネットニュース(2018年6月9日付配信)を「オリコンミュージックストア」のサイトで目にした(https://music.oricon.co.jp/php/news/NewsInfo.php?news=2112957　閲覧日 2018年6月11日)。これによると、

> 東大に限らず高学歴女子にも当てはまるが、学生時代のインカレサークルで存在を無視され、合コンで自分の出身校の名を隠すといった女子たちが一定数いる。中でも東大女子は"未知の世界で生きる宇宙人"のような立ち位置で、「1日どれだけ勉強したの?」などと質問攻めに合い、好奇の目で見られることも多い。そこで東大女子は「いろいろ言われて面倒くさい」から、普段から周囲に気を遣って"おバカ"なふりをし、あえて家具の組み立てや電気の配線について「わからない」と言い、天然な一面を見せることがあるという。自分が「扱いづらい存在」であることを見越して「私は普通の人なんです」とアピールし、賢さをあえて封印するのだ。日本で最高の学歴を持つことは本来なら"最大の武器"になるはずだが、あえて普通の女子="量産型"のように振る舞わなければならないジレンマが東大女子にはあるのだ。

ということであり、「『地』の能力」を隠し、「普通の人」を演じると

いう涙ぐましい状況について述べられている。確かに、筆者の知人女性で東大に進学した女性にもこういうタイプがいた。「普通の人」どころか「おバカ」を無理して演じ、その無理して演じている自分に対して嫌悪感を持っているという気の毒な状況であった。平等主義圧力の強い社会状況の下では、同世代の子どもたちと比べて「異質な能力」を持つことは両刃の剣であるのだろう。

　かつての日本をはじめとする平等主義圧力の強い社会状況において、才能ある児童が同様の事情におかれているとの批判があった。例えば、麻生（2004）においても引用されている通り、フランスの著名なエソロジストであるレミィ・ショヴァン教授は「英才の天賦の才能を枯死させてしまってもよいものでしょうか」と述べ、「越えるべくもない困難にひとりぶつかって、往々にして挫折してしまう。こんな状態に捨ておいて、はたしてそれが人道的といえるでしょうか」と述べている。才能児がその才能を隠し、「才能のない」ふりをしないと友達ができない、生きづらいというのは息苦しい社会ではないかというわけである。

　では、現在のような才能教育が社会的承認を取り付けつつある状況は才能児にとっても社会にとっても望ましいのか、この点について論じて結びとしたい。

　第1章においても述べた通り、もともと、才能教育とエリート教育は概念としてはかなり異質である。エリート教育はほぼ間違いなく可視化されている。つまり、エリート学級、エリート学校が大衆の学級、学校とは別に設置されているのである。また日本は例外的な存在かもしれないが、多くの国においては多くのエリート学校に寮制度が用意されている。日本においては軍学校、旧制高等学校が寮制度のある学校であったが、戦後解体されてしまった。

　この点に関してウイラード・ウォーラーの名著『学校集団』（1957）には下記のような記述がある。ウォーラーは現代の学校の特徴として次の五点を挙げる。

　（一）学校は一定の人口を持っている。

(二) 学校にははっきりした政治機構がある。この政治機構は、学校独特の様式をもった人間関係から生まれたものであり、またそのほか小規模な人間関係からもいろいろ影響を受けている。
(三) 学校は人間関係の緊密な網の目をあらわしている。
(四) 学校には「われわれという感情」がゆきわたっている。
(五) 学校には一つの文化がある。この文化は明らかに学校独自の文化といいうるものである。(21頁)

　このような特徴をどの程度そなえているか、また各特徴がどんなぐあいに組みあわさっているか。それは各学校で多少違っているが、これらの特徴が最もよく現れている例は私立の寄宿学校であろう。この種の学校は、常に一定した等質的な人口を持っている。もともと、その生徒は経済的にも社会的にも同じような者が選ばれているのであるが、そのうえ、そのような生徒が日頃密接につきあい、経験を同じくしているうちに、その同質性はますます助長されることになる。また、この種の学校はきわめて明瞭な政治組織をもっており、これは校規集とか前例集などにはっきり示されている。さらに、このような学校では、人々はくっつきあって生活し、縦横に入りまじった微妙な社会関係によって結びつけられている。つきあいは緊密だし、グループは変動しない。そのほか、制服でもってはっきり他から区別されているし、外部の文化の影響からは隔絶されている。―こんなことが重なって、この種の学校では一体感が非常に強くなる。それゆえ、私立学校は家庭のような団結力をもっているとよくいわれる。最後に、こんな学校は地域社会の他の部分から全く切り離されており、その内部ではみんなが緊密な交友関係を結んで潤沢な生活を送っているため、校内に発展する文化も一きわ目立ったものとなる。(22頁)

　ウォーラーが述べるように、寮制度があることによって「エリート学校」独特の「エリート文化」なるものが醸成されることになる。この寮という校外との差異化を強めると同時に、校内の同質性を高める格好の装置に加えて、エリート教育においては、大衆のアクセスできない一種

の「秘伝」が伝授されていた。例えば日本において、海軍兵学校では、敵性語の教育・使用に対する風当たりが厳しさを増したのちも英語が教えられ続けたことが挙げられる（陸軍士官学校では禁止された）。この「秘伝」へのアクセスという特権性もまた、エリート文化の核にあるものである。

それに対して、才能教育の方は、可視的な場合もあれば、可視的でない場合もある。可視的でない場合とは、第1章で言及した乙竹岩造にみられるような、通常授業に工夫を加えた形で一般的な教育の中で才能教育も行うという場合である。特別な学級、特別な学校を設置せずに才能教育を展開するということであり、民主的な教育観との親和性はかなり高い。一般に社会計画においては効率性と公正性、平等性は二つの大きな機軸を成すのだが、教育計画においては特に公正性、平等性が重視される。乙竹岩造流の才能教育は、公正性、平等性の原則に大きく抵触することはなく行いうるものなのである。

しかし、本書の諸章における研究によれば、日本を含めて多くの国々では才能教育の可視化が進んでいる。第1章で原清治が述べるとおり、従来、日本では平等性の圧力が相当に強くかかったが、SGH、SSH等の試みが制度化＝可視化されている。可視化が進むということは、才能教育が私的・個別的に行われる「特別な教育」ではなく、幅広い国家的・社会的承認を取り付け得る状況になったということを意味する。そして、国家によっては「エリート教育」と「才能教育」の差異が不鮮明になっている。

第2章におけるイギリスの例をみよう。植田みどりが述べるとおり、イギリスの中等教育においては、もともと、パブリックスクールをはじめとする独立学校と公立学校とのバイナリー・システムに加えて、公立学校内部でも三分岐制度、中央政府の直轄学校制度などの極度に可視化されたエリート教育システムが存在した。その反面、才能教育の試みにおいては、あまり顕著なものはなかった。

しかし、1997年にトニー・ブレアを首相とする労働党政権ができると、有名な「教育、教育、教育」という演説（1997）に見られるように、

約4兆円の教育予算増額を実現し、才能教育にも熱心に取り組むようになった。それは20世紀の末に顕著になる「特別な教育ニーズ（SEN）」への対応として、であると筆者は理解している。障碍を持つ子どもも「社会経済的に不利益にある地域」内の異質な才能を持つ子も、そのそれぞれの能力＝個性にあった配慮を必要とするという考え方がかなり浸透したとみることができるであろう。

　ただし、ブレア首相の退陣後、ブラウン首相を経て、政権交代が起こり、デビッド・キャメロンを首相とする保守党政権（正確には第一次キャメロン政権は連立政権）が誕生した。保守党政権においては労働党政権時代の非効率な教育財政にメスを入れることもアジェンダに上っており、現在テレーザ・メイ首相のもとで進行中である。このことは、才能教育が国家的・社会的承認を取り付けたことによって、公的な（潤沢な）サポートを得られるようになると同時に、政策的プライオリティが何らかの理由で低下すると、たちまち「梯子を外される」、あるいは労働党が導入した趣旨と異なる趣旨に換骨奪胎されることになりかねない典型的な例である。

　さらに、コラム1において田中正弘が述べるように、イギリスでは高等教育においても、留学を単なる私的行為ではなく国家戦略として展開する傾向がみられるが、豊かな者がより豊かになるための戦略であるならば、それは公正性、平等性の原則からは評価されえないのである。

　この点で、第4章で取り扱ったロシアの例は興味深い。かつて、社会主義国家においては特異な才能は貴重な社会的資源として、国家的・社会的にバックアップを受ける例が多く見られた。社会主義を経験した国家においてはその遺産が今も引き継がれ、さらに発展している側面もあるのである。例えば、澤野由紀子が言及している通り、「特別英才児」が高度な教育を受けることができるように、寄宿舎を併設した英才教育学校を増設することが2010年以降目指され、現在12校があるとのことである。これは第10章の韓国の例にもみられるが、国家的・社会的なバックアップの極限の姿である。特に韓国は、かつての日本と同様平等化圧力が強く働く社会であり、その象徴として「平準化政策」が挙げられる。

しかし、「平準化政策」への反動として国家プロジェクトとして180度方向転換したようにさえ見える。

ただし、米原あきのコラム2の「プログラム評価」とも関連するが、国家的・社会的なバックアップが入れば入るほど、投入される税金も増えるわけで、アウトカムのチェックも厳しくなる。その関係もあり、こういった国家的・社会的なバックアップが相当入り込むケースは、才能教育とエリート教育の境が（概念上は明確に区別されるにもかかわらず）あいまいになる傾向がみられる。つまり、才能教育といいながら、ロシアや韓国のように全寮制等によって全人教育を図り、人格形成、人間形成も図る（結果としてか、意図してかは別として）わけであるから、エリート教育に限りなく近接し、アウトカムもその目線で評価されることになるということなのである。

社会主義国家（あるいは社会主義を経験した国家）以上に教育における公正性、平等性に重きを置いてきた国家群としては北欧諸国が挙げられる。第3章はスウェーデンを扱ったものであるが、武寛子が述べるとおり、スウェーデンの状況は日本と非常に近く、教育体系全体の最重要基本理念の一つである公正性、平等性に抵触しない範囲での「特別な教育ニーズに応じる」才能教育を展開しているように見える。日本でかつて「例外措置」として飛び入学が控えめに導入された経緯を想起させる。

この点、対照的なのは第5章のインドネシアの例である。ただ、インドネシアの例も、やはり日本と共通する面も大きい。つまり、グローバル人材を育成して国際競争力を強化しようという国家目的が色濃く反映され、その国家目的の達成のために公共政策として才能教育が展開されるという点である。

しかし同時に、インドネシアのケースには日本が参照すべき教訓が多く含まれている。つまり、中矢礼美が述べるとおり、SBI/RSBIといった特定の学校に資源投入を行うことが教育における不平等感を生み出し、ついには違憲判決まで出され廃止されているのである。先述のように、一般に社会計画においては効率性と公正性、平等性は二つの大きな機軸を成すのだが、教育計画においては特に公正性、平等性が重視される。

この公正性、平等性を大きく損なうプロジェクトであると判断されると、資源投入を継続することは困難になるのである。個々人の才能に応じた教育として、普遍的な学習者の権利として、「特別な教育ニーズに応じる教育」は社会的承認を取り付けているように見えるが、「同年齢の子どもと比べて異能を有する」才能教育を全面的に容認するには至っていないということである。

　第6章のシンガポールのケースは、日本、韓国と並んで、天然資源において十分ではない国家が、人的資源の育成に力を入れていくうえで、才能教育をどう取り入れていくかが問われているケースである。杉本均が章末で述べるように、才能教育はコスト高であり、効率性に疑念が持たれるうえに公正性、平等性を損なう可能性も大きい。民主的な教育制度とどのように接合していくのか、この点が、人的資源の開発を最重要課題とする国家においても問われ続けているのだ。一定の効率性を有するというエビデンスと従来の公正性、平等性を大きく損なうことはないという前提条件があって、才能教育は社会的承認を取り付け、民主的な教育制度と接合可能になるのであろう。

　その社会的承認という点に関して、第7章で扱われているアメリカ合衆国においては、長きにわたり個人の教育を受ける権利の充足という私的・個別的な側面が才能教育に関して強調されてきたように考えられる。しかし、田中義郎が引用する教育省の弁にあるとおり「高度な教育を得られる機会が少なく、その才能が見過ごされることの多い経済的貧困家庭や少数民族出身の生徒」を積極的にバックアップするという姿勢を強調することで、公正性、平等性の強化に貢献する公共政策として才能教育を打ち立てる例もある。この点は、労働党政権下のイギリス、あるいは第8章の南アフリカ共和国とも共通する点である。

　つまり、公正性、平等性を損なうのではなく、むしろより高いレベルでの公正性、平等性を達成するために、不利益を被りがちな地域に埋もれがちな才能を見出すということに貢献するということである。そこに才能教育政策の公共性を担保しようということなのであろう。

　西村幹子が述べる南アフリカ共和国のケースは興味深い。発展途上国

に関して、アジアでは多くの国家で才能教育に関する熱心な取り組みがみられるが、ラテンアメリカでは皆無で、アフリカでは南アフリカが例外的に取り組んでいる国家である。アフリカ諸国における南アフリカがいかに特異な位置にあるかを示す好例である。南アフリカは、アフリカ大陸で最後まで白人支配の国家として残ったのであり、アパルトヘイト体制を取っていたことは広く知られる。それだけに人種間の公正性、平等性には目配りが必要なのであろう。

ただ、繰り返しになるが、本質的に、国家的・社会的に取り組むプロジェクトとしての才能教育とは、高コストでロスの大きい教育である。つまり、投入される資源は大きいが、ほんの一握りの成功者しか出てこないのである。

正確に言えば、通常の意味での「成功者」は相当数出てくるであろう。しかし、「才能教育に要請される『真の』成功者」は一握りしか出てこない。例えば、数学や理科が得意な子どもがたくさん生み出されるというだけでは才能教育の成果として十分に評価できないのである。その程度の「才能」であれば通常の教育の中から十分に育ってくるのであり、高コストの才能教育を行うことを全面的に正当化し得ない。通常の教育の中から出てくることを期待できない第一級の「異才」が登場してこそ、才能教育を高コストで行うことが正当化されるのである。そのように考える場合、アウトカムの測定は長期的な視点を必要とし（たとえばノーベル賞を受賞する等）、明確なエビデンスのないまま資源投入を続けることに対する国民的理解を得にくい状況が生まれる。「不利益を被りがちな地域に埋もれがちな才能を見出す」など他の側面での正当性を持たない場合には、コンセンサスの形成は難しいであろう。

ただ、他方で、一般論として、アメリカ合衆国の高校以下の教育レベルは平均的に見て、日本の水準よりも低めであると指摘されている。だからこそ、小学生の年齢で大学入学などという豪快なアクセレレーションが容認されれば、「才能児が窒息してしまう」ということになるのである。これはアクセレレーションを正当化する一つの根拠たり得るであろう。日本には、そのような差し迫った事情があるのであろうか。この

点はかなりの議論が存在するであろう。

　また、小学生の年齢で大学に入学するような豪快なアクセレレーションを容認する社会においては、公正性、平等性の問題に加えて、人間形成上の問題が発生しえる。学校教育の役割を、仮に学力形成と人間形成とするなら、異能の持ち主である才能児は、「年齢に合う教育」と「才能に合う教育」とが合致しない存在である。「年齢に合う教育」を受けると、授業内容のレベルの低さに適応できない。場合によっては才能がスポイルされることもあり得るであろう。つまり、学校のもつ学力形成の機能が十分に発揮できないということである。しかし、逆に「才能に合う教育」を受ける場合には、授業内容のレベルには満足するであろうが、友人ができにくいなどの問題を生み出す。それはそうであろう。10代前半の子どもが20歳前後の大学生たちと真の意味で友人となり得るであろうか。人間形成というものが、同年齢集団の子どもたちとの交友、切磋琢磨、共同作業のなかでなされるものであるとするならば、学校もつ人間形成の機能が十分に発揮できないということになりかねないのである。つまり才能教育は、どのように行おうとも何らかのリスクを必ず引き受けることになるのである。

　この点を念頭に置いて東アジアの才能教育を考える際に、重要な視点は激しい受験競争との関係性であるが、中国、韓国とも豪快な飛び級を容認し、受験競争において大きなアドバンテージを獲得できる。日本はささやかに「飛び入学」を容認するに過ぎない。しかし、公正性、平等性の面だけでなく、人間形成という面でのリスクを考えると、あくまでも「例外措置」として才能教育を位置づけることも、確かに一つの選択肢たり得るのであろう。

　個人の能力に応じた教育を受ける権利を満たすのみではなく、今後のグローバル化する社会において通用するグローバル人材を育成することを一つの国家目標として抱える才能教育が、幅広い社会的承認を取り付けて継続されていくには、効率性の面では、高コストではあるがそれに見合った人材育成に成功していることを示さねばならない。また、公正

性、平等性の原則に大きく抵触しない制度設計をしなければならない。この要請を両立させることは相当な困難を伴うし、結局のところ、効率性の視点からの人材育成という問題が、エリート教育のそれとどのように異なるのか、ということは、明瞭にしておかねばならない問題であろう。

あるいは第9章の中国の例に関して、国内に大きな教育格差が存在する場合に、南部広孝が述べるように、「教育機会の拡大・充実や格差の縮小による公平性の確保を強調して」素質教育が展開されているのであるが、このように公共政策として位置づけられて才能教育が展開される場合に、効率性の観点からはどのように評価されるのかが問題である。また第10章の韓国の例に関して、石川裕之が述べるように女子の才能教育参加者が少ない場合、それを公正性、平等性の観点からどう考えるのか、また効率性の観点を加味してどう改革していくことが可能なのかは重要な問題である。

その観点からすれば北村友人がコラム3で述べているように、一部のインターナショナルスクールなどの学校は、確かに才能教育を行っているのかもしれないが、恵まれた家庭の子どもにさらに恵まれた教育を提供する、格差拡大に貢献する社会的機能を担っているともいえるのである。もちろん、インターナショナルスクールの中には各種学校の認可さえ受けていない無認可校もあり、ばらつきが大きいことも事実である。ただ筆者が述べたいことは、才能教育を論じるときに、問われるべきことは「誰のための、何のための才能教育なのか」であるのだということに尽きる。

参考文献

麻生誠(2004)「参考資料 英才教育の今日的課題」麻生誠・山内乾史編『21世紀のエリート像』学文社、pp.145-155
ショヴァン、レミィ(前田嘉明・西畑明訳)(1980)『英才児―その検出と育て方と―』朱鷺書房
ウォーラー、ウイラード(石山脩平・橋爪貞雄訳)(1957)『学校集団―その構造と指導の生態―』明治図書出版

補論 エリート教育研究の課題と展望

山内乾史（神戸大学）

はじめに——関西人の意気

　筆者の本務校である神戸大学では毎年「入学・進学時アンケート」というアンケートを実施している。そこで神戸大学を選んだ理由などを尋ねているのだが、学部を問わず「京大に行きたかった」、「京大以外は大学と思っていなかったので、未だに京大に未練がある」という、われわれ神戸大学の教員から見ると残念な回答が少なからず見受けられる。現在、神大は後期入試を行っているが、京大・阪大では行っていないので、前期試験で京大・阪大を不合格になった学生が後期試験で合格して神大に入ってくるケースが少なからずある。

　ただ、ここで注意してほしいことは、「阪大（あるいは東大）に行きたかった」という回答はほとんどなく、「京大に行きたかった」という回答がほとんどであることだ。これは関西人のメンタリティにかかわることである。

　後出の竹内洋の名著『競争の社会学—学歴と昇進—』（1981）に収録されている「学歴志向の論理と心理」の 60 頁に次のような記載がある。

> …それにたいして戦後の経済の高度成長以降の教育アスピレーションは、きわめて均質化してきた。教育アスピレーションが、「競走モデル」（race model）にそって考えられるべき社会になった。**万人が東大へウォーミング・アップされる社会になったのである。**（強調は山内による）

　竹内は筆者が最も尊敬し影響を受けてきた教育社会学者の一人である

が、この記述に限っては、強い違和感がある。この著書が出版されたのは1981年で筆者が高校三年生の時で、まさに筆者自身が受験生であった時である。たしかに、関東甲信越ではかなりの受験生が「東大へウォーミング・アップ」されていたのであろう（竹内は新潟の出身である）。しかし、筆者の周囲にいた秀才たちのほとんどが「東大へウォーミング・アップ」されている状況には程遠かったというのが実感である。麻生誠（1983a）においても「閉鎖的・硬直的高等教育ピラミッド」という表現が出てくる。

　大阪生まれで神戸育ちの筆者にとっては当たり前のことであるが、関西人のメンタリティとしては、「仮に東大を受けたら合格するとしても京大に行く」という受験生が周囲には大変多かった。京大は東大の代替物ではなかったのである。決してイソップ童話の「すっぱい葡萄」ではないのだ。京大が関西人に愛されるのは、「京大こそ、もっとも大学らしい大学」であるというところに理由があり、他のいかなる大学も代わり得ない強烈な個性を持っているのだ。

　もちろん、兵庫県の私立中高六年一貫校の中でも、灘高等学校では医学部志望者を除くほぼすべての生徒が東大を目指し、甲陽学院高等学校では半数が東大、半数が京大を目指すといわれていた。しかし、灘高は関西でも例外的な存在である。筆者の在籍していた学校は、関西志向が極めて強く、同じ法人が設立した上智大学への進学者を除いて、かなりの者が京大、阪大、神大に進学していた。「東大に行けるとしても京大に行く」、「東京工業大学に行けるとしても阪大に行く（阪大は、1929年に東京工業大学と同時に大学昇格を果たした旧制大阪工業大学が前身である）」、「一橋大学に行けるとしても神大に行く（神大は、1929年に大学昇格を果たした旧制神戸高等商業学校が前身である）」という感覚であり、関西に十二分に同格の大学があるのに、何を好んで「東下り（あずまくだり）」をしなくてはならないのかという感覚があったのである。関東の大学へ行く関西人は、筆者たちの感覚からしたら「変な奴」であり、そういった連中が夏休みに帰省して東京言葉に染まっていたりしたら心底軽蔑したものだ。

　筆者たちが極端なのだろうか。決してそうではなく、繰り返すが、関

西人にとって京大は特別な大学であり、阪大・神大とも格段に違う特別な大学である。もちろん、旧帝大の場合、東大、京大はもちろんのこと、北大、東北大、名大、九大といった旧帝大は各地域の秀才を集める。とびぬけた才能児もそこには多く存在するであろう。すべての才能児が地元を離れて東大を目指すわけではないのである。同じように、関西地区では多くの秀才と呼ばれる受験生がまず京大を目指す。阪大は、他の旧帝大と異なり、すぐ近くに京大という上位の旧帝大があるがゆえに、よく言えば粒がそろっているのであり、悪く言えばとびぬけた学生がいない。神大も同様である。阪大や神大には真面目な秀才は多いが、個性あるとびぬけた才能はほぼすべて京大に集まる、それが関西である。

筆者の個人的な感慨を述べるだけでは説得力に欠けるので1980年に日本リクルートセンター出版部から刊行された大学総合研究シリーズ企画編集委員会の編集による『京都大学＝総合研究』と『大阪大学＝総合研究』から関係する部分を引用する。ちなみにこの一連の『総合研究』シリーズは1980年代の受験生の間でかなり読まれ、旧七帝大、東京工業大学、筑波大学、一橋大学、横浜国立大学、早稲田大学、慶應義塾大学、上智大学、関関同立等の27大学に関して刊行されている。このシリーズの企画編集委員には高等教育研究で高名な天野郁夫（現在、東京大学名誉教授）が入っているのが大きな特徴である。

さて、『京都大学＝総合研究』によると、例えば理学部を1978年に卒業してミノルタカメラに入社したＵ氏は次のように述べる。

> 就職して感じるんですが、企業では確かに京大生はエリート。だけど、京大卒のデメリットはありますよ。京大卒だというと、工場の女の子が何か話しにくそうでした。もっとも初対面のころでしたが。

また、農学部を1975年に卒業して大和銀行に入行したＫ氏は次のように述べる。

> ただ、京大卒というのは入社当時、隠していたんです。周りの人と何か壁が

できるんじゃないか、と考えた。今は京大卒にもバカな奴がいると皆思っていますよ。

ところが『大阪大学＝総合研究』によると、基礎工学部に一浪して1980年に入学したH氏は次のように言う。

要するに超難関大学以外に合格する秘訣は、ちょっと勉強するフリをして、健康的にテニスをやって、十時間睡眠をとることである。

H氏が言うように、関西人の感覚では、阪大は「超難関大学」ではない。超難関大学とは東大、京大、そして国立大学医学部（のいくつか）を指していた。関西人にとって、阪大や神大に合格するということは、ほどほどの達成感と少しばかりの挫折感を伴う体験で、京大合格者のように「てっぺんを取った」という感覚はないのである。

何を言いたいのかというと、社会科学の研究においては過去、東京中心主義的な傾向、東大中心主義的な傾向が少なからず見られたが、エリート研究においても、エリート教育研究においても、その傾向は、今なおかなりみられるということである。

さて、後に述べるようにエリート教育の研究に最も熱心に取り組み、大きな成果を上げてきたのは麻生誠と竹内洋である。いずれも教育社会学者であり、麻生は東大、竹内は京大の出身である。

麻生は生前、筆者に直接、東大と京大の教育社会学研究の違いについて「東大は首都にあるから政策志向が極めて強く、京大は政策よりも純粋な研究としての面白さを目指すのだ」と指摘した。これは至言である。確かに、今日に至るまで東大の教育社会学は「規範学」ではなく「政策科学」を志向する傾向が強く、東大出身の教員が多い名大、阪大にも同様の志向が見られる。しかし、京大はかなり異なる。例えば、かつて教育社会学講座担当教授であった渡邊洋二の主著が、丹念なフィールドワークに基づく『街娼の社会学的研究』（鳳弘社、1950）であることにもそれは表れていると考える。研究成果が政策立案に応用されるのはよし

とするが、政策立案に役立てることを目的として研究をしないということである。

ただ、東大であれ、京大であれ、他の大学であれ、教育社会学に関しては、教育学で取り扱われないようなテーマを規範的にではなく、機能的に分析するという点において、一種のフロンティア精神というか、前衛性があり、エスタブリッシュされない、若々しい異端性に魅力がかなりあった。今、教育社会学もすっかりエスタブリッシュメントの一翼になってしまった感があるが、筆者がこの領域に足を踏み入れたころは初期の若々しさがまだ保たれていた（つまり、異端児扱いされた）。

脱線するが、別の機会に、麻生は「京大はスターを一人作り出して、弟子や研究仲間がそれにぶら下がる。そういうことを組織的に非常にうまくやる」と指摘した。筆者の実感もまさにそうである。これは竹内の言う「納豆移動」（「納豆移動社会」『大学の下流化』NTT出版、192頁〜194頁）ということになるのであろう。

いずれにせよ、東京中心主義的、東大中心主義的なエリート教育論と、それに疑義を唱えるエリート教育論があることを念頭において以下の議論を進めたい。

1 エリート教育研究の不振の原因と残された課題

エリート教育については、戦後、GHQの「日本社会の民主化」、「教育の民主化」政策のために、実践のみでなく、研究までもタブー化され、公教育からは放擲された。麻生がこの研究に取り組む1960年前後においては「優生学や民族主義のにおいのプンプンする危険な研究である」ととらえる向きさえあった。生前、麻生本人から、エリート教育の研究をしたために、どれほどひどい迫害を受けてきたか、よく聞かされた。麻生が大学院生の時に、評価してくれた数少ない理解者の一人が、当時東大で研究を進めていたR.P.ドーア氏であったらしい。よほどうれしかったのだろう、そのことを筆者は繰り返し聞かされた。終生、コンピュータやインターネットと無縁だった麻生がサンプルとして取り上げ

る膨大な数のエリート一人一人をカードに記入して、数千枚のデータファイルを作り上げ、それを繰って、理解も評価もされにくい研究分野に黙々と取り組む姿はおそらく相当に孤独なもので、孤立感も味わったことであろう。今風にいうなら教育学部は、そして戦後日本社会は麻生にとって完全な「アウェイ」だったのである。

　時代が下って、1960年代半ばから1990年代にかけては総論的なエリート研究も領域ごとのエリート研究も盛んに行われるようになってきた。しかし、21世紀に入ってからは、竹内による一連の研究を除いて、散発的にしか行われていない。その理由を5点に関して考察したい。

『人事興信録』等のエリート・インデックスが発行されなくなった。

　この領域のパイオニアである麻生誠（1960）、青沼吉松（1965）、中道実（1973,1974）、岩見和彦他（1981）等の研究においては、しばしば各種のエリート・インデックスが用いられてきた。なかでも包括的なエリート・インデックスとして『人事興信録』は重宝されてきた。

　しかし、『人事興信録』は1903年から戦中も出版され続けたのだが2009年に第45版が刊行された後に無期限休刊になった。(**表補-1**を参照のこと）またほぼ同時期1889年に刊行され始めた『日本紳士録』は1889年から出版され2007年に第80版を出版して無期限休刊になった。理由の一つとして2005年に施行された個人情報保護法の影響と、ほぼ同時期に頻発した、いわゆる「『紳士録』詐欺」の影響が挙げられる。これらの影響で「紳士録」への掲載を拒否する動きがかなりみられるようになった。「『紳士録』詐欺」とは、「『紳士録』に掲載するから」と掲載料を要求し、掲載を拒否すると今度は削除料を要求するというかなり悪質で執拗な詐欺である。かつては掲載されることは名誉と考える人が多かったのだが、個人情報保護の観点からも、詐欺からの自衛の意味でも、掲載を忌避する動きが大きくなってしまった。このことは、この種の人名録に大きな打撃を与える。それが廃刊理由の一つでもある。

　例えば『朝日新聞』2007年4月29日には「『日本紳士録』無期休刊へ―掲載辞退増で『使命終えた』―」(http://www.asahi.com/culture/news_

culture/OSK200704290022.html　平成 30 年 3 月 12 日閲覧）という記事が掲載された。これによれば「掲載された連絡先に電話して『掲載や削除が有料になった』と代金を請求する詐欺は、『古典的な手口』として以前からあったが、警視庁が 05 年に詐欺や恐喝などの容疑で 14 人を逮捕した事件では、14 億円以上を脅し取られた元会社員もいて、社会的な注目を浴びた。国民生活センターや各地の消費生活センターに寄せられる同様の相談は年間計 2000 〜 3000 件に達している」ということであり、その結果 2000 年ころには最大 14 万人を掲載していたのが掲載拒否の動きが広がり、10 万人を下回ったとのことである。さらに同記事によれば、『人事興信録』においても「掲載を希望しない人は他社でも増えている。1903（明治 36）年から『人事興信録』を発行する『興信データ』（東京都千代田区）によれば、同社が今年 3 月に発行した最新版の第 44 版は、掲載人数は約 8 万人。3 〜 4 年前から掲載を断る人が増えており、10 年前より約 3 割減ったという」ことである。確かに最後となった『人事興信録』第 45 版（2009 年刊行）の掲載人名数を 8 年前（個人情報保護法施行前）の第 41 版（2001 年）と比較すると、四分の三に急減している。

　なお、ビジネス・エリートのインデックスとしては、ダイヤモンド社の『会社職員録』が頻繁に用いられてきた。後出の竹内洋の『競争の社会学』でも用いられている。しかし、これも 2011 年度を最後に刊行されていない。これら代表的な『紳士録』が刊行されなくなったことはエリート研究、エリート教育研究の遅滞に少なからず関連があるといえよう。

表補 –1 『人事興信録』の版数と刊行年度

初版	1903（明治36）年	第24版	1968（昭和43）年
第2版	1908（明治41）年	第25版	1969（昭和44）年
第3版	1911（明治44）年	第26版	1971（昭和46）年
第4版	1915（大正4）年	第27版	1973（昭和48）年
第5版	1918（大正7）年	第28版	1975（昭和50）年
第6版	1921（大正10）年	第29版	1977（昭和52）年
第7版	1925（大正14）年	第30版	1979（昭和54）年
第8版	1928（昭和3）年	第31版	1981（昭和56）年
第9版	1931（昭和6）年	第32版	1983（昭和58）年
第10版	1934（昭和9）年	第33版	1985（昭和60）年
第11版	1937（昭和12）年	第34版	1987（昭和62）年
第12版	1939（昭和14）年	第35版	1989（平成元）年
第13版	1941（昭和16）年	第36版	1991（平成3）年
第14版	1943（昭和18）年	第37版	1993（平成5）年
第15版	1948（昭和23）年	第38版	1995（平成7）年
第16版	1951（昭和26）年	第39版	1997（平成9）年
第17版	1953（昭和28）年	第40版	1999（平成11）年
第19版	1957（昭和32）年	第42版	2001（平成13）年
第20版	1959（昭和34）年	第43版	2003（平成15）年
第21版	1961（昭和36）年	第44版	2007（平成19）年
第22版	1964（昭和39）年	第45版	2009（平成21）年
第23版	1966（昭和41）年		

出典　筆者作成

『人事興信録』、『日本紳士録』等エリート・インデックスの掲載基準が曖昧である。

　もし仮に、『人事興信録』、『日本紳士録』、『会社職員録』が刊行され続けていたとしても、問題がないわけではない。これらエリート・インデックスの掲載基準があいまいではないか、また掲載基準がエリートの領域ごとに異なるのではないか、という疑義はかねてから提出されていた。このエリート・インデックスの掲載基準のあいまいさは、そのインデックスを使用した研究が、そのまま当該研究の限界・欠点として引き受けることになる。なお、古典的な研究のいくつかにおいてはどのインデックスを使用したかすら明示されていないものもあり、今日の観点からは論外である。

　『人事興信録』という資料それ自体の研究が必要であるが、これについては、増田・佐藤（2017、2018）による詳細な考察が開始されており、今後の展開が期待される。なお、この考察によると、第4版の掲載人数は13917名である。これは索引で掲載人数をカウントしてもわからない数字であるとのことである。平成以降の『人事興信録』は8万人〜10万人を掲載しているので、版によって掲載人数もかなり異なる（つまり、掲載基準が一定していないということになる）という難点もあるわけだ。つまり、『人事興信録』にあるカテゴリーの人物がより多く掲載されるようになった、あるいはより少なく掲載されるようになったという変化があったとして、それが『人事興信録』の掲載基準の「ブレ」を表すのか、それとも「どのような人物が社会でエリートとみなされているか」という価値基準の変化を表すのか、区別がつきにくいということになるわけである。後者であれば研究の価値は大きいが、前者であればこの資料を用いて研究する価値は大きく減ぜられる。

　なお、『人事興信録』と『日本紳士録』を比較したとき、青沼吉松（1965）が指摘する通り、『日本紳士録』の記載よりも『人事興信録』の記載の方が詳しい。青沼自身も、麻生誠、中道実、岩見和彦他あるいはそれ以降の研究者も『日本紳士録』よりも『人事興信録』をインデックスとし

て重宝してきたのはその故である。ちなみに麻生(1991)は、『人事興信録』を用いるデメリットとして、「(1) ある特定の職業集団（たとえば、経営者）が、実際に保持している権力や威信に比較して多く選ばれている可能性があること、(2) 潜在的な権力保持者が記載されていないこと、(3) 記載されたエリートたちのもつ権力や威信に階層的な差異があるにもかかわらず、彼らを一様にエリートとして包括していること」をあげている。逆にメリットとして、「(1) 記述が比較的正確で、社会的に一応誰もがエリートだと思われる枠のなかで人びとが選ばれており、その意味で社会的普遍性が保たれていること、(2) 時系列的に、広い範囲のエリートを比較考察しようとした場合、ナショナルな広い範囲で、明治初期から一貫して編纂されたエリートの資料としてこれが唯一のものであること、(3) 日本以外の国においても、類似の資料（たとえば"Who's Who in America"）が存在しており、国際比較が可能であること」をあげている（248頁～249頁）。なるほど、類似の『紳士録』や『名士録』と銘打った資料としては、『日本紳士録』、『日本人事興信録』、『全日本人事興信録』、『帝国人事興信録』他種々あるが、長期にわたって（2～5年間隔で）発行され続けていること、記述の正確さにおいて最も信頼できるということであろう。麻生本人は筆者に直接「『人事興信録』は実に怪しげな資料だ。しかし、他の資料をもって代えがたい」としばしば話していた。

　さて、麻生は、今や古典的名著となっている『エリート形成と教育』第1章第2節において、「エリートとは何か」について、麻生が敬愛するジョルジュ・ギュルヴィッチの集団論を参照して、エリートを他の集団から区別する基本的指標として以下の9つを挙げる。すなわち、「(1) 接近の様式、(2) 内容、(3) 容量、(4) 分散の程度、(5) 機能、(6) 全体社会（社会体制）との関連様式、(7) 統一度、(8) 構造化の程度、(9) 社会階級との関係」である。麻生は「以上の社会集団としてのエリートのもつ九つの基準によって、エリートについて、ほぼ余すところのない定義を与えることができる」として、エリートを下記のように定義する。

　　エリートとは、一定の全体社会において平均人よりすぐれた内的属性ある

いは有利な外的属性をもち、一定の領域と水準におけるリーダーシップの機能を通じて、全体社会の規定となっている諸価値を増殖したり維持したりすることによって、全体社会の決定力の構造に主体的構成的に関与するところの、一定の集団意識と特殊な文化所産を包み込んだ、高度の構造化への傾向を持つところの機能集団である。そして、この機能集団は、一定の全体社会における機能的集団の位階制の最高位に位置づけられ、超機能集団である社会階級の位階制とあるときは重なりあい、ある時は相争い、ある時はそれに優位に立つ。産業化の進展とともに、エリート集団は社会階級からの分離度を強め、多元化され、多元化されたエリート集団はその相対的自立性を強めていく傾向がある。

　この節の最後に麻生は「この定義が、いままで、きわめてあいまいであった社会学におけるエリート概念を、どれだけ練りきたえ、同時にそれを明確化し得たか？この問に答えるものはこれを現実に適用し、実証によって検証するほかないであろう」と述べる。ただ残念ながら、いかに「集団としての定義である」と述べようとも、個々の「エリート」が、「エリート」たるゆえんとして、結局のところ『人事興信録』に掲載されているという以上の根拠を持たない以上、ひとり集団の定義だけを練り鍛えたところで、その定義の適否を確認するすべはないであろう。
　なお、定義に関して、麻生によればエリートは機能集団であり、支配階級は超機能集団であるとする。この発想にはC.W.ミルズの影響を見ることができる。しかし、マルクス主義社会学のアプローチは異なる。例えば、ミルズの一連の業績を検討に値する良質な研究と高い評価をしながらも、容赦ない批判をするH.アプセーカー（1962）はミルズの代表作『パワー・エリート』に対する批判の根幹に階級概念ではなく、エリート概念に基づいて分析したことを滲ませている。この点については、機能主義社会学者とマルクス主義社会学者とで、根本的な見解の相違があるのであろう（ミルズが「階級概念」ではなく「パワー・エリート」の概念を用いる理由については同書第12章「権力エリート」を参照のこと）。ただ、ここで述べたいことは、マルクス主義社会学の視点についてではない。エ

リート研究として行うべきではない（あるいは行う必要がない）研究対象をエリート研究の枠組みでとらえようとする研究も登場してきたのではないかという疑義についてである。その代表例が筆者自身の研究（1995）である。

高等教育機関がエリート養成機関ではなくなった。

マーチン・トロウの著名なエリート、マス、ユニバーサルの高等教育の三段階発展仮説によると、高等教育機関がエリート教育機関でなくなるのは1960年代後半である。麻生に始まる一連の研究においては、高等教育機関がエリート教育機関であるという前提の下で考察が深められてきた。しかし、戦後、日本に導入された段階型（単線型）教育制度により、かつてのエリート高等教育機関が、制度上、他の高等教育機関と同等になり、さらに大衆化、ユニバーサル化によって実質的にも非エリート高等教育機関化が進んできた。エリート教育、エリート形成と教育の関係を研究する場合にこのことは深刻な意味を持つ。

竹内は歴史社会学的な手法で、戦前期〜1960年代ごろまでの日本の高等教育機関がエリート段階にあった時期に絞り込んで、丸山眞男や吉本隆明らの研究を進めている。マス段階以降の日本のエリート教育については、ほとんど着手されていないのが実態ではないだろうか。

ビジネス・エリートが肥大化した。

これは、個人的な疑問であるが、麻生の『エリート形成と教育』によれば、1964年の時点でビジネスリーダーは全エリートの70％を超えている（215頁）。また、麻生・山内編（1994）によると1991年のサンプルにおいては実に77.9％を占めている。これでは包括的なエリート研究といえども、ビジネスリーダーの研究に若干のその他の領域のエリートを加えただけであり、ビジネスリーダーの数量的肥大は包括的なエリート研究の意義を低下させることになる（ただし女性エリートに関しては別である）。言い換えれば、他のエリートの特徴がビジネスリーダーの特徴によってかき消され、ビジネスリーダーの特徴が強調されることになる

のである。したがって、領域別のエリート研究が必要になるということである。

ビジネス・エリートの研究に限定してみると、黒岡千佳子（1982）、麻生（1983b）、麻生・山内編（1994）のように大企業ビジネス・エリートと中企業ビジネス・エリートを比較検討したものがあるし、青沼、萬成の研究においても―4限界はあるものの―ビジネス・エリートをサブカテゴリーごとに比較検討している。そういった努力は他の諸研究にもみられるけれども、限定的である。

筆者が指摘したいことは、エリートを集団として、数量において把握しようとする麻生以降の研究手法の限界がここに見られるということである。ビジネス・エリートの肥大化を高度経済成長の結果として見られる産業界の発言力の増強とか、「経済的価値の重視」の結果と考えることは正当なのであろうか。

周知のとおり、ミルズは政治・経済・軍事の三領域のエリートを「パワー・エリート」と称した。したがって、政治エリート、ビジネス・エリート、軍事エリートの研究が各国とも存在する。ただ、日本においては、軍事エリートは（自衛隊はあるものの）戦後日本には存在しない。しかし、その代わりに高級官僚が存在する。日本においては、英米と比べて高級官僚の占める位置が異なるのであり、高級官僚の数量的研究が重要であるにもかかわらず大いに不足している。日本の高級官僚は英米のように政治任用ではないのであり、政治エリートとは別に独自に研究する必要があるカテゴリーである。高級官僚は政治エリートの供給源にもなり得る（官僚派政治家）し、ビジネス・エリートの供給源にもなり得る（天下り）し、大学教員の供給源にもなり得る。その意味で清水による高級官僚の研究（2013）は、きわめて貴重なものであるが、政治学、歴史学の立場からの高級官僚論だけでなく、清水のアプローチよりもさらに教育あるいは試験制度との関連に重点を置いた高級官僚研究が今後強く望まれると考えられる。竹内洋（1993a）が、麻生が高級官僚の研究を深めなかったことを残念がっているのはここに理由があると考える。数量的に見れば高級官僚は限られている。しかし、そのパワーは相当に大きいもので

あり、他の領域のエリートにも大きな影響を及ぼす。しかし、集団的な手法、数量的な手法で把握する限り、ビジネス・エリートの陰に隠れてしまうのである。麻生のいわゆる「キャリア＝制度論的アプローチ」では「影響力の質」を把握することが困難なのである。

とかく発想が東京中心主義、東大中心主義になりがちである。

　従来のエリート研究のアプローチのゆがみとして、東京中心主義的、東大中心主義的になりすぎることがあげられる。これは麻生以降顕著になったことである。麻生はキャリア・アプローチと制度論的アプローチを融合した「キャリア＝制度論的アプローチ」を用いて分析を行った。このように外的属性を中心に、集団としてエリートをとらえたことが麻生の最大の功績であり、オリジナリティである。しかし、外的属性に明白な序列構造がある場合には、問題が生じ得る。例えば高等教育を受けていないエリートが駆逐されて、高等教育を受けたエリートが増加すれば、近代的な教育を受けた（つまり「業績主義によって選抜され、組織的に育成された」ということになるのであろう）エリートが、世襲エリート等に代わって登場するということであり、「エリートの近代化」が進んだとみなす、というわけである。ただ、こういう論理を究極まで押し進めると、エリートが全員東大出身者になれば業績主義の究極の姿が実現するということになりかねない。

　麻生がパレートの「周流」の概念を用いて『エリート形成と教育』において述べるところによれば下記のとおりである。

> 一般的にいって、学歴エリートの「個人的周流」は大きく、「社会的周流」は小さく漸進的性格を持つということができる。(291頁、傍点は麻生による)

　すなわち、特定個人がエリートポストを長期間独占することは少ないが、エリート観の外的属性、特に学歴の共通性は高いということである。このことは、日本社会が民主的であり、業績主義的であることを示す証左なのであろうか？

エリートの来歴に見る限り、ほぼ近代教育を受けた人々でエリートのポストが占められるようになるのは昭和戦前期である。しかし、そのエリート教育における近代化のひとまずの完成期が、大日本帝国の崩壊と重なるというパラドックスの意味を十分に解きほぐすという課題は残されたままである。そこで「東条英機は小物だった」式の個別的資質論ではなく、近代日本のエリート形成システムに埋め込まれた欠陥を剔抉すべきなのであろう。

このような発想は社会学者の吉見俊哉にもみられる。名著『大学とは何か』(岩波書店、2011 年) 150 頁に下記のような記述がある。

> …明治中期以降の帝国大学では、その中心部（東京帝大）では法科系ゼネラリストへの重心移動が起きており、その周縁部の地方帝大では理工系テクノクラートの養成システムが発達し、植民地の帝大はその両方の要素を併せ持つというという重層的な構造が形成されていたのである。もちろん、これは、帝国自身が、中心部からは社会の「管理」を、その周縁部では社会の「開発」を、植民地ではその両方を必要としていた構造に対応するものであった。

中心部＝都市部にある先発帝大としての東京帝大と、その他の周縁部＝地方にある後発の六帝大、さらに植民地の二帝大という三層構造について書かれた一文であるが、札幌、仙台、名古屋、京都、大阪、福岡といった政令指定都市でさえも、東京からは周縁部＝地方にしか見えず、そして研究大学の代名詞として何かと「旧帝大」とまとめられる（東大以外の）6 大学も、東大からは周縁部＝地方にできた（東大の不完全なコピーとしての）後発帝大にしか見えないということなのであろう。

また竹内洋が頻繁に使用する用語でもあるが、中心部＝都市部にある大学の中でも東大だけが正系で屹立し、一橋大や東京工大など他の大学は傍系ということになるのであろう（竹内の「正系」、「傍系」という用語については例えば、竹内 (2001)『大衆モダニズムの夢の跡―彷徨する「教養」と大学―』（新曜社）の 168 頁「『一橋的』教養主義」を参照されたい）。

言い換えれば、戦後日本で行われてきた実証的なエリート研究は、あ

る種の「日本人観」、「日本社会観」を前提にしていたということである。そして筆者は、その「日本人観」、「日本社会観」に強い違和感を覚えるのである。このような「日本人観」、「日本社会観」においては、東京、東大を頂点とする序列が明白にある。出生地や出身地については選ぶことはできないが、学歴については能力に応じてその序列の中から最も高位のものを選ぶはずという「日本人観」、「日本社会観」が根底にあるのだ。そのような一元的な合理的選択を行う、ロボットや機械のような人間観、社会観は関西人の最も嫌うところでもある。しかし、そもそも社会学（そして教育社会学も）とは、多様性を尊重する学問ではなかったか？「東大進学が可能でも京大に行く」という一見、関東人には非合理に見える行為であっても、それが許容されるのが人間社会であり、それを研究するのが社会学（教育社会学も）ではなかったのか？

　さて、こういった理由から研究が不活発になっていると考えられるが、残されてきた重要な課題を二つ挙げておく。

学習院の研究、貴族院の研究は必要ではないのか？

　これまで日本のエリート研究というと、とかく「旧制高校→旧制帝国大学」といったルートのエリートが強調されがちで、戦後においてはビジネス・エリートが強調されがちだったことは述べてきたとおりである。その「旧制高校→旧制帝国大学」型のエリートにおいても、麻生以降の研究においては「一高→東京帝国大学」型のエリートが強調される傾向が強く見られた。

　ところが、他の類型のエリートが日本に存在した可能性があるように筆者は考える。例えば、戦前の学習院は華族の子弟のための学校として1877年に設置され、宮内省の管轄下におかれた。言う間でもなく、れっきとした官立学校であり、戦後の私立学校としての学習院とも根本的に異なる。ただし、文部省の所管ではない、華族の子弟のための学校ということで、他の文部省所管の学校とは異なる性格を有していた。文部省からすれば統制しづらい学校だったのである。しかし、これまで旧制高

等学校の研究といえば、一高、三高に代表されるナンバースクールを頂点として想定する研究が多く、管見に入る限り、学習院の特殊性にはあまり言及されなかった。

　竹内の著書『大衆モダニズムの夢の跡―彷徨する「教養」と大学―』（新曜社、2001）に収録されている「エリート養成スクール」87頁に次のような記述が出てくる。

　　それに対して旧制高等学校の特徴は、厳密な能力主義的な選抜にあった。たとえ華族でも、入試で特別優遇はしなかったのではないかと思われる。状況証拠ではあるが、明治末に学習院の中等科から高等科へ行かず、官立の高等学校を受験した華族の子弟の合格率を調べてみると、十数人が受験して合格は一人。合格率が異常に高ければ特別扱いされていたといえるが、そのときの全国平均の合格率は三〇％ぐらいだから、学習院中等科を出た人が高校入試で特別扱いされた形跡はないようにみえる。そういう意味では、エリートの補充の裾野は、イギリスよりも日本の方が広がりが大きかったといえよう。

　これには少し注釈が必要である。例えば、昭和10年の高等学校別東京帝大合格率のデータを見ると、全体で4533名受験して2205名が合格している。合格率は48.6％である。ただし、法学部は1635名が受験し655名が合格、合格率は40.1％、医学部医学科に至っては429名が受験し130名が合格、合格率は30.3％、工学部は927名が受験し324名が合格、合格率は35.0％である。学習院高等科はどうかというと、東京帝大全体に関しては36名が受験し18名が合格している。合格率は50.0％である。法学部は5名が受験し1名合格、医学部は4名が受験し全員不合格、工学部は5名が受験し2名が合格している。なるほど、確かに特別扱いはされていないように見える。また、昭和21年には学習院高等科の入試要項が発表され、文科志願者360名に対し合格者は51名、理科志願者474名に対し合格者は46名とかなりの競争試験になっている。ただ次のような指摘もある。

いずれも学習院初等科、中等科、高等科の卒業生で、日本を代表する小説家・劇作家である三島由紀夫と美術評論家である徳大寺公英（学習院で三島の4年先輩にあたる）の対談「青春を語る　戦争の谷間に生きて」（『三島由紀夫集（現代日本の文学35）』（学習研究社刊行）の月報6）（1969）において、学習院について次のように述べられている。

　三島　しかし、考えてみると戦争中、あんなリベラリストの学校ってなかったろうな。変な特権意識でリベラリストだった。でも、戦後、安倍能成になってから、すべてダメになった。一高的な、つまり教養主義ってものを学習院へ導入した。それが、学習院には、古くから教養主義というものに対する非常な侮蔑があってね。

　徳大寺　本を読むということを軽蔑する。それはあったね。

　三島　そのね、三つ子の魂百までってのは、ぼくはいまでも残っている。ぼくは大学の先生ってだいっきらいだし、だいたい、インテリゲンチャってきらいでしょ。その体質は二十何年たったって、全然直らないね。文士ってものに軽蔑感をいだくのは、やっぱりそれだね。「白樺」と接触しなかったのは、「白樺」があまりにも学習院を代表しちゃったから反感をもったんだな。だけどあれは、オーソドックスな学習院じゃないんですね、結局。

　徳大寺　そうでしょうね。だから、ぼくはあのころ志賀（直哉）さんに会って、あなたの小説を批評したりしていたけれども、ぜんぜん志賀さん、理解していないものね。

　三島　そうですか。

　また、この月報には収録されていないが、この対談のロングバージョンである『決定版　三島由紀夫全集』第41巻（音声）（2004）のCDに収録されている「青春を語る」において、関連する発言がある。

三島 まあ、すごい天才と、すごいのんきな人とね、二種類いるんですよ。それで、どっちが威張っているかっていうと、学校ができない方が威張っていた。できないほど学習院らしいっていうんでね。それはね、ぼくはイギリスのジェントルマンシップの伝統が残っていると思うんですよね。本を読むのを軽蔑するんですよね。あんまり本ばっかり読むのはよくない。ジェントルマンらしくない。

徳大寺 それはイギリスかな？

三島 イギリスですね。イギリスではインテリゲンチャというのはある程度下の階級だから。

さらに別の箇所で一高を引き合いに出して述べているが、「一高生＝知的エリート＝本を読む人＝インテリゲンチャ＝ジェントルマンより階級が下の人」という意味で述べられている。また旧制学習院初等科の入学資格について次のように述べている。

三島 華族はフリーパスなんだ。われわれ平民はね、三人の華族の推薦状がいる。それでぼくが初等科に入るときにはね、三人の華族の推薦状を持って入ったんだ。

つまり、三島自身は試験を経て入学したわけではないということであるが、その後、中等科も高等科も入学試験はなく、首席で卒業時に恩賜の銀時計を拝領した。東京帝大法学部にも推薦で入ったため、初めて受験した競争試験が高等文官試験だったということである。ちなみに、三島の反知性主義は有名な東大全共闘との対話集会においても表明されている。

…その政治的思想においては私と諸君とは正反対だということになっている。

まさに正反対でありましょうが、ただ私はいままでどうしても日本の知識人というものが、思想というものに力があって、知識というものに力があって、それだけで人間の上に君臨しているという形が嫌いで嫌いでたまらなかった。具体的に例をあげればいろいろな立派な先生方がいる…。そういう先生方の顔を見るのが私は嫌でたまらなかった。これは自分に知識や思想がないせいかもしれないが、とにかく東大という学校全体に私はいつもそういうにおいを嗅ぎつけていたから、全学連の諸君がやったことも、全部は肯定しないけれども、ある日本の大正教養主義からきた知識人の自惚れというものの鼻を叩き割ったという功績は絶対に認めます。(拍手)

いずれにせよ、知性主義、教養主義の牙城としての旧制高校群とは異なる異質な旧制高校としての学習院高等科の研究が必要ではないだろうか？そのことによって、戦前期日本のエリートを重層的に理解できるのではないだろうか。また、学習院では多くの華族の子弟が学んだわけだが、彼らの中には長じて貴族院議員になったものも少なからず存在する。権力装置としての貴族院は、衆議院とは異なる重み、性格を持つ独特の議会であった。残念ながら管見に入る限り、政治学の領域において貴族院の研究は僅少である。そこで活躍した貴族院議員たちについても、研究が十分になされていない。この領域の研究が進めば、戦前期日本のエリートについてまた異なる側面を明らかにすることにつながるのではないかと考える。

国際比較が必要ではないのか？

もう一つの問題点は日本におけるエリート形成と近代教育との結びつきが国際比較の観点からどれぐらい強いのかについて検討することである。

ここでは、あくまでも考えるための材料として、仮に首相ないし大統領という政治エリートのトップと学歴の関係について簡単にみておきたい。

まず、**表補-2**を参照されたい。これは加藤友三郎以降の日本の歴代

首相の学歴を調べたものである。加藤友三郎以前の首相は近代の学校教育制度を通過していない者が多い（唯一の例外はソルボンヌ大学を卒業した西園寺公望）ので省略した。52名の首相と3名の臨時代理、計55名について学歴を見たところ、第二次世界大戦以前の平沼騏一郎までの14人の首相と2人の臨時代理のうち、近世以前の私塾出身者が3名、東京帝大出身者が7名（近衛文麿を除き全員法学部）、軍学校出身者が6名である。第二次世界大戦期の阿部信行以降6名の首相については、いずれも軍学校（陸軍士官学校→陸軍大学校か海軍兵学校→海軍大学校）の出身である。しかし、第二次世界大戦後、幣原喜重郎から宮澤喜一までの20名の首相については11名が東京帝大（全員法学部）である。残る9名のうち、早大が3名、京都帝大、東京商科大、神戸商業大、明治大、農林省水産講習所が各1名である。田中角栄の高等小学校卒という学歴は際立っている。この時期で新制大学の出身者は海部俊樹1名であり、他はすべて旧制の出身である。

　ところが中選挙区制から小選挙区制への移行を含む政治改革法案の審議をめぐって宮澤内閣が総辞職したのち、13名の首相が誕生している。13名全員が高等教育を受けているが、東大卒は鳩山由紀夫1名（しかも工学部）、他に国立大出身者は菅直人しかおらず、いずれも理系である。また、村山富市を除いてすべて新制大学の出身者である。

　つまり、まとめると、55名の首相及び臨時代理のうち、19名が東京帝大（うち18名が旧制東京帝大、1名が新制）、12名が軍学校という経歴である。

　このように見てくると、首相という政治エリートの形成に関して、東京帝大は、第二次世界大戦以前においては軍学校と並ぶ主要ルートの一つではあったが、独占していたわけではなく、むしろ第二次世界大戦中は軍学校が独占していたのである。第二次世界大戦後ほぼ旧制高等教育を受けた世代が社会の第一線から退場するまでの半世紀において東京帝大は最重要ルートとなるが、その後の新制高等教育を受けた世代の時代になると、様々なルートの一つにすぎなくなってしまったようにみえる。

　このような傾向はどの国を見ても言えることなのであろうか？

表補-2 日本の首相（加藤友三郎以降）の学歴

氏名	出生地	就任	離任	学歴	学部	註
加藤友三郎	広島	1922	1923	海兵→海大		旧制
（内田康哉）	熊本	1923	1923	同志社英学校→東京帝大	法	旧制
山本権兵衛	鹿児島	1913	1914	海兵		旧制
		1923	1924			
清浦圭吾	熊本	1924	1924	咸宜園		私塾
加藤高明	愛知	1924	1926	名古屋洋学校→東京大学	法	
若槻禮次郎	島根	1926	1927	司法省法学校→東京帝大	法	旧制
		1931	1931			
田中義一	山口	1927	1929	陸士→陸大		
浜口雄幸	高知	1929	1931	三高→東京帝大	法	
犬養毅	岡山	1931	1932	慶應義塾（中退）		私塾
（高橋是清）	東京	1932	1932	ヘボン塾		
斎藤実	岩手	1932	1934	海兵		
岡田啓介	福井	1934	1936	海兵		
廣田弘毅	福岡	1936	1937	一高→東京帝大	法	
林銑十郎	石川	1937	1937	陸士→陸大		
近衛文麿	東京	1937	1939	一高→東京帝大→京都帝大	文（東京帝大）法（京都帝大）	旧制
		1940	1941			
平沼騏一郎	岡山	1939	1939	東大予備門→東京帝大	法	
阿部信行	石川	1939	1940	陸士→陸大		
米内光政	岩手	1940	1940	海兵→海大		
東条英機	東京	1941	1944	陸士→陸大		
小磯国昭	栃木	1944	1945	陸士→陸大		
鈴木貫太郎	大阪	1945	1945	海兵→海大		
東久邇宮稔彦王	京都	1945	1945	陸士→陸大		
幣原喜重郎	大阪	1945	1946	三高→東京帝大	法	
吉田茂	東京	1946	1947	学習院高等科→東京帝大	法	
		1948	1954			
片山哲	和歌山	1947	1948	三高→東京帝大	法	
芦田均	京都	1948	1948	一高→東京帝大	法	

鳩山一郎	東京	1954	1956	一高→東京帝大	法	旧制
石橋湛山	東京	1956	1957	早大	文	
岸信介	山口	1957	1960	一高→東京帝大	法	
池田勇人	広島	1960	1964	五高→京都帝大	法	
佐藤栄作	山口	1964	1972	五高→東京帝大	法	
田中角栄	新潟	1972	1974	高小		
三木武夫	徳島	1974	1976	明治大	法	
福田赳夫	群馬	1976	1978	一高→東京帝大	法	
大平正芳	香川	1978	1980	高松高商→東京商大		
(伊藤正義)	福島	1980	1980	浦和高→東京帝大	法	
鈴木善幸	岩手	1980	1982	農林省水産講習所		
中曽根康弘	群馬	1982	1987	静岡高→東京帝大	法	
竹下登	島根	1987	1989	早大	商	
宇野宗佑	滋賀	1989	1989	彦根高商→神戸商大		
海部俊樹	愛知	1989	1991	早大	法	新制
宮澤喜一	東京	1991	1993	武蔵高→東京帝大	法	旧制
細川護熙	東京	1993	1994	上智大	法	新制
羽田孜	東京	1994	1994	成城大	経済	
村山富市	大分	1994	1996	明治大専門部	政治経済科	旧制
橋本龍太郎	東京	1996	1998	慶大	法	
小渕恵三	群馬	1998	2000	早大	第一文（大学院は政治経済学研究科）	
森喜朗	石川	2000	2001	早大	商	
小泉純一郎	神奈川	2001	2006	慶大	経済	
安倍晋三	山口	2006	2007	成蹊大	法	新制
		2012	現職			
福田康夫	東京	2007	2008	早大	第一政治経済	
麻生太郎	福岡	2008	2009	学習院大	政治経済	
鳩山由紀夫	東京	2009	2010	東大	工（大学院はスタンフォード大学）	
菅直人	山口	2010	2011	東工大	理	
野田佳彦	千葉	2011	2012	早大	政治経済	

注　（　）は首相の逝去等に伴う臨時代理等。
出典　筆者作成

【イギリス】

　そこで**表補 –3**、**表補 –4** を参照されたい。この表はイギリスの歴代首相の学歴を調べたものである。まず、表補 -3 は、初代首相ロバート・ウォルポール卿からソールズベリー侯爵までの 32 名の学歴を調べたものである。この表によれば、オックスフォード大出身者が 16 名、ケンブリッジ大出身者が 11 名となる。オックスフォード大出身の首相 16 名のうち、11 名がクライスト・チャーチ出身なのが目に付く。また 26 名がザ・ナインと呼ばれる名門パブリック・スクールの出身で、14 名がイートン校、6 名がウエストミンスター校、5 名がハーロウ校、セントポールズ校、ウインチェスター校、チャーターハウス校が 1 名ずつである。

　アーサー・バルフォアから現職テレーザ・メイまでの 22 名について調べた表補 -4 によれば、11 名がオックスフォード大、3 名がケンブリッジ大出身である。特にスタンリー・ボールドウイン以降 80 年間ケンブリッジ大出身者はいないのに対して、デビッド・キャメロン、テレーザ・メイと直近 2 代にまでオックスフォード大出身者が首相になっているのは興味深い。またオックスフォード大の場合はさまざまなカレッジにまたがって首相経験者が出ているのに対して、ケンブリッジ大の場合にはトリニティカレッジへの集中がみられる。残りの 8 名のうち高等教育学歴を持たないものが 4 名、オックスブリッジ以外の高等教育機関出身者が 3 名、そして軍学校出身者が 1 名という構成である。オックスブリッジが時代を超えて首相の輩出にかかわっていることが読み取れる。出身パブリック・スクールに関しては、予想されるとおり、イートン校の出身者が 5 名と多いが、しかし、グラマースクールの出身者も多く、多様であるともいえる。

　さて、これらをまとめると、歴代 54 名の首相のうち、オックスフォード大卒が 27 名、ケンブリッジ大卒が 14 名、その他が 13 名である。またパブリック・スクールについては、とりわけザ・ナインと呼ばれる名門校に関してみると、イートン校が 19 名、ハーロウ校が 7 名、ウエストミンスター校 6 名、セントポールズ校、ラグビー校、ウインチェスター校、チャーターハウス校各 1 名となっている。

表補-3　イギリスの首相（ソールズベリー侯爵以前）の学歴

氏名	政党	就任	離任	初中等教育学歴等	高等教育学歴	
ウォルポール	ホイッグ	1721	1742	イートン校	ケンブリッジ大	キングス・カレッジ
ウィルミントン伯爵	ホイッグ	1742	1743	セントポールズ校	オックスフォード大	トリニティ・カレッジ
ペラム	ホイッグ	1743	1754	ウエストミンスター校	オックスフォード大	ハートフォード・カレッジ
ニューカッスル侯爵	ホイッグ	1754	1756	ウエストミンスター校	ケンブリッジ大	クレア・カレッジ
		1757	1762			
デボンシャー侯爵	ホイッグ	1756	1757	教育歴不明		
ビュート伯爵	トーリー	1762	1763	イートン校	高等教育学歴なし	
グレンヴィル	ホイッグ	1763	1765	イートン校	オックスフォード大	クライスト・チャーチ
ロッキンガム侯爵	ホイッグ	1765	1766	ウエストミンスター校	ケンブリッジ大	セント・ジョンズ・カレッジ
		1782	1782			
チャタム伯爵	ホイッグ	1766	1768	イートン校	オックスフォード大	トリニティ・カレッジ
グラフトン公爵	ホイッグ	1768	1770	ウエストミンスター校	ケンブリッジ大	ピーターハウス
ノース男爵	トーリー	1770	1782	イートン校	オックスフォード大	トリニティ・カレッジ
シェルバーン伯爵	ホイッグ	1782	1783	中等教育歴不明	オックスフォード大	クライスト・チャーチ
ポートランド公爵	ホイッグ	1783	1783	ウエストミンスター校	オックスフォード大	クライスト・チャーチ
		1807	1809			
ウイリアム・ピット	トーリー	1783	1801	中等教育学歴なし	ケンブリッジ大	ペンブルク・カレッジ
		1804	1806			
アディントン	トーリー	1801	1804	ウインチェスター校	オックスフォード大	ブレーズノーズ・カレッジ
グレンヴィル男爵	ホイッグ	1806	1807	イートン校	オックスフォード大	クライスト・チャーチ
パーシヴァル	トーリー	1809	1812	ハーロウ校	ケンブリッジ大	トリニティ・カレッジ
リヴァプール伯爵	トーリー	1812	1827	チャーターハウス校	オックスフォード大	クライスト・チャーチ
カニング	トーリー	1827	1827	イートン校	オックスフォード大	クライスト・チャーチ
ゴドリッチ子爵	トーリー	1827	1828	ハーロウ校	ケンブリッジ大	セントジョンズ・カレッジ

出典　筆者作成

首相	党派	在任開始	在任終了	中等教育	高等教育	カレッジ
ウエリントン公爵	トーリー	1828	1830	イートン校	ピニロール士官学校	
		1834	1834			
グレイ伯爵	ホイッグ	1830	1834	イートン校	ケンブリッジ大	トリニティ・カレッジ
メルバーン子爵	ホイッグ	1834	1834	イートン校	ケンブリッジ大	トリニティ・カレッジ
		1835	1841			
ピール	保守	1834	1835	ハーロウ校	オックスフォード大	クライスト・チャーチ
		1841	1846			
ラッセル卿	ホイッグ	1846	1852	ウエストミンスター校	エディンバラ大	
		1865	1866			
ダービー伯爵	保守	1852	1852	イートン校	オックスフォード大	クライスト・チャーチ
		1858	1859			
		1866	1868			
アバディーン伯爵	ホイッグ	1852	1855	ハーロウ校	ケンブリッジ大	セントジョンズ・カレッジ
パーマストン子爵	自由	1855	1858	ハーロウ校	ケンブリッジ大	セントジョンズ・カレッジ
		1859	1865			
ディズレリ	保守	1868	1868	高等教育学歴なし		
		1874	1880			
グラッドストン	自由	1868	1874	イートン校	オックスフォード大	クライスト・チャーチ
		1880	1885			
		1886	1886			
		1892	1894			
ソールズベリー侯爵	保守	1885	1886	イートン校	オックスフォード大	クライスト・チャーチ
		1886	1892			
		1895	1902			
ローズベリー伯爵	自由	1894	1895	イートン校	オックスフォード大	クライスト・チャーチ

出典　筆者作成

表補-4　イギリスの首相（バルフォア以降）の学歴

氏名	政党	就任	離任	初中等教育学歴等	高等教育学歴	
バルフォア	保守	1902	1905	イートン校	ケンブリッジ大	トリニティ・カレッジ
キャンベル＝バナマン	自由	1905	1908	グラスゴー高校	ケンブリッジ大	トリニティ・カレッジ
アスキス	自由	1908	1916	シティ・オブ・ロンドン・スクール	オックスフォード大	ベリオール・カレッジ
ロイド・ジョージ	自由	1916	1922	小学校	高等教育学歴なし	
ボナー・ロー	保守	1922	1923	グラスゴー高校	高等教育学歴なし	
ボールドウイン	保守	1923	1924	ハーロウ校	ケンブリッジ大	トリニティ・カレッジ
		1924	1929			
		1935	1937			
マクドナルド	労働	1924	1924		ロンドン大学	バークベック・カレッジ
		1929	1935			
チェンバレン	保守	1937	1940	ラグビー校	メイソン・サイエンス・スクール	
チャーチル	保守	1940	1945	ハーロウ校	王立サンドハースト陸軍士官学校	
		1951	1955			
アトリー	労働	1945	1951	ヘイリーベリー校	オックスフォード大	ユニヴァーシティ・カレッジ
イーデン	保守	1955	1957	イートン校	オックスフォード大	クライスト・チャーチ
マクミラン	保守	1957	1963	イートン校	オックスフォード大	ベリオール・カレッジ
ダグラス＝ヒューム	保守	1963	1964	イートン校	オックスフォード大	クライスト・チャーチ
ウイルソン	労働	1964	1970	グラマースクール	オックスフォード大	ジーザス・カレッジ
		1974	1976			
ヒース	保守	1970	1974	グラマースクール	オックスフォード大	ケブル・カレッジ
キャラハン	労働	1976	1979	中等学校	高等教育学歴なし	
サッチャー	保守	1979	1990	ケステヴァン・アンド・グランタム女子校	オックスフォード大	サマーヴィル・カレッジ
メージャー	保守	1990	1997	グラマースクール	高等教育学歴なし	
ブレア	労働	1997	2007	フェテス校	オックスフォード大	セント・ジョンズ・カレッジ
ブラウン	労働	2007	2010	カーコーディ校	エディンバラ大	
キャメロン	保守	2010	2016	イートン校	オックスフォード大	ブレーズノーズ・カレッジ
メイ	保守	2016	現職	グラマースクール	オックスフォード大	セント・ヒューズ・カレッジ

出典　筆者作成

なお、ジョン・ラッセル卿とゴードン・ブラウン（および後出の韓国大統領経験者である尹潽善）が学んだエディンバラ大学も、いわゆる Ancient Universities の一つで、1582 年に創設されたオックスブリッジ、セント・アンドリュース、グラスゴー、アバディーンに次ぐ伝統をもつ名門大学である。

表補 –5 はイバン・リード（1986）が、"Who's Who"等を用いて行われた 1970 年代から 1980 年代の各界エリートの研究成果をまとめたものである。これをみると、首相に限らず、各領域においてオックスブリッジ出身者の比率、パブリック・スクール出身者の比率は相当高いことがわかる。もちろん、30 年ほど前のデータであるので、現時点でどうなっているかについては、再検討の必要がある。

つまり、中等教育機関ではパブリック・スクール、高等教育機関ではオックスブリッジのエリート輩出力が極めて強いということである。

表補 –5　1980 年代イギリスにおけるパブリックスクールとオックスブリッジ出身者がエリートに占める比率

	パブリックスクール	オックスブリッジ
支配階級(1984)		
公務員(次官以上)	50	61
高等法院および控訴院裁判官	83	83
弁護士	89	89
英国国教会司教	59	71
大使	69	82
財界(1981&1971)		
大手保険会社の取締役	92	50
銀行の取締役	70	47
銀行の頭取	83	67
イングランド銀行の取締役	78	89
マーチャント・バンクの頭取	88	59
40大企業の取締役	66	40
政界(1983)		
保守党下院議員	70	48
労働党下院議員	14	15
北アイルランド同盟党下院議員	52	30
◎教育科学省(DES)で任に就いた国会議員(1964-1984)		
保守党	79	63
労働党	31	34

出典　Reid.I.（1986）p.145

【フランス】

　フランスの場合、パリ政治学院（シアンスポー）というグランゼコール、国立行政学院（ENA）（1945 年に創立されたグランゼコールであるが、他の大学またはグランゼコールを修了後に入学する）という顕在的な政治エリートの育成コースがある。

　ヴァレリー・ジスカールデスタン以降 6 代の大統領のうち、ジャック・シラク、フランソワ・オランド、エマニュエル・マクロンの 3 名が、パリ政治学院→国立行政学院という政治エリート養成コースを経ている。そのほかに、ジスカールデスタンが国立行政学院出身であり、フランソワ・ミッテランがパリ政治学院出身である。パリ政治学院にも国立行政学院にも関わらない大統領はニコラ・サルコジ（パリ第 10 大学卒業）のみである。

　つまり、シアンスポー→ ENA というメインコースが大きな役割を果たし続けていることがわかる。

【アメリカ合衆国】

　表補 –6 を参照されたい。歴代大統領 45 名のうち、コロンビア大、ハーバード大、ペンシルベニア大、プリンストン大、イエール大の 5 大学（つまり、アイビーリーグ。ただしブラウン大、コーネル大、ダートマス大は該当者なし）にスタンフォード大を加えた 6 大学（大学院やロースクールも含む）の出身者が 17 名に上ることがわかる。共和党、民主党のいずれであるにかかわらず名門大学出身者が非常に多いことがわかる。またロースクールの出身者が 12 名（ただしセオドアとフランクリン二人のルーズベルトはいずれも中退）であることも興味深い。ただ、アメリカの場合は、いわゆる一流大学の出身者が多いけれども、必ずしも独占、寡占的な状況ではないといえるだろう。

表補 -6　アメリカ合衆国の大統領の学歴

氏名	政党	就任	離任	高等教育学歴等	註
ワシントン	無所属	1789	1797	高等教育学歴なし	2期
アダムズ	連邦党	1797	1801	ハーバード大	1期
ジェファーソン	民主共和党	1801	1809	ウイリアム・&メアリー大	2期
マディソン	民主共和党	1809	1817	プリンストン大	2期
モンロー	民主共和党	1817	1825	ウイリアム・&メアリー大中退	2期
アダムズ(Jr)	民主共和党	1825	1829	ライデン大→ハーバード大	1期
ジャクソン	民主党	1829	1837	高等教育学歴なし	2期
ヴァン・ヒューレン	民主党	1837	1841	高等教育学歴なし	1期
ハリソン	ホイッグ党	1841	1841	ペンシルバニア大	1期途中で逝去
タイラー	ホイッグ党	1841	1845	ウイリアム・&メアリー大	副大統領から昇格、1期
ポーク	民主党	1845	1849	ノースカロライナ大	1期
テイラー	ホイッグ党	1849	1850	高等教育学歴なし	1期途中で逝去
フィルモア	ホイッグ党	1850	1853	ニュー・ホープ・アカデミー	副大統領から昇格、1期
ピアース	民主党	1853	1857	ボードイン大	1期
ブキャナン	民主党	1857	1861	ディッキンソン大	1期
リンカーン	共和党	1861	1865	高等教育学歴なし	2期途中で暗殺
ジョンソン, A	民主党	1865	1869	高等教育学歴なし	副大統領から昇格、1期
グラント	共和党	1869	1877	陸軍士官学校	2期
ヘイズ	共和党	1877	1881	ケニヨン大→ハーバードLS	1期
ガーフィールド	共和党	1881	1881	ウイリアムズ大	1期途中で暗殺
アーサー	共和党	1881	1885	ユニオン・カレッジ→ステート・アンド・ナショナルLS	副大統領から昇格、1期
クリーブランド	民主党	1885 / 1893	1889 / 1897	高等教育学歴なし	2期

ハリソン	共和党	1889	1893	マイアミ大	1期
マッキンリー	共和党	1897	1901	アレゲニー大→オルバニーLS	2期途中で暗殺
ルーズベルト,T.	共和党	1901	1909	ハーバード大→コロンビアLS中退	副大統領から昇格、2期
タフト	共和党	1909	1913	イエール大→シンシナティLS	1期
ウイルソン	民主党	1913	1921	プリンストン大	2期
ハーディング	共和党	1921	1923	オハイオ・セントラル大	1期途中で逝去
クーリッジ	共和党	1923	1929	アマースト大	副大統領から昇格、2期
フーバー	共和党	1929	1933	スタンフォード大	1期
ルーズベルト,D.F.	民主党	1933	1945	ハーバード大・コロンビアLS中退	4期途中で逝去
トルーマン	民主党	1945	1953	高等教育学歴なし	副大統領から昇格、2期
アイゼンハウアー	共和党	1953	1961	陸軍士官学校	2期
ケネディ	民主党	1961	1963	ハーバード大	1期途中で暗殺
ジョンソン,L	民主党	1963	1969	南西テキサス教員養成大学	副大統領から昇格、2期
ニクソン	共和党	1969	1974	ウイッティア大→デューク大LS	2期途中で辞任
フォード	共和党	1974	1977	ミニガン大→イエール大LS	副大統領から昇格、1期
カーター	民主党	1977	1981	ジョージア・サウスウエスタン大→ジョージア工科大→海軍兵学校	1期
レーガン	共和党	1981	1989	ユーリカ大	2期
ブッシュ	共和党	1989	1993	イエール大→シンシナティLS	1期
クリントン	民主党	1993	2001	ジョージタウン大→イエールLS	2期
ブッシュ(Jr)	共和党	2001	2009	イエール大→シンシナティLS	2期
オバマ	民主党	2009	2017	オクシデンタル大→コロンビア大→ハーバードLS	2期
トランプ	共和党	2017	現職	ペンシルバニア大	現職、1期目

注　LSはロースクール
出典　筆者作成

【韓国】

次にお隣の韓国に目を転じよう。**表補 –7** を参照されたい。臨時代行を含めて 16 名中、慶尚南道出身者が 4 名、慶尚北道出身者が 3 名と慶尚道の出身者が 7 名に上ることが注目される。それに対し、ソウル特別市出身者は 2 名で、いずれも臨時代行である。学歴においてはソウル大学校 1 名、高麗大学校 1 名、軍学校 4 名など、特定の有名大学に集中する傾向がみられるわけではない。

表補 –7　韓国大統領の学歴

氏名	就任	離任	出身地	学歴
李承晩	1948	1960	黄海南道（北朝鮮）	ジョージ・ワシントン大、ハーバード大院、プリンストン大院
（許政）	1960	1960	プサン広域市	普成専門学校
（郭尚勲）	1960	1960	プサン広域市	京城高等工業学校（中退）、国防大学校
（白楽濬）	1960	1960	平安北道（北朝鮮）	パーク大、プリンストン大院、イェール大院
尹潽善	1960	1962	忠清南道	エディンバラ大（英国）
朴正煕	1962	1979	慶尚北道	陸軍士官学校（日本）、国防警備士官学校（現陸軍士官学校（韓国））、陸軍大学校
崔圭夏	1979	1980	江原道	東京高等師範学校（日本）、大同学院（満州）
（朴忠勲）	1980	1980	済州特別自治道	同志社高等商業学校（日本）、国防大学校
全斗煥	1980	1988	慶尚南道	陸軍士官学校、陸軍大学校
盧泰愚	1988	1993	大邱広域市	陸軍士官学校、陸軍大学校
金泳三	1993	1998	慶尚南道	ソウル大学校
金大中	1998	2003	全羅南道	慶煕大院、モスクワ大院
盧武鉉	2003	2008	慶尚南道	プサン商業高
（高建）	2004	2004	ソウル特別市	ソウル大学校、ソウル大院
李明博	2008	2013	大阪市（日本）	高麗大学校
朴槿恵	2013	2017	大邱広域市	西江大学校
（黄教安）	2016	2017	ソウル特別市	成均館大学校、成均館大院
文在寅	2017	現職	慶尚南道	慶煕大学校

注　()は大統領臨時代行。朴正煕大統領および崔圭夏大統領は大統領権限代行時代を含む。
出典　筆者作成。この表の作成に当たり、石川裕之氏の多大なる助力を得た。ここに記して感謝する。

次に**表補-8**、**表補-9**を参照されたい。これは全斗煥大統領時代の政界、官界のエリート約1200名について服部・鐸木（1987）が調査したものである。表補—8は出身地を調べたものであるが、これによればソウル特別市、忠清南道、慶尚北道、慶尚南道、北朝鮮の出身者が多くなっていることがわかる。ややのちの時代の統計だが、2005年時点でソウル特別市は全人口の20.8％、忠清南道は4.0％、慶尚北道は5.5％、慶尚南道は6.5％を占めているから、ソウル特別市の輩出率はむしろ低く、忠清南道、慶尚南道・北道の輩出率がかなり高いことがわかる。表補—9は同じく学歴について調べたものであるが、ソウル大学校出身者が4割と極端に多くなっていることがわかる。これに高麗大学校、延世大学校の、いわゆる「SKY」と称される難関名門校、および士官学校を合わせると56％になる。

　もちろん、30年近く前のものであるので、現時点でどうなっているか、新たなデータに基づいて検討する必要はある。ただ、のちに見るとおり、日本においては東大出身者をはじめとする旧帝大出身者が高級官僚を独占、寡占に近い状態で占めているのだが、政界においては必ずしもそうではない。これはかなり以前から続いている傾向である。この点が日韓両国の相違点といえよう。

　確かに、今ここで概観したのは、主として政治エリートのトップである首相、ないしは大統領に関してのみであるが、従来、近現代日本においては、ビジネスや芸能スポーツ等ごく一部の領域を除く大半の領域で、東京帝大、ないしは旧帝大（および旧制官立大）、あるいは旧制高校のエリート形成機能が強調され、しかも、時代を下るにつれて独占・寡占機能が強まってきたという一つの定説がある。しかし、諸外国と比べてみて、果たして本当にそう言えるのか？そういえない領域があるとすれば、どういう領域なのかについて、再度定説を吟味してみる必要があるのではないだろうか。つまり、「ピラミッド型」ではなく、「連峰型」ではないか、ということである。この点は後程吟味することとして、さしあたり以上二つの課題があることを指摘しておく。

表補 –8　韓国政治・官僚エリートの出身地（全斗煥大統領時代）

	政治			官僚			合計	%
	学者・文化人	その他	%	学者・文化人	その他	%		
ソウル特別市	12	17	8.9	16	130	17.2	175	15.7
京畿道	5	11	4.9	15	43	6.8	74	6.7
忠清南道	6	23	8.9	11	69	9.4	109	10.1
全羅南道	7	31	11.7	11	42	6.3	91	8.8
慶尚北道	10	34	13.5	20	88	12.7	152	14.1
慶尚南道	7	35	12.9	16	90	12.5	148	13.7
プサン特別市	1	8	2.8	1	16	2.0	26	2.5
大邱直轄市	5	5	3.1	6	25	3.7	41	3.8
北朝鮮	8	30	11.7	21	110	15.4	169	15.4
その他	13	57	21.5	18	100	13.9	188	17.9
不明	1	0	----	4	8	----	13	----
合計	75	251	100	139	721	100	1286	100

出典　服部・鐸木編(1987)を基に筆者作成

表補 –9　韓国政治・官僚エリートの出身校分布（全斗煥大統領時代）

			政治			官僚			合計	%
			学者・文化人	その他	%	学者・文化人	その他	%		
韓国	大学	ソウル大	31	54	27.6	67	311	43.9	463	39.6
		延世大	6	16	7.1	8	28	4.2	58	5.0
		高麗大	12	18	9.7	9	51	7.0	90	7.7
		士官学校	0	8	2.6	0	37	4.3	45	3.8
		他	17	73	29.2	21	205	26.2	316	27.0
	初中等教育		0	14	4.5	0	12	1.4	26	2.2
日本	大学		7	33	13.0	25	48	8.5	113	9.7
	初中等教育		0	9	2.9	0	4	0.5	13	1.1
米国の大学			1	0	0.3	5	13	2.1	19	1.6
他国の大学			0	6	1.9	0	13	1.5	19	1.6
学歴なし(不明)			1	2	1.0	4	1	0.6	8	0.7
合計			75	233	100	139	723	100	1170	100

出典　服部・鐸木編(1987)を基に筆者作成

2 エリート教育研究の巨人──麻生誠先生と竹内洋先生

(この節はコラムであり、一人称は私、それから先輩方には「先生」と敬称をつける)。

麻生誠先生(1932～2017)──エリートの属性と学歴の関係を研究

麻生誠先生に関しては、出会いは下記のとおりである。大学二回生の時に、阪大の豊中キャンパスで「教育学概論」というオムニバスの専門科目があり、確か二番目の担当者として麻生先生が来られた。麻生先生は大きな黒板のあちこちに、階級構造を示す三角形を書きなぐり、判読しにくい文字と、聞き取りにくい声でぼそぼそと話されるのだが、「エリート、エリート」、「離陸、離陸」という言葉が頻出し、「どうも、『いわゆる（規範的な）教育学』とはかなり異なるらしい」と感じ、帰りに梅田の紀伊国屋書店で『エリート形成と教育（『エリートと教育』の改訂増補版で 1978 年に福村出版より刊行された）』を購入した（余談ながら、この本は絶版になって久しく、一部の古本市場で信じられない高値で取引されているらしい）。この時の感覚を麻生・山内編（2004）の「あとがき」に書き記したのでそのまま引用する。

> エリート研究という領域があることを初めて知ったのは大学二回生の時にとった、麻生先生が担当されていた「教育学概論」の講義においてであった。講義で紹介された御著書を買って読んでみると、何とも形容しがたい違和感に襲われたのが忘れられない。エリート研究をする人とはいったいどういう人物なのか？エリートと自負する人物がエリートの研究をするのは、ナルシシズムか自己顕示欲かの故であるに違いない。中身以前にそういった姿勢自体に嫌悪感を覚えてしまう。少なくとも当時はまだエリートという言葉がある種の価値観を表すものであり、それに生理的な拒否反応を示す人も少なくなかった。しかし、他方エリートでない者がエリート研究をする人というのは、ルサンチマンめいたものであるか、カルト的なアンチ・エリーティストとか盲目的なエリート礼賛か、それ以外はなんとも笑止な振る舞いにしか思え

なかった。では、一体、だれがエリート研究の適任者なのか、いまもってわからない。いずれにせよ自分には無縁の領域であろうと考えていた。

　付け加えることは何もない。このとおりである。強烈な違和感を抱いたが、なぜか吸い寄せられるように麻生先生が主宰される教育計画論講座に入ることとなった。今振り返れば、私自身ひねくれた人間で「異端児」を自任しているので、教育社会学の異端性を代表するような研究テーマだったことが、妙に引き付けられた原因なのだろう。

　ちなみに、麻生先生の『エリートと教育』（福村出版、1967）は教育社会学においてクラシックスの地位を確立していると考える。麻生先生は間違いなく、「エリート教育の研究」という領域のパイオニアであり、岩永雅也（2009）の言う「麻生シューレ」を育成した。「麻生シューレ」には、各領域のエリート研究者が名を連ねる。ビジネス・エリートの研究としては山本慶裕（現在は立田慶裕）（1982,1987）、黒岡千佳子（現在は岡田千佳子）（1982）、軍事エリートの研究としては河野仁（1989a、1989b、1990）、社会運動家の研究としては葉柳和則（1994）、女性エリートの研究としては黒岡千佳子（1981a、1981b）、冠野文（1996）、そして私が文芸エリートの研究（1995）をしてきたことになっている。ただし、葉柳の研究は「社会運動家」の研究であり、エリートと銘打っているわけではない。社会運動家をカウンター・エリートとして研究を行うことも可能ではあろうが、サンプル中に赤松克麿等の国家社会主義者、生活改良を目指す農民運動の指導者たちが含まれているため、カウンター・エリートではなく社会運動家として分析している。その判断は適切であると考える。

　ただ、この「シューレ」に関して、今、エリート研究を継続しているものが一人もいないことを付記しておかねばならないだろう。黒岡、冠野両氏はそもそも学問の世界を離れてしまった。葉柳氏はドイツ語圏文学研究者に転じ、現在はスイスの劇作家マックス・フリッシュの研究を専門としている。河野氏は防衛大学校教官となり、純粋な軍事社会学に移った。これら4氏は日本教育社会学会を退会している。山本氏は日本

教育社会学会に籍を残すが、生涯学習論、学力論に研究の軸を移し、エリート研究から離れて久しい。私自身も日本教育社会学会に籍はあるが、やはり、エリート研究から離れて久しく、近年は年次大会に参加しても「アウェイ」感が強い。おそらくは、本章が最後のエリート研究に関する論考になるだろう（データを増やして改稿することはあり得るが、新たな稿を起こすことはないだろう）。

なぜ、「シューレ」のメンバーが、次々とエリート研究から離れていくのか、それには個別的な事情があるだろうし、ここで論じるべきことではないことも含まれるだろう。ただ、学問的な要因だけを指摘しておくと、私個人に関しては、エリート研究に対して抱いていた「強烈な違和感」がより強くなってやめたということである。詳しく述べるといろいろな理由があるが、ここでは四つの理由に絞って述べておきたい。

第一の理由は、次のとおりである。エリート研究を、個々人の資質論から集団としての代表性論に転換したのが麻生先生の最大の功績の一つである。また、イデオロギー的・規範的な立場からのエリート論ではなく、社会学の研究対象として機能的分析を行ったところに麻生先生の編み出されたエリート研究の大きな意義があると考える。「シューレ」は、それを各下位領域について行ったわけである。だが、結局エリートといっても一級のナショナル・エリート、サブ・エリート、ローカル・エリートなど様々なエリートが内包されており、それらが十分に区別されないまま、「インデックスに載っているから」ということでサンプルとして取り上げられることに、一種の「空虚な感覚」を抱いてしまうことである。本当にエリートなのか、どのクラスのエリートなのか、という判断がインデックスの編集方針に全面的にゆだねられているという事実に起因する問題である。この種の研究は、いつも「エリート概念」のあいまいさを批判されるのだが、それに対する明確な回答をできないというもどかしさから抜け出せないということである。

第二の理由は、いかにエリートを「集団として機能分析する」とはいえ、一人一人のエリートがとんがって、独自性を強く主張しており、集団として扱われることを拒否しているように感じられることにある。私の文

芸エリートの研究が、博士論文として審査にかかった時に、高名な小説家、文芸評論家でもある野口武彦先生が教授会の席上で「夏目漱石は夏目漱石、三島由紀夫は三島由紀夫だ。一人一人が全く異なる。集団として扱うのはけしからん」という趣旨の批判をされたと、のちに聞いた。「文学の論文ではなく社会学の論文である」という言い訳は一応成り立つものの、野口先生の批判は一理ある批判であり、私のエリート研究に対する違和感のもとになっている。

　第三の理由は、麻生先生の開発された研究枠組みを使って下位分野のエリート研究を行ったとして、それが研究のオリジナリティとしてどのように評価されるのか、ということである。麻生先生の持論は「修士論文のレベルならオリジナリティ（枠組みを下位領域に応用した）ということで評価してもいいが、博士論文のレベルなら弱い」ということであった。すなわち、麻生先生の作られた枠組みの中で、新たな下位領域のエリート教育の研究をしたとしても、研究対象とデータが新しいだけであり、その意味でのオリジナリティはあるにしても、フロンティア性という意味でのオリジナリティに欠けるわけである。麻生先生にとっては、修士論文においては前者の意味でのオリジナリティがあることで十分であるが、博士論文においてはそれに加えてフロンティア性という意味でのオリジナリティが必要不可欠であるということだったのであろう。

　実際に私以外の山本、黒岡、河野、葉柳、冠野の5氏は修士論文でエリート研究を行い、その後数本の論文を執筆後にエリート研究から離れている。エリート研究をテーマにして、麻生先生に博士論文を提出したものは一人もいない。この点から判断して、麻生先生はエリート教育研究の後継者を本気で育成しようとしておられなかったのだと、私は理解している。

　ちなみに、麻生先生は大阪大学人間科学部において21年間教鞭をとられたが、博士論文を主査として通されたのは3本である。具体的には、星野周弘先生（1983年度）、喜多村和之先生（1993年度）、園田英弘先生（1994年度）で、いずれも功成り名を遂げた教育社会学の先輩方であった。この3名はいずれも、いわゆる「論文博士」であり、課程博士ではない。

なお、念のために付言すると、麻生先生が主査として通された論文数が少ないということでは決してない。このことは強調しておきたい。

　副査としては3本の論文審査をしておられるが、聖心女子大学長を務めた山縣喜代先生（教育心理学、教育哲学）、社会心理学の吉崎静夫先生など、いずれも教育社会学を専攻される方ではない。その一方で、ついに教え子には博士号（課程博士、論文博士いずれも）を出されなかった。学位の取得に関しては、極めて厳しい認識をお持ちだったと私は感じている。

　いずれにせよ、エリートの個別下位領域の研究者が麻生先生の作られた枠組みを超えてオリジナリティを出すために、例えば、河野氏であれば軍事エリートの研究から軍事社会学に進んだように、エリート研究に見切りをつけて離れていくということになったものと考える。つまり、この領域の研究に発展性、研究者として取り組む意義を感じられなくなって、離れていったのではないかと考える。私もその一人である。

　そして、第四の理由として、何よりも関西人としての私にとって「強烈な違和感」のもとになっているのが以下の点である。麻生先生のアプローチは正統なアプローチではあるが、定義の仕方それ自体に麻生先生のエリート観が色濃く表れているのである。森毅先生（当時、京大教養部教授）との対談「エリートとおちこぼれの間」において、森先生からそのことを指摘されている。

麻生　戦後、平等主義的なものの考え方が普及したこともあって、英才教育の必要性を感じたとしても、それを高らかに主張するにはちょっとしたうしろめたさを伴うという雰囲気がありますね。しかし、英才教育と民主主義は必ずしも相反するものではないと思います。
…（中略）…
　英才というのは育つものではなくて、育てるものだという観点から教育をするのが、英才教育だと思うんです。
　天才だったら英才教育なんかする必要はありません。レッセフェール（放任）の中から出てくる。けれども英才というのは天才ではないですから、ある程

度教育によって才能を開花させていくことが必要なんじゃないでしょうか。

　これは、麻生先生の師である清水義弘先生以来の東大教育社会学の基本的な考え方である。本書で扱ってきた「才能教育」と「エリート教育」、そして「英才教育」という言葉がよく区別されずに用いられている。それに対して森先生は次のように切り返される。

森　「英才」のイメージというのはどういうものなのでしょうか。私が勤める京大では、学生たちにとって、英才という言葉は一種の差別語でありまして(笑)、あいつは英才だ、といって相手をばかにする。鈍才だというと大きな顔をして、英才までが鈍才っぽいポーズをしたがる。…（中略）…
　英才というと、テストでいい点をとるとか、頭の回転が速いとか、常識的なイメージがありますね。しかし鈍い人は鈍い人なりにいいというか、コクのある人物だったりする政治家や官僚にしても何となく抜けている方が、かえって大物風だったりしますでしょう。
　僕の英才イメージは麻生さんとはちょっと違うんですが、麻生さんのお書きになったものを拝見して、パッとおもいついたのは一高・東大型エリートなんです。ぼくは、大阪で育って大阪文化の影響を受け、それから三高・東大と"斜め"に進み、京大に二五年ぐらいおりまして、一高・東大型エリートも三高・京大型エリートも第三者的に見える、ということにしているんです。京大というのはリベラルな雰囲気を持った大学で、よく言えばリベラルな雰囲気をもった大学で、よく言えばリベラル、悪く言えばアナーキー（笑）。で、三高・京大型エリートは、たしかに秀才ではあるけれども、型にはまり込んでいるのではなくて、ずれている部分があり、それを許容している。エリートとはそういうものだというイメージが、ぼくにはあります。

　本章の冒頭で述べた「関西人のエリート観」であり、私としては腑に落ちる議論である。

森　今、愛知県は学校管理が厳しくなっている県なのですが、旭丘とか千種

とか旧エリート校は比較的リベラルだという話があります。ところが、旭丘はもう危ない。千種の方はまだいい。エリート校は千種高校だという人がいる。つまり、旭丘の方は、学校が生徒に対して、ああせい、こうせいとうるさく言う。千種はあまり言わない。どうこう言われないで済む学校がエリート校だ、という考え方ですよね。

麻生 ほう。

森 裏返しの規定なんですけれども、そういう捉え方がぼくにもあります。
　エリート形成には決められた標準コースがある。ところが非エリートの方がそのコースからはずれることを恐れる。標準コースからずっこけるというか、ずれることのできるのがエリートなんじゃないかと思っています。だから麻生さんのように、外的に規定されたイメージではなくて、エトスというのは大げさにしても、自由な生活感覚というものをイメージします。

　まさしくそうで、麻生先生にとっては、「標準コース」から外れることは「エリートの卵がエリートになり損ねる」ということ以上の意味を持たないということである。これは、日常の私との会話でも感じられた。
　なお、この点を考えるうえで、麻生先生の著書『エリート形成と教育』157頁に、極めて重要な論文ではないかと考えられる「判別式を用いてのエリート形成機能の分析」（未公刊論文）が参照すべき文献として挙げられている。だが、生前に本人に確認したところ、結局、諸般の事情から未公刊のままだったようである。
　結局、キャリアとして外的属性からエリートの近代化、業績主義化を把握するという手法においては、「標準コース」から外れるものは、例外ないしはせいぜい傍流でしかないのであろう。しかし、道なき道を歩んで徒手空拳でエリートとしての地位を築きあげる者が、実際にエリートの社会の中で例外ないしは傍流扱いされているのであろうか。私には、いまだに深い疑問がある。
　脱線をお許しいただきたいが、麻生先生は、教え子の就職について

も「〇〇の研究をしているなら××大学に行くべき」という趣旨の発言を常々しておられた。私が広島大学の大学教育研究センターに就職した際にも、「高等教育の研究をしているのなら広島のセンターに行くべき」と強硬に主張しておられた。エリートを育てるということ同様に、教え子の就職に関しても「意図的に」育てるために、コースを作ってそこに「卵」をのせていくという発想が非常に強い方であった。そこからずれる者、外れようとする者を容認できなかったのである。関西人としてのひねくれ者の私は、逆に、ずれることにこそ、エリート性を見出すのである。先に引用した三島由紀夫などは既存の文士像をこれでもかこれでもかと破壊し、新たな文士像を作り上げた。三島が東京出身で東大出身であるにもかかわらず、私が限りない共感を覚えるのはその点にある。逆に麻生先生ならびに「シューレ（私自身を含む）」のエリート研究に対しては強烈な違和感を持ち、結局エリート研究から足を洗ってしまったのである。

竹内洋先生（1942〜）――エリート学校のカリキュラムと学校文化を研究

　私が大学・大学院で教育社会学の基礎の基礎を学んでいた頃、最も影響を受けた研究者の方々は麻生誠先生、潮木守一先生、天野郁夫先生、竹内洋先生、矢野眞和先生そして志水宏吉先生であった。またジャーナリストでは立花隆氏の著作を読み漁った。

　志水先生だけかなり若い世代になるが、他の方々は昭和戦前期、戦中期のお生まれである。この中で文章の面で大きな影響を受けたのは潮木先生と竹内先生、志水先生である。いずれも読み手の読みやすさに配慮した「読ませる文章」である。特に、竹内先生と志水先生は小説からの引用が多く、文学好きの筆者は大きな影響を受けた。また、エリート研究に関しては、当然のことながら、パイオニアである麻生先生、そして竹内先生に大きな影響を受けた。特に竹内先生とは不思議なご縁がある。

　学部生の時に学歴社会論に興味を覚えた。その時勉強の一環として『競争の社会学』を熟読した。ちょうど教養部で井上俊先生の「社会学」を受講し、テキストの『遊びの社会学』を購入した。世界思想社から刊行

された書籍で、末尾の広告に同シリーズの『競争の社会学』が紹介されていて、大いに興味をひかれた。竹内洋先生の既刊著書を探すと『日本人の出世観』が1978年に出版されており、私が手にしたのは1981年に出た第三版であった。『競争の社会学』は1981年に出版されており、私が手にしたのは1983年に出た、やはり第三版であった。竹内先生のご著書だからこそ売れているのに、当時の筆者は「教育社会学の学術書ってこんなに売れるのか！」と勘違いしてしまった。

それはともかくとして、『日本人の出世観』にしろ、『競争の社会学』にしろ、出世ということにこだわりを持っておられる方なのだなと思い、麻生誠先生に伺うと「竹内君ね。保険会社のサラリーマンをしていたのだよ。」といわれ、腑に落ちた。

1986年、私が大学院に入った年度に竹内先生は京都大学教育学部に転任され、非常勤講師として大阪大学人間科学部に出講されることになった。学士課程の授業ではあったが、どのような方なのかなと興味を持ち、授業に出席し最前列で座った。「君、大学院生だね」と言われ、何度か当てられたが、ほとんど答えることができず、呆れられたことと思う。

この授業で今でも忘れることができないのは、当時、教育社会学を志す院生がすべて手にしたはずのJ.カラベル・A.H.ハルゼー編（潮木守一・天野郁夫・藤田英典編訳）『教育と社会変動―教育社会学のパラダイム展開―（上・下）』（東京大学出版会、1980年）に所収されているE.I.ホッパー（天野郁夫訳）「教育システムの類型学」の図に間違いがあるというご指摘である。「こういうことに気づかないと研究者にはなれないのか」と自分の能力に不安を感じた次第である。

それにしてもこの授業を通じて痛感したことは竹内洋先生に対する親近感である。何とも言えない親近感を感じ、なぜなのか、ずっと不思議に思っていた。この答えはごく最近になってようやくわかったが、それは後述する。

その年度、日本教育社会学会が京都大学で開催されることになり、私も初日金曜日の午後に麻生誠先生他と共同で「定時制・通信制高等学校

の再編成に関する実証的研究（その1）－人口変動と教育改革をめぐる教員の意識－」という報告をすることになった。司会はもう一人の指導教官である池田寛先生、岡崎友典先生（放送大学）であった。その部会では最初に高校の教員の方がやはり定時制高校について報告され、ついで我々の報告がなされた。今となっては、相当緊張していたために何も覚えていない。その次に竹内洋先生と研修員の森繁男先生（現在、京都女子大学教授）、院生の山本雄二先生（現在、関西大学教授）の共同発表があった。職業高校の文化についてのご報告である。最初に森先生、次いで山本先生が登壇され、最後に竹内先生が登壇された。開口一番「カラオケで最後に歌う番が回ってきてもめぼしい歌がもう残っていないのと一緒で、最後に壇上に上がっても言うことがない」と笑いをしっかりとって、話を進められた。歴史的に質的研究を重視してこられた京都大学の学風に沿ったいい報告だった。また竹内先生のサービス精神旺盛なご報告が印象的であった。この時、この部会のタイムキーパーのアルバイトをしていたのが薬師院仁志氏（現在、帝塚山学院大学教授）であったと後に知った。

　この大会のシンポジウムは、選抜制度をめぐるもので深く印象に残るシンポジウムであった。パネリストを務める麻生先生の資料作りを手伝って会場に向かうと、麻生先生が突如恐縮して何度もお辞儀をしているので何かと思えば、麻生先生の前に60代後半くらいの老人がおられた。「上智大学　清水義弘」という名札をぶら下げておられた。日本における教育社会学の基礎を作られた、あの清水先生である。私の世代にとっては「レジェンド」であり、ものすごい威厳のある方であった。

　シンポジウムのパネリストは岩田龍子先生、麻生誠先生、黒羽亮一先生、討論者に藤田英典先生、竹内洋先生、喜多村和之先生、総括討論者が元文相の永井道雄先生で、綺羅星のような方々の揃った檀上がまぶしかった。岩田龍子先生は「学歴幕藩体制」、麻生誠先生は「アコーディオン効果」という造語を披露されたが、あまりウケなかった。失礼ながら、何を意味する言葉だったのかさえも今となっては覚えていない。竹内先生が披露された「レボルビング・ドア・ポリシー」という造語はしっ

補論 エリート教育研究の課題と展望 281

くりきた。これについては後にご著書『選抜社会——試験・昇進をめぐる<加熱>と<冷却>——』の42頁〜45頁にまとめられ、詳説されている。また香川大学での大会時だったか、竹内先生のご報告に東京大学の天野郁夫先生がかなり厳しい質問をされ、激しい論争になったことを覚えている。東大と京大のスター教官が正面から議論をされたわけで、レベルが高すぎて内容はよく理解できなかったが、竹内先生は一歩も引かず、懸命に答えておられ、「自分の研究を守れないようではいけない。こうでないといけないな」と痛感した。

広島大学に私が助手として着任して二年目に、紀要である『大学論集』第22集の編集を仰せつかった。助手は書評を、高名な先生方お一人お一人に電話して依頼することになっていた。その時に、竹内先生に麻生先生の『日本の学歴エリート』の書評を依頼するためにお電話した。最初は「うん、はいはい」とご機嫌がよかったのだが、書評の件に話が及ぶと不機嫌そうに「僕は、あの本は褒めませんよ。」といわれた。しかし、褒めることを前提にした書評の依頼などおかしいので、「褒めないということで結構です」と答えて、引き受けていただいた。しかし、実際に原稿が出てきてショックを受けた。竹内（1993a）がそれだが、酷評である。しかし、当時、厳しいけれども、正鵠を得た書評であると感じたし、今もその思いは変わらない。

竹内先生は「**麻生の社会学理論ぽい叙述と分析法は当時の社会科学信仰と、かれの機能主義的エリート論は高度成長と未来社会論ブームのニューライト路線とマッチングしたわけだ**。だが、時代はうつろいやすい。いまや社会科学書より小説の時代である。テクニカル・タームをふりまわすことが、説得力をますのではなく、むしろうさんくさい時代になりディテールに興味がうつった。…**社会科学（工学）信仰の終焉とともに、ニューライト路線も崩壊した。いまや麻生エリート研究を背後でささえた構造は大きく変動してしまったのだ**」（強調は山内による）と実に鋭く指摘される。また、「評者がもっとも面白く読んだのは第六章『官僚はどのように形成されたか』である。ここには今読んでも創見に満ちた叙述が多い。…麻生はなぜこのようなおいしいテーマを発展さ

せなかったのかと不思議におもうとともに、残念におもうのみである」との指摘は当時よく理解できなかったけれども、今振り返ってみても、100％同意できる見解である。

最後に「麻生はブルデュはおきらいのようで、最近の論文のなかで、中範囲の理論と実証主義をすすめている…しかし、麻生には是非ともいっておきたいが、中範囲の理論や実証主義は、エスタブリッシュされた学者にとっては好ましい方法論（→イデオロギー）なのだ。実証主義は学習可能性、ピースミールな積み上げだから、こわさはないしかわいい弟子が育つ。後進が麻生推薦の枠組みで、学歴エリート論を展開したところで氏が得たうけも栄光もありえない」と断じておられる。

確かに麻生先生はブルデュが嫌いであった。ある日のゼミで私がレイモン・ブードンの論文を、西田芳正先輩（現在、大阪府立大学教授）がピエール・ブルデュの論文をそれぞれ紹介したところ、「ブードンの方が上だな」、「『文化資本』なんて、資本の概念があいまいだよ。大体、『文化資本』には剰余価値なんて…」とけんもほろろであった。また、私が、後日、ボウルズ＝ギンティスら、いわゆるラディカル・エコノミストの論稿や、ブルデュ、そしてアップル、ジルーらのクリティカル・ペダゴジーの旗手や橋本健二氏（現在、武蔵大学教授）などの進歩的な研究者の論稿をあくせくよんでいたところ、麻生先生がそれを見て、「何でそんなくだらない論文を読んでるんだ。そんな論文を読んで実力がつくはずないだろう」と後輩たちの前で厳しく叱責され、挙句の果てに「だからお前はだめなんだ」と罵倒された。私は当時翻訳していた書物（結局、訳稿は没になって陽の目を見ていないが）に、1970年代のマルクス主義教育学、クリティカル・ペダゴジーをはじめとする教育の批判的研究が頻出するので訳文を磨くべく勉強していただけなのだが、叱責・罵倒にただただ茫然、唖然とした。しばらくして、いたく憤慨した。そばにおられた故・池田寛先生から「理不尽やな。でも怒るな。黙っとけ」と温かく慰められたのが忘れられない。いずれにせよ、麻生先生がこれらの研究に生理的嫌悪といってもいいものを感じておられたらしいことはよく理解できた。その理由については、伺う機会を逸してしまった。

さて、話を元に戻して、竹内先生の書評は同意できるところの多い書評だが、最後のパラグラフ（前項に引用した「麻生はブルデュはおきらいのようで…」というパラグラフ）を読んだとたん凍り付いてしまった。先述のように私はちょうどそのころ近現代文芸家をエリート研究の枠組みで分析していて、博士論文を作成しようともくろんでいた。「粗悪なエピゴーネン…」といった言葉が頭に浮かんだ。

しかし、竹内先生から書評の初校が戻ってきたとき、「初校を返します。キミの書評面白いよ」と書いてくださっていた。竹内先生の書評に続いて、私が天野郁夫先生編の『学歴主義の社会史』の書評をしており、歴史社会学について思うところを述べた雑文を褒めてくださったのだ。広島大学在職時の最良の思い出の一つである。単純な私は思わず欣喜雀躍して、事務補佐の女性から訝しがられたのも懐かしい。

また1992年に奈良大学で開催されたEPSEという教育経済学の研究会において、自由な討論の時間の時に何の拍子か、当時広島大学で私の上司だった金子元久先生が「竹内先生の研究は僕には面白くないんですね」とご本人を前にしておっしゃった。びっくりしたが、竹内先生を見ると、ニコニコとして一言「フッ、そうかね」と大人の対応をされたのが印象的であった。金子先生のような政策科学志向の強い研究者には京都大学の研究者が行っているような純学術的な志向の強い研究に関しては、「何のためにこのような研究を行うのか」としか考えられないのであろう。しかし、当時の京大の方々からすれば「政策志向の研究なんて何が面白いのかね」ということになるのであろう。

1995年秋に私の博士論文である近現代文芸家の研究が『文芸エリートの研究―その社会的構成と高等教育―』というタイトルで有精堂より刊行された。竹内先生にもお送りした。ほどなく一通の葉書が来た。「粗悪なエピゴーネン…」という言葉がちらつき、内容を読むのがためらわれたが、思い切って読むと、実に好意的に評してくださっている。またしても欣喜雀躍して、周囲に訝しがられた。

本書と深く関係することとしては、麻生誠・岩永雅也編『創造的才能教育』（玉川大学出版部、1997年）の書評をされた（竹内（1998））時に、下

記のように記しておられることである。

　麻生氏は旧著『エリートと教育』で、昭和38年に経済審議会によって提起された「ハイタレント」教育について「集団概念であるエリートという言葉を用いることを避け」ていると批判していた。また、ハイタレント教育反対論に対しては、「個人的で自由な教育要求」を重視するあまり「社会的要請」を無視してしまっていると批判している（278頁—279頁）。このとき麻生氏の背後理論は機能主義者として明快だった。30年たった。麻生氏はいまや才能教育の推進者となりエリート教育論を避けている。さらに教育の個人化や個性化の大勢によりそい、教育における社会的要請や国家的必要に否定的ないしは回避的に見える。この変化に背後理論ありやなしや……。

　ずいぶんと手厳しく批判しておられる。私の見るところでも、阪大退官前の麻生先生はエリート研究に対する興味がかなり薄れていたようである。東京工大の末松学長らとともに、すっかり才能教育にシフトしておられた。その理由について、詳細は存じ上げない。
　また、京都大学のご退職記念パーティ、吉野作造賞受賞記念パーティには教え子でもないのに呼んでいただき、恐縮しながらもいそいそと出かけた。
　ご退職記念パーティでは数名の方がお祝いの言葉を述べられたが、故・園田英弘先生の言葉が印象的であった。「竹内先生が機能主義の理論的研究をしておられた」という趣旨のことを述べておられた。ただ園田先生は酔っておられたのか、「マートンズの研究」という表現をされるので、「パーソンズ」か「マートン」か、はっきりしなかった。後日、2014年刊行の『大衆の幻像』等において書かれた追憶によって、「パーソンズ」ではなく「マートン」であるとわかり、私がなぜ竹内先生に親近感を覚えるのかがわかった。
　大学院に入学したころ様々な社会学研究者の中でマートンの機能主義モデルが、社会工学的であり、かつて理系を目指していた私には平明かつメカニックで把握しやすかったのではまり込み、大きな影響を受けた。

竹内先生もマートンの影響を受けておられたのだ。

　吉野作造賞受賞記念パーティのほうでは、読売新聞社主催ということもあり、「ナベツネ」こと渡邉恒雄社長が雛壇にいた。熱狂的なジャイアンツ・ファンの原清治先生と二人で「生ナベツネだ！」と年甲斐もなくはしゃいでしまった。また高級料理が食べ放題であったので、原先生とバクバク食べあさり、ある先輩から「何しに来たの？」とたしなめられた。教え子でもないのに、このような機会を与えていただいたご厚情に心から感謝している。

3　教育社会学者は『人事興信録』という資料をどう使ってきたのか

　それでは実際にエリート教育の研究がどのように行われてきて、どのような成果を上げてきたのかについて述べたいが、ここでは過去に行われた『人事興信録』を用いて行われた研究について検討したい。つまり、ここでは『人事興信録』に掲載されている人物はエリートであるという仮定に基づいて分析を進める。この仮定自体は本章で吟味しないし、できない。

　過去、『人事興信録』からサンプルを取って行った研究としては、包括的なものに関しては麻生（1960）、麻生（1967）、中道（1973、1974）、麻生（1977）、岩見他（1981）、麻生（1983b）、麻生・山内編（1994）がある。また女性エリートについては黒岡（1981b）、冠野（1996）がある。

　このうち麻生（1960）においては、『人事興信録』初版（明治36年）、第4版（大正4年）、第8版（昭和3年）、第12版（昭和14年）、第18版（昭和30年）から百分の一の抽出比、等間隔無差別抽出法で調査対象2000名を選んでいる（こちらを本論文では「第Ⅰ系列」と称する）。のちに麻生（1967）で第22版（昭和39年）から600名を追加している。また同じ麻生（1960）ではそれとは別に初版（明治36年）、第4版（大正4年）、第8版（昭和3年）、第10版（昭和9年）、第13版（昭和16年）、第15版（昭和23年）、第17版（昭和28年）、第19版（昭和32年）から各200名ずつ等間隔無差別抽出法で選んで、合計1800名を分析対象としており（こ

ちらを本論文では「第Ⅱ系列」と称する)、麻生(1967)においては第22版(昭和39年)から200名を追加している。また、麻生(1977)においては第27版(昭和48年)から400名を追加して分析を行っている。中道実の研究においては第25版(昭和44年)から百分の一の抽出比で956名の調査対象を選んでいる。

　黒岡千佳子(1981b)においては第28版(昭和50年)掲載の女性サンプル516名すべてを対象にしている。質問紙調査を合わせて行い、163名から回収した。回収率は31.6%である。ただし、黒岡の調査についてはのちに冠野文(1996)が再集計し、691名であることが判明している(冠野の報告は麻生・山内編(1994)にも収録している)。

　岩見他(1981)は第30版(昭和54年)から無作為抽出で780人を選んでいる。サンプルはすべて男性である。第一回抽出作業で9件の女性サンプルが選ばれたが取り除いたとのことである。黒岡(1981b)においては、第28版以前の『人事興信録』掲載数中、女性はおおむね0.5%で、第28版に限定すると0.6%、冠野(1996)においては第36版で0.9%である。今回、筆者が2009(平成21)年版を調べたところ、全体の約2.4%に増加していた。ちなみに増田・佐野(2017)では1915(大正4)年の全サンプル13917名中13名で0.09%であったから、女性掲載数は緩やかであるにせよ確実に増加しているとはいえる。

　ちなみにアメリカ合衆国の場合1970年の"Who's Who in America"で7.8%が女性である(黒岡(1981b))から、40年前のアメリカ合衆国の女性エリート比率の3割に過ぎないのも事実である。

　さらに、麻生(1983b)においては第28版(昭和50年)から無作為に2000名を抽出し、質問紙調査を郵送法で行った。回答は1304名で回答率は65.2%である。ただし、黒岡(1981b)との関係上、調査対象は男性に限定されている。

　麻生・山内編(1994)および冠野(1996)は第36版(平成3年)から男性は2000名を無作為抽出、女性は全数1006名を抽出し、男性・女性ともに郵送法による質問紙調査を行った。男性については有効発送1957名のうち、849名から回収した。回収率は43.4%である。女性については有効

発送984名のうち301名から回収した。回収率は30.6％である。

　以上は異なる研究者によって行われてきた研究ではあるが、いずれも『人事興信録』という共通のエリート・インデックスを使用して行われた研究である。しかも、包括的なものについては無作為抽出によるサンプリング、女性エリートについては全数調査ということで共通している。したがって、他の研究者による反証への道も開かれているのである。これらの諸研究をつなげて、近現代エリートの社会的構成、学歴構成を比較検討することには一定の意義があると考える。

　これらのデータに今回、筆者が『人事興信録』の最終版（正確には休刊中なのだが）である第45版（平成21年）から、男性については抽出比150分の1で選んだ500サンプル、ならびに女性については抽出比3分の1で選んだ616サンプルを対象に分析を行った結果を付け加えた（以下、「山内調査」と称する）。このデータによって、『人事興信録』初版から最終版までの106年にわたるエリートの社会的構成の変遷を検討することとしたい。コーホート別の分析も行いたいところであるが、サンプル数をもっと増やさないと不可能である。この点は今後データを補い、改稿の機会を得たい。

　なお、先述の「紳士録詐欺」問題の影響のせいか、記述内容の濃淡が激しく、特に家族に関する記載が全くないサンプルが相当数に上るし、本人に関する記載においても著しく不十分なものが相当数存在する。『人事興信録』の場合、ほぼすべてのサンプルについて出生年と現職に関する記載はあるが、この二点しか記載のないものが散見されるのである。そこで、ここでは（1）出生年、（2）現職、（3）出身地、（4）学歴、（5）専攻（高等教育学歴所有者の場合）の5つの情報に限定して比較することとする。男性サンプルの場合、この5点に関する情報が揃わないものはサンプルから外し、直近の（5点の情報が揃っている）他のサンプルで置き換えた。女性の場合には、もともと『人事興信録』に掲載されている件数自体が少ないので、5点の情報が揃わない場合でも算入した。もちろん、男性サンプルの置き換えの前提として、不明の項目についてインターネット、他の人名録等で徹底的に探索し、また個人情報保護法が施

行される前の『人事興信録』第41版（2001年刊行）で当該人物のデータを確認する等、思いつく限りの手を尽くした。それでもなお、判明しない場合に限りサンプルの置き換えをした。置き換えたサンプル数は66で全サンプル数の13.2％に当たる。

学歴に関しては、専修学校、各種学校については課程と本人の経歴を確認したうえで、原則として中等教育相当として扱った。また、中退者も卒業者と同様に扱った。上述の経緯から、ここでの分析は上記5点のシンプルな分析に絞る。なお、女性の場合にも出生年と現職についてのデータは完全にそろっている。

なお、先行研究に関しては、男性のみにサンプルが限定されている調査と若干の女性サンプルが混ざっている調査とが混在している可能性があるが、基本的にエリートに関する包括的な調査は男性エリートに関する調査として表記する。

活躍している分野

まず、**表補 –10** を参照されたい。麻生（1960）が設定したエリートの分野に合わせて、他の研究を再カテゴリー化したものである。

男性については、先述のように、「ビジネスリーダー」が突出しているが2009（平成21）年版ではかなり減少している。1991（平成3）年版との比較に限定していえば、それに代わって増大したのが、「教授・教育家」である。これについては麻生・山内編（1994）が依拠した1991（平成3）年版刊行と前後して大学設置基準が大綱化され、大学数も大学長数も大学教員数も激増したことを反映しているのであろう。しかし、1955（昭和30）年版以降「教授・教育家」が安定して10％前後を占めてきたことを考えれば、本質的な変化ではないのかもしれない。

ただし、女性エリートについて**表補 –11** を見ると、やはり「ビジネスリーダー」が減少し、「教授・教育家」の増大がみられる。男女間でかなり活躍している領域に差があり、女性において芸術家の比率が高いことも注目に値する。

表補-10 『人事興信録』を使用したエリートの包括的研究に見るエリート構成の変遷

出典	麻生 (1967)										中道 (1974)						麻生 (1983)		岩見他 (1981)		麻生・山内編 (1994)		山内調査	
年度	1903 (明治36)年		1915 (大正4)年		1928 (昭和3)年		1939 (昭和14)年		1955 (昭和30)年		1964 (昭和39)年		1969 (昭和44)年		1975 (昭和50)年		1978 (昭和53)年		1991 (平成3)年		2009 (平成21)年	
職業	N	%	N	%	N	%	N	%	N	%	N	%	N	%	N	%	N	%	N	%	N	%
官僚	39	19.5	32	10.7	300	11.0	89	14.9	80	13.3	55	9	66	6.9	72	5.6	10	1.3	11	1.3	23	4.6
ビジネスリーダー	48	24.0	195	65.1	193	64.3	350	58.4	370	61.6	421	70.4	653	68.2	948	73.5	591	75.8	647	77.9	349	69.8
地主	10	5.0	10	3.3	20	6.7	47	7.8	0	-	0	-	0	-	0	-	0	-	0	-	0	-
軍人	30	15.0	9	3.0	8	2.7	15	2.5	0	-	0	-	0	-	0	-	0	-	0	-	0	-
教授・教育家	8	4.0	16	5.3	21	7.0	35	5.8	64	10.7	72	12.5	119	12.4	156	12.1	78	10.0	40	4.8	61	12.2
医者	6	3.0	4	1.3	3	1.0	24	4.0	10	1.7	6	1.0	16	1.7	20	1.6	7	0.9	10	1.2	7	1.4
弁護士	0	-	4	1.3	0	-	3	0.5	13	2.2	13	2.2	37	3.9	42	3.3	30	3.8	34	4.1	12	2.4
芸術家	0	-	0	-	0	-	2	0.3	17	2.8	4	0.7	17	1.8	13	1.0	9	1.2	14	1.7	14	2.8
宗教家	0	-	1	0.3	0	-	2	0.3	2	0.3	3	0.5	3	0.3	0	-	2	0.3	0	-	2	0.4
オピニオンリーダー	0	-	0	-	2	0.7	3	0.5	3	0.6	11	1.8	0	-	0	-	34	4.4	0	-	1	0.2
政治家	8	4.0	1	0.3	1	0.3	3	0.5	29	4.8	10	1.1	33	3.5	12	0.9	14	1.8	8	1.0	16	3.2
華族	43	21.5	20	6.7	13	4.3	11	1.8	0	-	0	-	0	-	0	-	0	-	0	-	0	-
その他	8	4.0	8	2.7	6	2.0	16	2.7	12	2.0	5	0.8	12	1.3	26	2.0	5	0.6	67	8.1	15	3.0
総計	200	100	300	100	300	100	600	100	600	100	600	100	956	100	1289	100	780	100	831	100	500	100

出典 筆者作成

表補-11 『人事興信録』を使用した女性エリートの包括的研究に見るエリート構成の変遷

黒岡(1981b)			冠野(1996)			山内調査		
年度	1975(昭和50)年		年度	1991(平成3)年		年度	2009(平成21)年	
職業	N	%	職業	N	%	職業	N	%
芸術エリート	49	30.1	芸術家	50	16.6	芸術家	110	17.9
オピニオンリーダー	21	12.9		-	-	オピニオンリーダー	15	2.4
ビジネスリーダー	41	25.1	ビジネスリーダー	138	45.8	ビジネスリーダー	200	32.5
教育エリート	35	21.5	教授・教育家	49	16.3	教授・教育家	135	21.9
専門職エリート	17	10.4	専門職エリート	25	8.3	-	-	-
総計	163	100	政治家・官僚	25	8.3	官僚	11	1.8
			その他	14	4.7	政治家	59	9.6
			総計	301	100	医者	11	1.8
						弁護士	26	4.2
						俳優・歌手・キャスター等	28	4.5
						料理研究家等	6	1.0
						その他	15	2.4
						総計	616	100.0

出典　筆者作成

出生年

増田・佐野（2017）によると、1915（大正 4）年のサンプル全数 13917 名を対象にした調査では平均年齢が数え年で 51.3 歳、最年長者が 1828（文政 11）年生まれの 88 歳、最年少者が 1911（明治 44）年生まれの 5 歳であった。中道（1973）によると 1969（昭和 44）年のサンプルでは平均年齢が 59.5 歳、麻生（1983b）によると 1975（昭和 50）年のサンプルでは 64.4 歳、麻生・山内編（1994）によると 1991（平成 3）年のサンプルでは 63.8 歳である。今回行った山内調査によると 2009（平成 21）年のサンプルでは（2009 年末時点の年齢で）68.1 歳と高齢化が進んでいる。なお、最年長が 1911（明治 44）年生まれ、最年少が 1970（昭和 45）年生まれであった。

他方女性については冠野（1996）では 1991 年サンプルで 67.8 歳、山内調査では 2009 年サンプルで 66.8 歳であった。2009 年時点で最年長が 1909（明治 42）年生まれ、最年少が 1979（昭和 54）年生まれであった。

いずれの時代においても、男性にしても、女性にしても、活躍している分野間で若干の平均年齢の差異はあるが、大きなものではない。

出身地

これについては、研究者ごとに分類の仕方が異なり、ことに中部地方（甲信越、北陸、東海）の分類の仕方において、それぞれがかなり個性的である。周辺度数から実数を再計算して、統一されたブロックのカテゴリーで比較検討しようとしたが、さまざまな障壁があることが分かり、断念した。

表補 –12 を参照されたい。まず、増田・佐野（2017）の全サンプルを対象にした 1915（大正 4）年の分布を参照されたい。麻生（1960）の 1915（大正 4）年の分布と比べると、東京出身者の数値において大きな開きがある。母数が大きい台帳の場合、無作為にサンプリングしたとしても、少なくとも部分的にはこういった齟齬が生じるのであろう。このことを念頭に以下の検討を進めたい。

東京出身者の比率は一貫して 10％台後半を推移している。現在も 15％と高いが、東京都の人口が日本の総人口に占める比率は 10％強で

表補-12　エリートの出身地

出典	年度	北海道	東北	関東 北関東	関東 南関東	北陸	東山	東海	近畿
中道(1974)	1969(昭和44)年	1.8	4.3	3.5	21.4	6.6	6.2	10.2	19.1

出典	年度	北海道	東北	関東 東京	関東 東京以外	中部	関西 大阪	関西 大阪以外
増田・佐野(2017)	1915(大正4)年	1.1	5.1	20.4	8.6	20.3	8.0	11.7
麻生(1960)	1911(明治44)年	0.0	4.0	20.0	7.5	14.0	6.5	15.0
麻生(1960)	1915(大正4)年	1.5	4.5	10.5	7.0	23.5	7.5	15.0
麻生(1960)	1921(大正10)年	1.5	8.0	12.5	8.0	22.5	8.5	20.5
麻生(1960)	1928(昭和3)年	1.0	5.5	13.0	11.0	15.0	8.0	14.5
麻生(1960)	1934(昭和9)年	0.5	5.5	23.0	5.0	14.5	13.5	14.0
麻生(1960)	1941(昭和16)年	1.0	8.0	16.0	8.5	16.0	6.5	18.5
麻生(1960)	1948(昭和23)年	1.5	5.0	10.5	8.5	24.5	5.5	16.0
麻生(1960)	1953(昭和28)年	1.0	8.0	15.5	13.0	18.5	6.0	11.0
麻生(1960)	1957(昭和32)年	2.0	6.5	19.5	9.5	13.5	5.0	17.5
麻生(1967)	1964(昭和39)年	1.5	6.2	17.0	10.8	18.8	6.3	14.2
岩見他(1981)	1978(昭和53)年	2.2	5.6	17.5	9.2	17.8	7.0	15.5

出典	年度	北海道	東北	関東 東京	関東 東京以外	北陸	中部 甲信越	中部 東海	関西 大阪	関西 大阪以外
麻生(1983)	1975(昭和50)年	2.6	4.5		25.6	5.3		11.0		26.9
麻生・山内編(1994)	1991(平成3)年	3.1	5.2	18.4	9.5	3.3	4.2	8.5	7.9	14.6
麻生・山内編(1994)	1991(平成3)年	3.1	5.0	18.7	10.7	3.3	5.9	10.1	6.8	12.2
山内調査	2009(平成21)年	6.4	5.2	15.8	11.2	2.4	4.0	10.6	8.2	12.6

女性エリート

出典	年度	北海道	東北	関東 東京	関東 東京以外	北陸	中部 甲信越	中部 東海	関西 大阪	関西 大阪以外
黒岡(1918b)	1975(昭和50)年	1.4	1.9	58.9	10.0	0.4	0.7	3.9	5.2	11.4
冠野(1996)	1991(平成3)年	2.3	3.3	43.8	10.7	0.6	1.6	6.3	8.9	14.4
山内調査	2009(平成21)年	2.1	4.6	31.7	9.4	1.5	3.9	7.9	7.9	11.5

注　中道のいう「東山」とは山梨、長野、岐阜の3県をさし、「東海」とは静岡、愛知、三重、「北陸」とは新潟、富山、石川、福井をさす。他の個所に見られる「東海」とは岐阜、静岡、愛知、三重をさし、「北陸」とは富山、石川、福井をさす。

出典　筆者作成

中国		四国	九州		海外	不明	サンプル数	註
山陰	山陽		北九州	南九州				
2.4	7.8	6.0	8.1	2.5	0.0	0.0	921	

中国	四国	九州	海外	不明	サンプル数	註
8.0	5.2	11.6	0.0	0.0	13227	不明を除く全サンプル
11.0	5.5	16.0	0.0	0.5	200	第Ⅱ系列から集計
10.5	8.5	9.5	0.5	1.5	200	
4.5	4.5	9.5	0.0	0.0	200	
9.5	6.5	15.5	0.0	0.5	200	
8.5	5.5	9.0	1.0	0.0	200	
8.5	7.0	8.5	0.0	1.5	200	
11.0	8.5	8.5	0.0	0.5	200	
8.0	5.0	8.5	0.0	5.5	200	
8.0	5.0	11.0	0.0	2.5	200	
6.7	4.0	14.2	0.2	0.0	600	
8.6	5.6	10.9	0.0	0.0	697	

中四国		九州	海外	不明	サンプル数	
中国	四国					
	11.3	7.9	2.8	2.0	1304	
6.8	5.3	8.7	3.3	1.2	849	質問紙調査に基づくデータ
7.5	5.4	9.9	0.4	1.5	2000	カードに基づくデータ
7.6	4.0	11.4	0.6	0.0	500	
2.9	0.6	2.0	0.0	0.1	691	冠野が再集計した麻生・山内編(1994)のデータに基づく
3.0	1.7	2.3	0.0	1.3	1008	
7.0	3.8	7.0	1.5	0.0	583	

あることを加味すると、突出しているというほどではないといえよう。すなわち、男性エリートについてはほとんど劇的な出身地比率の変化は見られないといえよう。

女性については、山内調査では出身地不明のデータが33件（全体の5.4%）存在する。29件が「ビジネスリーダー」であり、2件が「教授・教育家」、1件が「弁護士」、1件が「その他（税理士）」である。

女性の場合は、男性の場合に比べて東京への集中が著しい。だが28版→36版→45版と時代を下るにつれ分散傾向がみられ、2009年では31.7%まで減少している。逆に中国、四国、九州の出身者が増加している。海外については、満州4名など、9名中8名が現在の中国である。この8名はいずれも戦前ないし終戦直後に出生している。

学歴

表補-13を参照されたい。大正期まではエリートの占める高等教育学歴者の比率は30%未満であり、1939年にようやく50%を超える。つまり、高等教育学歴を保有するエリートが、「業績によって選抜されたエリート」であると仮定するならば、昭和戦前期において、ようやく前近代的なエリートから近代的なエリートへと半数が切り替わったのである。戦後になると急激に高等教育学歴保有者率は増加する。1957年に80%を超えて以降、安定している。芸能・スポーツ等の一部の領域で、必ずしも高等教育学歴を必須の要件としないエリートが誕生し続けているためである。

他方、女性エリートについては、学歴不明が42件存在する（全体の6.8%）。42件中40件が「ビジネスリーダー」、1件が「教授・教育家」、1件が「芸術家」である。

戦前は女性の高等教育機会が十分には用意されていなかったこともあり、1975年で約半数が高等教育学歴を保有するに過ぎないが、2009年になると74%が高等教育学歴を保有し、男性エリートに近いレベルになっている。

エリートに占める東大出身者の比率を検討したのが**表補-14**である。

表補-13 『人事興信録』にみるエリートの高等教育学歴保有率の変遷

出典	年度	高等教育学歴所有者	非所有者	TOTAL(%)	サンプル数	註
麻生(1967)	1903(明治36)年	27.5	72.5	100	200	第Ⅰ系列から集計
	1911(明治44)年	24.5	75.5	100	200	第Ⅱ系列から集計
	1915(大正4)年	26.0	74.0	100	300	第Ⅰ系列から集計
	1915(大正4)年	25.5	74.0	100	200	第Ⅱ系列から集計
	1921(大正10)年	21.0	79.0	100	200	第Ⅱ系列から集計
	1928(昭和3)年	36.7	63.3	100	300	第Ⅰ系列から集計
	1928(昭和3)年	39.0	61.0	100	200	第Ⅱ系列から集計
	1934(昭和9)年	39.5	60.5	100	200	第Ⅰ系列から集計
	1939(昭和14)年	52.5	47.5	100	600	第Ⅱ系列から集計
	1941(昭和16)年	50.3	49.7	100	200	第Ⅱ系列から集計
	1948(昭和23)年	74.0	26.0	100	200	第Ⅱ系列から集計
	1953(昭和28)年	74.0	26.0	100	200	第Ⅰ系列から集計
	1955(昭和30)年	76.8	23.2	100	600	第Ⅱ系列から集計
	1957(昭和32)年	80.5	19.5	100	200	第Ⅰ系列から集計
	1964(昭和39)年	82.3	17.7	100	600	第Ⅰ系列から集計
	1964(昭和39)年	83.0	17.0	100	200	第Ⅱ系列から集計
中道(1974)	1969(昭和44)年	84.2	15.8	100	916	女性9サンプルを含む
麻生(1977)	1973(昭和48)年	76.5	23.5	100	400	
麻生(1983)	1975(昭和50)年	84.3	15.7	100	1272	男性のみ
岩見他(1981)	1978(昭和53)年	82.1	17.9	100	754	不明を非所有者から除いて山内が再計算・男性のみ
麻生・山内編(1994)	1991(平成3)年	87.5	12.5	100	840	男性のみ
山内調査	2009(平成21)年	88.8	11.2	100	500	男性のみ
女性エリート						
黒岡(1981b)	1975(昭和50)年	49.8	50.2	100	626	冠野が再集計した麻生・山内編(1994)のデータに基づく
冠野(1996)	1991(平成3)年	68.2	31.5	100	292	質問紙調査に基づくデータ
冠野(1996)	1991(平成3)年	52.6	44.4	100	918	カードに基づくデータ
山内調査	2009(平成21)年	74.2	25.8	100	574	

出典　筆者作成

高等教育学歴の保有率が1955年まで上昇し続けたのに対して、東大出身者率は1903年から10%台を上下しており、2009年には10%ぎりぎりになっている。女性においては今なお、とどまっており、東大出身者がエリートの地位を独占しているというわけではないことが確認できる。もちろん領域によって東大出身者の比率は異なるのであり、高級官僚においては、東大法学部卒が多数を占めることは周知の事実である。2009年データでも、男性の官僚23名中13名が東大卒、うち11名が法学部卒、女性の官僚11名中6名が東大卒、うち2名が法学部卒である。

　表補-15は高等教育機関別の比率についてのものであるが、男性におい

表補-14　エリートに占める東大出身者比率の推移

出典	年度	サンプル数	東大出身者	東大率	註
麻生(1967)	1903(明治36)年	200	24	12.0	第Ⅰ系列から集計
	1915(大正4)年	300	43	14.3	
	1928(昭和3)年	300	51	17.0	
	1939(昭和14)年	600	114	19.0	
	1955(昭和33)年	600	114	19.0	
	1964(昭和39)年	600	103	17.2	
中道(1974)	1969(昭和44)年	916	177	19.3	
麻生(1977)	1973(昭和48)年	400	64	16.0	
岩見他(1981)	1978(昭和53)年	754	151	20.0	
麻生・山内編(1994)	1991(平成3)年	840	136	16.2	
山内調査	2009(平成21)年	500	52	10.4	
女性エリート					
冠野(1996)	1991(平成3)年	292	9	3.1	質問紙調査に基づくデータ
冠野(1996)	1991(平成3)年	918	17	1.9	カードに基づくデータ
山内調査	2009(平成21)年	574	41	7.1	

出典　筆者作成

ては1975年以降旧七帝大と一橋大、東工大、早慶大の11大学で半数弱を占めるのだが、その比率は徐々に低下しているようである。女性エリートについてはお茶の水女子大、奈良女子大、日本女子大、神戸女学院大、津田塾大等の四年制女子大学出身者が10.1%、東京芸術大学等の四年制芸術大学・学部、音楽大学・学部の出身者が8.5%と多くなっているのが特徴である。

以上、高等教育学歴保有率は男性で80%を、女性で70%を超えてはいるが、しかし、高等教育学歴をすべての領域で同様に必要としているわけではなく、必要としない領域が、2009年の時点でもなお、一定比率で残されていることが理解できる。

表補-16は活躍する領域ごとの学歴別占有率である。やはり東大出身者は官僚において高い比率を占める。また教授・教育家において東大・京大以外の旧五帝大が人材を多く輩出していることが目立つ。

表補-17は女性エリートについて算出したものである。女性の場合にも官僚については東大の比率が突出している。ただ、前述のように女性の教育においては女子大と芸術大学が大きな役割を果たしてきたわけであるが、女性の場合には男性と異なり海外の教育機関に学士課程の段階から進んだ者も少なからずいる点が注目される。

また、男性の場合、500サンプル中大学院に進学した者は65名で進学率は13%である。そのうち6名が留学している。女性の場合、特筆すべきは学歴のわかっている574名（高等教育学歴保有者のみではなく非保有者も含む）中126名が大学院で学んでいることである。進学率は22.0%と男性より高い。留学経験者数についても大学院レベルで41名、学部レベルで24名おり、男性よりも多い。

なお、「初中等教育」と一括したカテゴリーについては、男性では義務教育のみの者は男性では3名、女性では2名である。

高等教育(旧制は高等専門学校、新制は短大も含む)における専門分野

表補-18は高等教育学歴を保有するものの専門分野の比率を表したものである。法学、経済学、商学等の社会科学系と工学が優越する構造は

表補-15　エリートに占める各大学出身者の比率

出典	年度	東大	京大	旧七帝大＋一橋大＋東工大	早大	慶大	サンプル数
中道(1974)	1969(昭和44)年	19.3	8.0	-	5.6		916
麻生(1977)	1973(昭和48)年	16.0	6.3	-	3.8		400
麻生(1983)	1975(昭和50)年	-	-	37.8		10.4	1302
岩見他(1981)	1978(昭和53)年	20.0	-	38.9		8.0	754
麻生・山内編(1994)	1991(平成3)年	16.2	7.1	-		11.1	840
山内調査	2009(平成21)年	10.4	7.8	29.0	5.6	8.0	500

女性エリート

出典	年度	東大	京大	旧七帝大＋一橋大＋東工大	東京芸大	お茶の水女子大＋奈良女子大	早大	慶大	サンプル数	
冠野(1996)	1991(平成3)年	3.1	0.3	-	-	-		3.1	292	質問紙調査に基づくデータ
冠野(1996)	1991(平成3)年	1.9	0.2	-	-	-		2.0	918	カードに基づくデータ
山内調査	2009(平成21)年	7.1	2.4	14.8	3.8	3.5	1.7	4.2	574	

出典　筆者作成

表補-16　山内調査（2009 男性サンプル）における出身大学別活動領域占有率

職業	全体 N	全体 %	東大 N	東大 %	京大 N	京大 %	他帝大 N	他帝大 %	旧五官大 N	旧五官大 %	他国公立大 N	他国公立大 %	早大 N	早大 %	慶大 N	慶大 %	私立大I N	私立大I %	私立大II N	私立大II %	他高等教育 N	他高等教育 %	初中等教育 N	初中等教育 %
官僚	23	100	13	56.5	4	17.4	1	4.3	2	8.7	0	0.0	0	0.0	1	4.3	1	4.3	1	4.3	0	0.0	0	0.0
ビジネスリーダー	349	100	18	5.2	25	7.2	26	7.4	15	4.3	40	11.5	23	6.6	34	9.7	44	12.6	20	5.7	57	16.3	47	13.5
教授・教育家	61	100	12	19.7	8	13.1	17	27.9	1	1.6	9	14.8	1	1.6	3	4.9	6	9.8	1	1.6	3	4.9	0	0.0
医者	7	100	0	0.0	0	0.0	0	0.0	1	14.3	3	42.9	0	0	0	0.0	0	0.0	0	0.0	2	28.6	0	0.0
弁護士	12	100	3	25.0	2	16.7	1	8.3	0	0.0	0	0.0	2	16.7	0	0.0	2	16.7	2	16.7	0	0.0	0	0.0
芸術家	14	100	0	0.0	0	0.0	0	0.0	0	0.0	3	21.4	0	0	0	0.0	3	21.4	1	7.1	3	21.4	4	28.6
宗教家	2	100	0	0.0	0	0.0	0	0.0	0	0.0	0	0.0	0	0	0	0.0	0	0.0	0	0.0	1	50.0	1	50.0
オピニオンリーダー	1	100	0	0.0	0	0.0	0	0.0	0	0.0	0	0.0	0	0	0	0.0	1	100.0	0	0.0	0	0.0	0	0.0
政治家	16	100	4	25.0	0	0.0	0	0.0	0	0.0	3	18.8	1	6.3	1	0.0	5	31.3	0	0.0	1	6.3	1	6.3
その他	15	100	2	13.3	0	0.0	0	0.0	1	6.7	1	6.7	1	6.7	1	0.0	2	13.3	0	0.0	4	26.7	3	20.0
総計	500	100	52	10.4	39	7.8	46	9.2	20	4.0	59	11.8	28	5.6	40	5.0	64	12.8	25	5.0	71	14.2	56	11.2

注1　「他帝大」には旧制京城帝大出身者を含む
注2　「旧五官大」とは筑波大、東京工大、一橋大、神戸大、広島大を指す
注3　「私立大I」とは中央大、日本大、法政大、明治大、立教大を指す。
注4　「私立大II」とは同志社大、立命館大、関西大、関西学院大、甲南大を指す。
出典　筆者作成

表補—17 山内調査（2009年女性サンプル）における出身大学別活動領域占有率

職業	全体		東大		京大		他五帝大		旧五官大		国公立女子大		東京芸大		他国公立大		早大	
	N	%	N	%	N	%	N	%	N	%	N	%	N	%	N	%	N	%
芸術家	110	100	0	56.5	2	1.8	0	0.0	1	0.9	2	1.8	17	15.5	3	3.6	3	2.6
オピニオンリーダー	15	100	1	6.7	0	0.0	0	0.0	1	6.7	1	6.7	0	0.0	0	0.0	1	6.7
ビジネスリーダー	200	100	4	2.0	0	0.0	5	2.5	2	1.0	2	1.0	0	0.0	6	3.0	1	0.5
教授・教育家	135	100	21	15.6	8	5.9	8	5.9	7	5.2	17	12.6	5	3.7	7	5.2	3	2.2
官僚	11	100	6	54.5	0	0.0	0	0.0	1	9.1	0	0.0	0	0.0	0	0.0	0	0.0
政治家	59	100	4	6.8	1	1.7	3	5.1	2	3.4	2	3.4	0	0.0	10	16.9	2	3.4
医者	11	100	2	18.2	0	0.0	2	18.2	0	0.0	0	0.0	0	0.0	3	27.3	0	0.0
弁護士	26	100	2	7.7	3	11.5	3	11.5	2	7.7	0	0.0	0	0.0	2	7.7	0	0.0
俳優・歌手・キャスター等	28	100	1	3.6	0	0.0	0	0.0	0	0.0	0	0.0	0	0.0	0	0.0	0	0.0
料理研究家等	6	100	0	0.0	0	0.0	0	0.0	0	0.0	0	0.0	0	0.0	0	0.0	0	0.0
その他	15	100	0	0.0	0	0.0	1	6.7	1	6.7	0	0.0	0	0.0	0	0.0	0	0.0
総計	574	100	41	7.1	14	2.4	22	3.8	17	3.0	24	4.2	22	3.8	31	5.4	10	1.7

注1 「国公立女子大」とはお茶の水女子大、奈良女子大に加えて静岡女子大、高知女子大、福岡女子大を指す。
注2 「他国公立大」には放送大学出身者を含む。
注3 「私立大Ⅰ」とは中央大、日本大、法政大、明治大、立教大を指す。
注4 「私立大Ⅱ」とは同志社大、立命館大、関西大、関西学院大、甲南大を指す。
注5 「私立女子大Ⅰ」とは聖心女子大、津田塾大、東京女子大、日本女子大、神戸女学院大を指す。
注6 「私立女子大Ⅱ」とは「私立女子大Ⅰ」以外のすべての四年制私立女子大を指す。
注7 「私立大Ⅲ」とは「私立大Ⅰ、Ⅱ」、「私立女子大Ⅰ、Ⅱ」以外のすべての四年制私立大を指す。
出典 筆者作成

	慶大		私立大Ⅰ		私立女子大Ⅰ		私立大Ⅱ		私立大Ⅲ		私立女子大Ⅱ		海外の大学		他高等教育		初中等教育	
	N	%	N	%	N	%	N	%	N	%	N	%	N	%	N	%	N	%
	4	3.6	6	5.5	8	7.3	2	1.8	14	12.7	7	6.4	5	4.5	7	6.4	28	25.4
	2	13.3	1	6.7	0	0.0	0	0.0	4	26.7	0	0.0	1	6.7	0	0.0	3	20.0
	5	2.5	6	3.0	9	4.5	4	2.0	17	8.5	8	4.0	6	3.0	8	4.0	77	38.5
	6	4.4	2	1.5	21	15.6	2	1.5	11	8.1	4	3.0	1	0.7	7	5.2	4	3.0
	1	9.1	0	0.0	1	9.1	0	0.0	1	9.1	0	0.0	0	0.0	0	0.0	1	9.1
	1	1.7	3	5.1	1	1.7	0	0.0	12	20.3	0	0.0	0	0.0	3	5.1	15	25.4
	1	9.1	0	0.0	0	0.0	0	0.0	1	9.1	1	9.1	0	0.0	1	9.1	0	0.0
	3	11.5	7	26.9	1	3.8	2	7.7	1	3.8	0	0.0	0	0.0	0	0.0	0	0.0
	0	0.0	2	7.1	1	3.6	0	0.0	4	14.3	0	0.0	1	3.6	2	7.1	17	60.7
	0	0.0	0	0.0	1	16.7	1	16.7	1	16.7	1	16.7	0	0.0	2	33.3	0	0.0
	1	6.7	0	0.0	1	6.7	1	6.7	2	13.3	1	6.7	0	0.0	3	20.0	4	26.7
	24	4.2	27	4.7	44	7.7	12	2.1	69	12.0	22	3.8	14	2.4	26	4.5	155	27.0

表補—18　エリートの専攻分野

出典	年度	法経政商				文学・語学			
麻生(1967)	1911(明治44)年	30.9				8.0			
	1915(大正4)年	47.3				0.9			
	1921(大正10)年	53.4				1.4			
	1928(昭和3)年	46.2				0.3			
	1934(昭和9)年	58.5				0.8			
	1941(昭和16)年	47.9				0.8			
	1948(昭和23)年	45.1				0.9			
	1953(昭和28)年	53.6				0.9			
	1957(昭和32)年	52.3				0.9			
	1964(昭和39)年	60.5				10.5			
		法	経	商	他社会科学	文学	教育学	外国語	他人文学
岩見他(1981)	1978(昭和53)年	22.6	16	5.9	15.2	5.7	0.5	0.8	0.3
		法学・政治学	経済学・商学			文学	教育学		
麻生(1983)	1975(昭和50)年	17.5	36.0			7.4	-		
麻生・山内編(1994)	1991(平成3)年	21.1	34.7			5.3	1.3		
山内調査	2009(平成21)年	23.8	32.0			4.3	1.1		

女性エリート

出典	年度	法学・政治学	経済学・商学	文学	教育学	家政学	芸術学
冠野(1996)	1991(平成3)年	12.1	11.0	32.4	7.5	11.6	11.6
山内調査	2009(平成21)年	13.3	6.7	26.9	5.7	7.2	13.3

出典　筆者作成

理科学	工・医学		その他	TOTAL	サンプル数	註
0.9	34.5		25.7	100	200	
0.4	23.6		27.8	100	200	
0.5	20.9		23.8	100	200	
0.6	33.8		19.1	100	200	
0.3	24.0		16.4	100	200	第Ⅱ系列から集計
0.1	38.9		12.3	100	200	
0.2	34.2		19.6	100	200	
0.5	28.6		16.4	100	200	
0.3	26.9		19.6	100	200	
2.6	24.8		1.6	100	200	

理学	工学	医学	農学	他自然科学	その他	TOTAL	サンプル数
1.9	19.6	4.4	4.0	1.9	1.0	100	593

理学	工学	医歯薬学	農学		その他	TOTAL	サンプル数
3.3	23.5	3.6	5.2		3.4	100	1174
2.9	25.0	3.9	3.7		2.1	100	712
2.3	21.6	4.3	1.8		8.8	100	444

理学・工学	医歯薬学	その他	TOTAL	サンプル数
2.3	10.4	1.2	100	173
2.5	8.4	16.0	100	405

ほとんど変わっていない。女性においては経済学・商学と家政学の領域で減少しているが、一時的な変化か恒久的な変化か判断がつかない。女性は学際的な学部で学んだケースが多く、法文学部、文理学部、教養学部等、専門分野について判断がつかないケースも多くあり、「その他」に分類した。このことも傾向が不鮮明な理由の一つであろう。

　以上、『人事興信録』をもとにした分析を行ってきた。東京への集中傾向は女性に顕著に観察されるが、その女性においても東京出身者は減少傾向である。また男性の場合、東京大学をはじめとする旧帝大の独占、寡占傾向は官僚において顕著であるが、他の領域においては必ずしもそうは言えないことを確認できた。また、女性の場合、男性とはかなり異質な分野で活躍する者が多いのだが、近年男性が多い領域にも進出していることがわかる。

　注意が必要なことがある。麻生の一連の著書については先述のようにクラシックスの地位を確立しているのは間違いないが、誤記、誤植が多いという難点があることである。とりわけ『エリートと教育』に関しては、学歴等に関する「不明」が分母に含まれるのか含まれないのかが判然としないという深刻な問題点が残されたままである。また、麻生（1977）の78頁に「四八年エリートの詳しい分析は、別の機会に譲って」とあるが、この「詳しい分析」はその後なされなかったようである。さらに、麻生（1960）150頁の第二表と『エリートと教育』194頁の表19とは同一の表であるはずだが、数値に著しい齟齬がある。これら諸点について、生前本人に確認したが、「細かいことは忘れた」ということであった。これらの細かい点に関する「謎」を抱えたまま上記の分析が進められたことには留意していただきたい。

　ともかく、麻生先生と竹内先生という二人の全く異なるタイプの一流の研究者から、直接・間接にさまざまなことを学べたことが、エリート研究をすっかり離れた今も、私の学問的基礎を作ってくれた方々であるので、感謝の念は消えない。本章は麻生先生のご生前から書き始め、ある程度まとまったら、東京に伺い、直接ご指導いただこうと考えていた。

本章の注に記したとおり、先生のご研究に関して不明の個所がいくつかあったからである。しかし、今やその機会は永遠に失われた。

参考文献

青沼吉松(1965)『日本の経営層―その出身と性格―』日本経済新聞社
赤阪清隆(2014)『国際機関で見た「世界のエリート」の正体』中央公論新社
赤堀正宜(2001)『ボストン公共放送局と市民教育―マサチューセッツ州産業エリートと大学の連携―』東信堂
朝日小学生新聞編集部編(2013)『真のエリートを育てる灘・開成の教育』朝日学生新聞社
麻生誠(1960)「近代日本におけるエリート構成の変遷」日本教育社会学会編『教育社会学研究』第15集、東洋館出版社、148頁〜162頁
麻生誠(1967)『エリートと教育』福村出版
麻生誠(1977)「学歴エリートの虚像と実像」麻生誠・潮木守一編『学歴効用論―学歴社会から学力社会への道―』有斐閣、65頁〜84頁
麻生誠(1978)『エリート形成と教育』福村出版
麻生誠(1983a)『学歴社会の読み方』筑摩書房
麻生誠(1983b)「現代日本におけるエリート形成―『学歴エリート』を中心として―」大阪大学人間科学部編『大阪大学人間科学部創立十周年記念論集515頁〜565頁
麻生誠・森毅(1983)「対談　エリートとおちこぼれの間」『太陽』No.248、平凡社、96頁〜101頁
麻生誠(1991)『日本の学歴エリート』玉川大学出版部
麻生誠・山内乾史編(1994)『現代日本におけるエリート形成と高等教育(高等教育研究叢書25)』広島大学大学教育研究センター
麻生誠・山内乾史・冠野文編(1995)『現代日本におけるエリート形成と高等教育―研究資料集―(『大学教育研究別冊第1号』)』神戸大学大学教育研究センター
麻生誠・山内乾史編(2004)『21世紀のエリート像』学文社
麻生誠(2009)『日本の学歴エリート(文庫版)』講談社
安冨歩(2012)『もう「東大話法」にはだまされない―「立場主義」エリートの欺瞞を見抜く―』講談社
安冨歩(2013)『「学歴エリート」は暴走する―「東大話法」が蝕む日本人の魂―』講談社
アプセーカー、ハーバート(陸井三郎訳)(1962)『ライト・ミルズの世界』青木書店
天城勲編(1979)『エリートの大学・大衆の大学(大学から高等教育へ3)』サイマル出版会天野郁夫(2017)『帝国大学―近代日本のエリート育成装置―』中央公論新社
天野一哉(2013)『中国はなぜ「学力世界一」になれたのか―格差社会の超エリート

教育事情―』中央公論新社
安藤優一郎(2007)『大岡越前の構造改革―江戸のエリート経済官僚―』日本放送出版協会
井内敏夫編(2007)『ヨーロッパ史のなかのエリート―生成・機能・限界―(早稲田大学総合研究機構ヨーロッパ文明史研究所叢書2)』太陽出版
池上正治(2007)『徐福―日中韓をむすんだ「幻」のエリート集団―』原書房
石井公一郎(2002)『エリート教育のすすめ―こうして日本は生まれ変わる―』PHP研究所
石角完爾(2000)『アメリカのスーパーエリート教育―独創力とリーダーシップを育てる全寮制学校(ボーディングスクール)―』ジャパンタイムズ、(2010年に改定版)
石角完爾(2009)『アメリカ流真のエリートをはぐくむ教育力』PHP研究所
一柳哲央(2003)『強い中国は「清華」が作る―13億人を支配する「清華大学」エリートの全貌―』ぶんか社
居安正(2002)『エリート理論の形成と展開』世界思想社
入江芙美(2015)『医系技官がみたフランスのエリート教育と医療行政』NTT出版
岩崎育夫(2013)『物語シンガポールの歴史―エリート開発主義国家の200年―』中央公論新社
岩永雅也(1997)「書評　山内乾史『文芸エリートの研究―その社会的構成と高等教育―』有精堂、(1995)」『大学論集』第26集、広島大学大学教育研究センター、323頁〜329頁
岩永雅也(2009)「解説」麻生誠『日本の学歴エリート』講談社、323頁〜329頁
岩見和彦他(1981)「社会階層と教育―『人事興信録』の学歴分析―」『関西大学社会学部紀要』第12巻第2号、85頁〜111頁
ウォルトン、ティエリー(橘明美訳)(2008)『中国の仮面資本主義―党エリートに壟断される経済と社会―』日経BP社
ウォルフォード、G.(竹内洋・海部優子訳)(1996)『パブリック・スクールの社会学―英国エリート教育の内幕―』世界思想社
旺文社編(1985)『日本国「受験ユーモア」五十五年史』旺文社
大井幸子(2004)『ウォール街のマネー・エリートたち―ヘッジファンドを動かす人びと―』日本経済新聞社
おおたとしまさ(2016)『ルポ塾歴社会―日本のエリート教育を牛耳る「鉄緑会」と「サピックス」の正体―』幻冬舎
岡本聡子(2005)『上海のMBAで出会った中国の若きエリートたちの素顔―将来の中国ビジネスを動かしていくリーダーたちの価値観とは―』アルク
尾木直樹・茂木健一郎(2017)『教育とは何？―日本のエリートはニセモノか―』中央公論新社
越智道雄(2005)『秘密結社―アメリカのエリート結社と陰謀史観の相克―』ビジネス社
柏倉康夫(2011)『指導者 (リーダー) はこうして育つ―フランスの高等教育:グラ

ン・ゼコール―』吉田書店
カシディー、ジョン(松村保孝訳)(2009)『「世界大不況」は誰が引き起こしたか―米国「金融エリート」の失敗―』講談社
加藤千幸(2002)『エリートの崩壊―外務省の虚像と実像―』PHP研究所
加藤嘉一(2012)『北朝鮮スーパーエリート達から日本人への伝言』講談社
軽部謙介(2015)『検証バブル失政―エリートたちはなぜ誤ったのか―』岩波書店
苅谷剛彦(2012)『イギリスの大学・ニッポンの大学―カレッジ、チュートリアル、エリート教育―』中央公論新社
川口浩編(2000)『大学の社会経済史―日本におけるビジネス・エリートの養成―』創文社
河崎健(2015)『ドイツの政党の政治エリート輩出機能―候補者擁立過程と議会・政府内昇進過程をめぐる考察―』Konrad Adenauer Stiftung Japan Office
河添恵子(2009)『エリートの条件―世界の学校・教育最新事情―』学習研究社
河野仁(1989a)「大正・昭和期における陸海軍将校の出身階層と地位達成―父親の職業階層の検討と昇進の規定要因分析―」『大阪大学教育社会学・教育計画論研究集録』第7号、大阪大学人間科学部教育社会学・教育計画論研究室、53頁～65頁
河野仁(1989b)「近代日本における軍事エリートの選抜―軍隊社会の『学歴主義』―」日本教育社会学会編『教育社会学研究』第45集、東洋館出版社、161頁～180頁
河野仁(1990)「大正・昭和期軍事エリートの形成過程―陸海軍将校の群キャリア選択と軍学校適応に関する実証分析―」筒井清忠編『「近代日本」の歴史社会学―心性と構造―』木鐸社、95頁～140頁
冠野文(1996)「女性エリート輩出に見る戦後改革のインパクト―外面経歴及び価値意識の検討を中心に―」日本教育社会学会編『教育社会学研究』第58集、東洋館出版社、103頁～123頁
喜多由浩(2013)『旧制高校真のエリートのつくり方』産経新聞出版
北岡伸一他(2000)『エリート教育は必要か―戦後教育のタブーに迫る―(読売ぶっくれっとNo.23)』読売新聞社
北垣郁雄編(2011)『東海岸の23州立大学の優等学院(高等教育研究叢書111)』広島大学高等教育研究開発センター
北垣郁雄編(2012)『中西部・東海岸近くの18州立大学の優等学院(高等教育研究叢書114)』広島大学高等教育研究開発センター
北垣郁雄編(2013)『西海岸・中西部ほかの20州立大学の優等学院(高等教育研究叢書120)』広島大学高等教育研究開発センター
北垣郁雄・黄福涛編(2008)『中国の学生エリート養成企画の調査―40余重点大学における優等的特別措置―(高等教育研究叢書97)』広島大学高等教育研究開発センター
北垣郁雄編(2017)『学生エリート養成プログラム―日本、アメリカ、中国―』東信堂
木下宏一(2014)『近代日本の国家主義エリート―綾川武治の思想と行動―』論創社

木村直樹(2016)『長崎奉行の歴史―苦悩する官僚エリート―』KADOKAWA
熊谷直(1988)『軍学校・教育は死なず―エリートの養成はかく行なわれた―』光人社
倉橋圭子(2011)『中国伝統社会のエリートたち―文化的再生産と階層社会のダイナミズム―』風響社
倉本由香利(2012)『グローバル・エリートの時代―個人が国家を超え、日本の未来をつくる―』講談社
黒岡千佳子(1981a)「女性高等教育の発展と女性エリート形成」日本教育学会編『教育学研究』第48巻第1号、43頁〜53頁
黒岡千佳子(1981b)「わが国における現代女性エリートの意識と実態」大阪大学教育社会学・教育計画論研究集録』第3号、大阪大学人間科学部教育社会学・教育計画論研究室、27頁〜61頁
黒岡千佳子(1982)「わが国における大企業ビジネス・エリートと中企業ビジネス・エリート」大阪大学教育社会学・教育計画論研究集録』第3号、大阪大学人間科学部教育社会学・教育計画論研究室、67頁〜103頁
ケリー、フランシス・J.、ケリー、ヘザー・メイフィールド(近藤純夫訳)(1987)『ハーバード・ビジネススクールは何をどう教えているか―スーパーエリートはこう育てられる:世界最強の教育機関―』経済界
玄成日(北朝鮮難民救援基金翻訳チーム訳)(2016)『北朝鮮の国家戦略とパワーエリート―幹部政策を中心に―』高木書房
今野浩(2010)『スプートニクの落とし子たち―理工系エリートの栄光と挫折―』毎日新聞社
篠上芳光(2004)『絶対エリート主義―なぜ、有名中学・高校に入れるべきなのか―』実業之日本社
佐々木紀彦(2011)『米国製エリートは本当にすごいのか?』東洋経済新報社
清水唯一朗(2013)『近代日本の官僚―維新官僚から学歴エリートへ―』中央公論新社
鈴木隆(2012)『中国共産党の支配と権力―党と新興の社会経済エリート―』慶應義塾大学出版会
鈴木輝二(2003)『ユダヤ・エリート―アメリカへ渡った東方ユダヤ人―』中央公論新社
スティーブンズ、マーク(仁平和夫訳)(2001)『ハーバードAMPのマネジメント―世界最強のビジネス・エリート養成コース―』早川書房
須藤直勝(1994)『東京府立第一中学校〈日比谷高校の前身〉―エリート校の現代に生きる英才教育と遊びの進化―』日本図書刊行会
ストーン、ローレンス(佐田玄治訳)(1985)『エリートの攻防―イギリス教育革命史―』御茶の水書房
高杉晋吾(1979)『受験校―つくられる神童たち:エリート教育の内側をえぐる―』(ドキュメント現代の教育9)』学陽書房
高瀬久直(2010)「欧米における最近の『エリート』研究」『一橋社会科学』第2巻、39

頁〜46頁
高田里惠子(2008)「エリートの作り方教えます―高学歴兵士はどう教育されたか―」高田里惠子『学歴・階級・軍隊―高学歴兵士たちの憂鬱な日常―』中央公論新社、191頁〜233頁
高山信彦(2015)『経営幹部養成学校―エリートリーダーは経営学を使って会社を動かす―』ダイヤモンド社
竹内啓(1984)『無邪気で危険なエリートたち―技術合理性と国家―』岩波書店
竹内洋(1978)『日本人の出世観』学文社
竹内洋(1981)『競争の社会学―学歴と昇進―』世界思想社
竹内洋(1985)『複眼サラリーマン学』東洋経済新報社
竹内洋(1988)『選抜社会―試験・昇進をめぐる＜加熱＞と＜冷却＞―』リクルート出版
竹内洋(1991)『立身・苦学・出世―受験生の社会史―』講談社
竹内洋(1993a)「書評　麻生誠著『日本の学歴エリート』(玉川大学出版部、1991年、336頁)」『大学論集』第22集、広島大学大学教育研究センター、253頁〜254頁
竹内洋(1993b)『パブリック・スクール―英国式受験とエリート―』講談社
竹内洋(1995)『日本のメリトクラシー―構造と心性―』東京大学出版会
竹内洋(1997)『立身出世主義―近代日本のロマンと欲望―』日本放送出版協会
竹内洋(研究代表者)(1997)『旧制高校とパブリック・スクールにみるエリート教育の構造と機能の比較研究』京都大学
竹内洋(1998)「■書評■麻生誠・岩永雅也[編]『創造的才能教育』」日本教育社会学会編『教育社会学研究』第63集、東洋館出版社、pp.218-219
竹内洋(1999)『学歴貴族の栄光と挫折(日本の近代12)』中央公論新社
竹内洋(2001)『大衆モダニズムの夢の跡―彷徨する「教養」と大学―』新曜社
竹内洋(2001)『大学という病―東大紛擾と教授群像―』中央公論新社
竹内洋(研究代表者)(2002)『大衆教育時代におけるエリート中等学校の学校文化と人間形成に関する比較研究』京都大学
竹内洋(2003)『教養主義の没落―変わりゆくエリート学生文化―』中央公論新社
竹内洋(2005)『丸山眞男の時代―大学・知識人・ジャーナリズム―』中央公論新社
竹内洋(2011)『大学の下流化』NTT出版
竹内洋(2011)『革新幻想の戦後史』中央公論新社
竹内洋(2012)『メディアと知識人―清水幾多郎の覇権と忘却―』中央公論新社
竹内洋(2014)『大衆の幻像』中央公論新社
橘木俊詔(2009)『東京大学―エリート養成機関の盛衰―』岩波書店
橘木俊詔(2015a)『日本のエリート―リーダー不在の淵源を探る―』朝日新聞出版
橘木俊詔(2015b)『フランス産エリートはなぜ凄いのか』中央公論新社
田中比呂志(2010)『近代中国の政治統合と地域社会―立憲・地方自治・地域エリート―』研文出版
田中義郎編(1997)『プレップ・スクール―アメリカのエリート私立中等学校の教育―』C.S.L.学習評価研究所

谷沢永一・渡部昇一(2000)『誰が国賊か―今、「エリートの罪」を裁くとき―』文藝春秋
谷光太郎(2010)『敗北の理由―日本軍エリートはなぜ迷走したのか―』ダイヤモンド社
田原史起(2004)『中国農村の権力構造―建国初期のエリート再編―』御茶の水書房
張雲裳・人見豊編(2011)『中国のエリート高校生日本滞在記』日本僑報社
趙明哲(李愛俐娥編訳)(2012)『さらば愛しのピョンヤン―北朝鮮エリート亡命者の回想―』平凡社
釣島平三郎(2004)『アメリカ最強のエリート教育』講談社
デレズウィッツ、ウィリアム(米山裕子訳)(2016)『優秀なる羊たち―米国エリート教育の失敗に学ぶ―』三省堂
中井浩一(2002)『高校卒海外一直線―エリート高校生の「頭脳流出」―』中央公論新社
中島恵(2016)『中国人エリートは日本をめざす―なぜ東大は中国人だらけなのか?―』中央公論新社
中田安彦(2009)『アメリカを支配するパワーエリート解体新書―大統領さえも操る、知られざるネットワークのすべて―』PHP研究所
永谷健(2007)『富豪の時代―実業エリートと近代日本―』新曜社
中道実(1973)「現代日本における指導層の社会的性格(一)」『ソシオロジ』第57号(第18巻第1号)、社会学研究会、79頁~103頁
中道実(1974)「現代日本における指導層の社会的性格(二)」『ソシオロジ』第59号(第18巻第3号)、社会学研究会、57頁~89頁
中村繁夫(2015)『中国のエリートは実は日本好きだ!―中国が百年、日本に勝てない理由―』東洋経済新報社
中村聡一(2000)『ニューエリートのすすめ―自分の可能性を切り拓く思考法―』PHP研究所
中村忠一(2002)『エリートへの道は中学・高校選びで決まる』エール出版社
那須野泰(2003)『こんな小学校をつくります。―新しいエリートを育てる―』グローバル教育出版
西所正道(2001)『「上海東亜同文書院」風雲録―日中共存を追い続けた五〇〇〇人のエリートたち―』角川書店
西森マリー(2017)『ドナルド・トランプはなぜ大統領になれたのか?―アメリカを蝕むリベラル・エリートの真実―』星海社
野口東秀(2012)『中国真の権力エリート―軍、諜報・治安機関―』新潮社
野邑理栄子(2006)『陸軍幼年学校体制の研究―エリート養成と軍事・教育・政治―』吉川弘文館
橋本伸也他(2001)『エリート教育』ミネルヴァ書房
橋本伸也(研究代表者)(2001)『帝国期ロシアのエリート教育システムと社会変動に関する総合的研究―身分制原理からメリットクラシーへ―』京都府立大学

服部民夫・鐸木昌之編(1987)『韓国政治エリート研究資料―職位と略歴―』東京大学東洋文化研究所附属東洋学文献センター
浜田宏一(2015)『グローバル・エリートの条件―日米の教育の違いから見えた：何が「本物の人材」を生むのか？―』PHP研究所
林達夫(2000)「十字路に立つ大学」鶴見俊輔監修『林達夫セレクションⅠ―反語的精神―』平凡社、302頁〜320頁
葉柳和則(1994)「近代日本の社会運動リーダーの供給源」『大阪大学教育社会学・教育計画論研究集録』第9号、大阪大学人間科学部教育社会学・教育計画論研究室、41頁〜72頁
葉山滉(2008)『フランスの経済エリート―カードル階層の雇用システム―』日本評論社
坂東省次(2009)『スペインを訪れた日本人―エリートたちの異文化体験―』行路社
平間洋一他(2009)『今こそ知りたい江田島海軍兵学校―世界に通用する日本人を育てたエリート教育の原点―』新人物往来社
福原正大(2012)『なぜ、日本では本物のエリートが育たないのか？』ダイヤモンド社
フリーマン、ダグラス・K(2003)『リーガル・エリートたちの挑戦―コロンビア・ロースクールに学んで―』商事法務
古川隆久(2004)『あるエリート官僚の昭和秘史―「武部六蔵日記」を読む―』芙蓉書房出版
古田英明・縄文アソシエイツ(2000)『上級ビジネスマン―真のビジネスエリートとは何か―』総合法令出版
ブルデュー、ピエール(立花英裕訳)(2012)『国家貴族―エリート教育と支配階級の再生産―（Ⅰ・Ⅱ）』藤原書店
保阪正康(2009)『官僚亡国―軍部と霞が関エリート、失敗の本質―』朝日新聞出版
保阪正康(2017)『帝国軍人の弁明―エリート軍人の自伝・回想録を読む―』筑摩書房
堀江好一(1987)『陸軍エリート教育―その功罪に学ぶ戦訓―』光人社
本田毅彦(2001)『インド植民地官僚―大英帝国の超エリートたち―』講談社
毎日新聞神戸支局編(1991)『エリート教育の光と影―私立灘中・高校―』毎日新聞社
前田更子(2009)『私立学校からみる近代フランス―19世紀リヨンのエリート教育―』昭和堂
増子健一(2001)『権力エリート論』EXP
増子健一(2012)『権力エリート論(新版)』成文堂
増田知子・佐野智也(2017)「近代日本の『人事興信録』(人事興信所)の研究 (1)」『名古屋大学法政論集』第275号、pp.1-43
増田知子・佐野智也(2018)「近代日本の『人事興信録』(人事興信所)の研究 (2)」『名古屋大学法政論集』第276号、pp.225-282

松里公孝(研究代表者)(2001)『ロシア連邦ヴォルガ中流域6民族共和国エリートの比較研究』北海道大学スラブ研究センター
松村昌廣(2000)『米国覇権と日本の選択―戦略論に見る米国パワー・エリートの路線対立―』勁草書房
マルソー、ジェーン(瀬岡誠・瀬岡和子訳)(2003)『ファミリー・ビジネス?―国際的ビジネス・エリートの創出―』文眞堂
萬成博(1965)『ビジネス・エリート―日本における経営者の条件―』中央公論社
御厨貴(2003)「エリートと教育」天川晃・御厨貴『日本政治史―20世紀の日本政治―』放送大学教育振興会、89頁~95頁
三島由紀夫・徳大寺公英(1969)「対談 青春を語る―戦争の谷間に生きて―」『三島由紀夫集 月報6(現代日本の文学 第三十五巻)』集英社、1頁~7頁
三島由紀夫(2004)「青春を語る(CD)」『決定版 三島由紀夫全集』第41巻、新潮社
三竹大吉(2016)『世界の大学をめざせ!―アメリカのスーパーエリート校入門―』松柏社三根生久大(1988)『陸軍参謀―エリート教育の功罪―』文藝春秋
箕輪茂(2002)『メキシコにおける民主化と統治能力―統治エリートの変容との関連から―(ラテンアメリカ研究No. 22)』上智大学イベロアメリカ研究所
宮下陽子(2012)『現代トルコにおける政治的変遷と政党1938~2011―政治エリートの実証分析の視点から―』日本図書センター
三輪裕範(2001)『ローズ奨学生―アメリカの超エリートたち―』文藝春秋
三輪裕範(2003)『アメリカのパワー・エリート』筑摩書房
牟田口義郎(2002)『地中海世界を見た日本人―エリートたちの異文化体験―』白水社
村上泰亮(1988)「大学という名の神聖喜劇」『中央公論』第103年第7号、中央公論社、66頁~85頁
森功(2008)『ヤメ検―司法エリートが利欲に転ぶとき―』新潮社
森原隆編(2010)『ヨーロッパ・エリート支配と政治文化』成文堂
安井元康(2014)『非学歴エリート――流大学に入れなかった僕の人生逆転メソッド―』飛鳥新社
山口真由(2015)『いいエリート、わるいエリート』新潮社
山崎将志(2015)『残念なエリート』日本経済新聞出版社
山内乾史(1995)『文芸エリートの研究―その社会的構成と高等教育―』有精堂出版
山本慶裕(1982)「中小企業経営者の学歴と補充類型」『大阪大学人間科学部紀要』第8巻、61頁~82頁
山本慶裕・高瀬武典(1987)「ビジネス・エリートの地位達成過程―大企業経営者の出身と経歴に関する調査より―」『日本労働協会雑誌』No.337、21頁~32頁
吉見俊哉(2011)『大学とは何か』岩波書店
ルムリアッセイ、チュオン(2012)『カンボジア・エリートの青年心理学―内戦から復興へのアイデンティティ形成―』昭和堂
レマン、ニコラス(久野温穏訳)(2001)『ビッグ・テスト―アメリカの大学入試制度

:知的エリート階級はいかにつくられたか―』早川書房
レーン、デービッド, ロス、キャメロン(溝端佐登史他訳)(2001)『ロシアのエリート―国家社会主義から資本主義へ―』窓社
ロスコフ、デヴィッド(河野純治訳)(2009)『超・階級(スーパークラス)―グローバル・パワー・エリートの実態―』光文社
若田部昌澄(2010)『「日銀デフレ」大不況―失格エリートたちが支配する日本の悲劇―』講談社
和田秀樹(2003)『エリートの創造―和田秀樹の「競争的」教育論―』阪急コミュニケーションズ
和田秀樹(2006)『受験エリートがビジネスエリートになる―格差社会を勝ち抜く「超」勉強法―』東洋経済新報社
和田秀樹・小山泰生(2006)『わが子が輝くエリート教育』海竜社
渡部昇一・江藤裕之・平岡弘章(2016)『グローバル・エリート教育』PHP研究所
Reid, Ivan (1986) *The Sociology of School and Education*、Fontana Press.
Walford, Geoffrey (ed.) (1989) *Private Schools in Ten Countries: Policy and Practice*, Routledge.

コラム3　アジアにおける「才能教育」

北村友人（東京大学）

　今日、アジア諸国では教育分野の拡充が進んでおり、そのなかで「才能教育」に対する注目も高まっている。中国やインド、東南アジア諸国をはじめとする多くのアジアの国や地域で、着実に経済成長が進むとともにすべての教育段階で就学率が向上し、より多くの人が教育機会を得ることができるようになってきた。このように教育へのアクセスが向上すると、その次の段階として人々はより質の高い教育を求めるようになるのは自然なことであろう。そうした状況を背景に、他の子と横並びの教育ではなく、特別な教育を受けさせることによって、我が子の将来の安定を確保し、可能性を広げようと、より多くの保護者が考えるようになっている。それが、「才能教育」への注目にも現れている。

　そうしたなか、近年のアジア諸国における顕著な現象が、国際的な教育プログラムを通した「才能教育」の広がりであろう。例えば、アジアの多くの国・地域で、インターナショナル・スクールを中心に、英語の早期教育が積極的に導入されている。また、国際バカロレア（IB）の教育プログラムを導入する学校がアジア各地で急増している。2018年2月現在、世界中で4,786校が6,311プログラムを開講しているが、そのうちの17.2％がアジア太平洋地域である。歴史的に北米ならびに欧州の学校がIBを導入してきたため、世界全体に占めるアジアの割合は未だ限定的ではあるが、その数は2000年代以降急速に増えている。（International Baccalaureate ウェブサイト［http://www.ibo.org/about-the-ib/facts-and-figures/］を参照）

　ただし、留意すべきこととして、国際的な教育プログラムを通し

た「才能教育」は、必ずしも個々の子どもが有する優れた能力や資質をより適切に育むために導入されているわけではなく、社会経済的により有利な立場にいる人々が、自らの子どもたちの将来の進学機会や就労機会を高めるために行っているケースが多い。すなわち、主に都市部の富裕層の親たちが、早期からの英語教育を受けさせることを望んだり、IBのようなより探究的な学びの機会を求めて、インターナショナル・スクールやIBを導入している学校に子どもたちを通わせている。もちろん、IBの教育内容に魅力を感じて子どもを通わせている保護者が多いと考えられるが、それと同時に、IBという国際的な通用性をもった教育プログラムを修了することで、欧米の大学を中心に多様な進学機会が得られることに、大きなメリットを見出していることも自明のことである。

　ここで見られる現象は、優れた能力や資質をもつ子どもたちにより適切な教育の機会を提供するということよりも、教育のもつ選抜機能がより重視され、教育格差を広げる方向へと、「才能教育」が働いてしまっていると言えるのではないだろうか。(その意味で、このコラムでは、本来の才能教育の目的からはズレてしまうという意味で、括弧付きの「才能教育」と記している。)

　もちろん、アジアのさまざまな国・地域で、本来の意味での才能教育が推進されていることも、また事実である。学術的に優れた能力を有する子どもや、芸術・スポーツなどで卓越した才能を発揮する子どもたちに対して、そうした能力をより適切に伸ばしていくための教育機会がいろいろと提供されている。これまで、そうした特殊な教育機会を創出することが十分にできなかった途上国においても、先述のように基本的な学校教育へのアクセスが拡充するなかで、徐々にではあるが取り組みが進んでいる。

　しかし、その一方で、社会経済的に恵まれた立場にある子どもたちを利するような教育が、「才能教育」として捉えられてしまっているとい

う現象にも、注意を払う必要がある。このコラムでは、国際的な教育プログラムを例としてこの問題について指摘したが、それ以外の領域（たとえばエリート的なサイエンス教室やコンピュータ教室など）でも同様の現象が見られる。しかも、それは途上国や新興国にのみ見られる現象ではなく、教育格差や子どもの貧困といった問題が顕在化している今日の日本においても、類似の現象が起こっているのではないだろうか。

　ただし、そういった教育プログラムにも、それぞれ優れた取り組みや実践があり、一概に否定することが筆者の意図するところではない。むしろ、才能教育をエリート教育と同義に捉えるような風潮が、とくに日本社会には根強くあることを残念に思う気持ちもある。したがって、格差拡大を助長しかねない「才能教育」もあるということを認識しつつ、個々の子どもの能力や資質をより適切に伸ばすことを可能にする才能教育のあり方について、アジアの各国・地域においてさらなる議論を積み上げていくことが重要であることを指摘して、このコラムの結びとしたい。

事項索引

【数字】
2E（twice-exceptional） 209

【A】
AP（Advanced Placement） 132, 182
Ancient Universities 264
Army Alpha（陸軍アルファ）検査 141

【C】
CfBT 教育トラスト（CfBT Education Trust） 37

【D】
Dux award scheme 44

【E】
EPSE 283
Excellence in Cities 32

【G】
GHQ 6

【I】
IMF 危機 196
International Gateway for Gifted Youth (IGGY) 44
IQ 93, 152

【N】
No Child Left Behind Act（誰も置き去りにしない法） 134
NUS 理数科高校（NUS High School of Mathematics and Science） 121

【P】
PASS システム 132
PISA（国際学力調査） 54

【R】
RSBI 232

【S】
SBI 232
STEAM（Science, Technology, Engineering, the Arts and Mathematics） 199

【W】
Whole School 38
Who's Who 264
Who's Who in America 246, 286
World Council for Gifted and Talented Children (WCGTC) 74

【あ】
愛国主義 90
会津大学 10
アイビーリーグ 265
アクセレレーション（早修あるいは促進） 5-6, 8, 39, 82, 93, 113, 234-235
アコーディオン効果 280
麻生シューレ 272
アダリョンノスチ 70
アバディーン 264
アパルトヘイト体制 234
アフリカ 234
アフリカ才能者連盟（African Federation of the Gifted and Talented） 164
アメリカ合衆国 iii, 3, 233-234, 265
アメリカ・ギフテッド協会 133
『アメリカのデモクラシー（De Tocqueville's Democracy in America, 1833, 1983)』 135

【い】
イートン校 260
イェール大学 265
イギリス v, 3, 13, 230-231, 233, 253, 255, 260
イソップ童話 238
一貫プログラム（Integrated Programme） 117
一高 252-253, 255
一高・東大型エリート 276
イノベーション 90
インカレサークル 227
インクルーシブ教育 97, 160
インクルージョン 151
因材施教 169
インターナショナルスクール 236
インドネシア 232
インパクト評価 222-223

【う】

ウインチェスター校	260
ウエストミンスター校	260
ウォーノック報告	14
ウォリック大学（Warwick University）	37

【え】

英語コース	11
英才	70, 190-191
英才学級	199-200, 202
英才学校	199,-200, 202
英才教育	i, iv, 3, 7-8, 10, 190-191, 231, 275-276
英才教育院	200, 202
英才教育機関	191, 199, 202
英才教育研究所	6
英才教育振興総合計画	197, 210
英才教育振興法	191-192
英才教育論	8
英才児	71
英才児支援センター「シリウス」	80
英才児活動センター	89
英才の実践的基本構想	71, 75
エクステンション（延長）	6, 39
エディンバラ大学	264
エラスムス・プログラム	49
エリート学級	228
エリート学校	228-229, 278
エリート教育	i, ii, iv, 6, 8, 214, 228, 230, 236, 241, 276, 284-285
エリート教育論	8
エリート主義	153
エリート文化	229-230
エリザベト音楽大学	10
エンパワメント	161
エンリッチメント（拡充）	5-6, 8, 39, 82, 93, 113, 180

【お】

大阪大学	237-239, 271, 279
大阪府立大学	282
応試教育	174
お茶の水女子大学	297
オックスフォード・ブルックス大学（Oxford Brooks University）	42
オックスフォード大学	260
オックスブリッジ	260, 264
オナーズ・プログラム（The Honors Program）	132
オリンピック	70

【か】

海軍大学校	257
海軍兵学校	230, 257
外国語高校	195
回転ドア認定モデル（Revolving Door Identification Model: RDIM）	221
カウンター・エリート	272
科学高校	193, 195, 199, 202
香川大学	281
学位移動（degree mobility）	48
学習院	252-254, 256
学習指導要領	8
学習障碍	13
学習メンター（Learning Mentor）	36
学習支援ユニット（Learning Support Unit）	36
各種学校	236
学生移動（student mobility）	48
学力オリンピック	79
学歴	208
学歴競争	153
学歴幕藩体制	280
学校化社会	153
学校間格差	159
学校に基礎を置く才能教育（School-Based Gifted Education）	117
学校文化	278
カレッジボード	132
関関同立	239
韓国	v, 3, 231, 233, 235-236, 268

【き】

寄宿制英才教育学校	79
貴族院	256
貴族院議員	256
北朝鮮	269
ギフテッド教育（gifted education）	7, 53
ギフテッドネス	129
義務教育	174
ギムナジア	76
旧七帝大	297
旧制官立大学	269
旧制高等学校	228, 252-253, 256, 269
旧制帝国大学	252, 269, 304
九州大学	239
教育改善特別指定地域（EiC Education Action Zone）	36
教育機会	149
教育基本法	3-4, 14
教育資源配分の公平性	189, 210, 214
教育資源配分の効率性	190, 204, 214
教育上の『例外措置』	i, 9
教育水準監査院（ofsted）	33
教育における才能の発見と伸長（Talent Identification and Development in Education: TIDE）モデル	221
教育熱	196
教育の機会均等化	189
教授言語	159
京都大学	10, 237-241, 252,

事項索引　319

京都大学大学院教育学研究科比較教育学研究室	275-276, 279, 284, 297 i
京都帝国大学	257
教養主義	254, 256
共和党	265

【く】

クヴァントリウム	89
宮内省	252
クライスト・チャーチ	260
グラスゴー大学	264
グランゼコール	265
クリティカル・ペダゴジー	282
グローバル競争	102
グローバル人材	ii, 12, 235
グローバル・スタンダード	ii-iii
軍学校	228, 257, 260, 268
軍事エリート	12, 272, 275
軍事社会学	272, 275

【け】

慶應義塾大学	239
経済エリート	12
芸術高校	195
慶尚南道	268-269
慶尚北道	268-269
ケンブリッジ大学	260

【こ】

高級官僚	296
公共政策	233, 236
公正性志向	163
高等経済大学	80
高等小学校	257
高等文官試験	255
高度人材	214
高度人材の育成	189
公正性	149, 230-235
公平性	iii, 12, 13, 236
神戸商業大学	257
神戸女学院大学	297
神戸大学	237-240
効率性	iii, 12-13, 151, 230, 232-233, 236
効率性志向	163
効率性評価	222-223
高麗大学校	268
コーネル大学	265
国際学力オリンピック	70, 86
国際競争主義	208
国際レベル学校	102
国民形成	94
国立教育学院（NIE）	122
国立行政学院（ENA）	265
国立シンガポール大学（NUS）	121

五修	6
個人研究活動	115
個人主義	152
個人の自己実現	192, 205
国家および社会の発展	193, 205
国家統合	94
国家防衛教育法（National Defense Education Act）	134
子どもの権利条約	76
子ども発達センター	82
個別課題設定	82
個別教育課程	82
個別教育プログラム（Personalised Education Plan）	118
コミュニティ	152
コロンビア大学	265
コンクール	79

【さ】

最先端教育	53
才能	71
才能教育アカデミー（The National Academy for Gifted and Talented Youth）	37
才能教育コーディネーター	38
才能教育諮問委員会（Gifted and Talented Advisory Group）	33
才能教育体制モデル	202-203, 205
才能伸長	220
才能児	71, 93
才能児・生徒教育（Education for Gifted and Talented）	133
「才能と成功」基金	87
才能の三輪概念（three-ring conception of giftedness）	221
才能の先天性	191
ザ・ナイン	260
サブ・エリート	273
差別構造	158
三高	253, 276
三高・京大型エリート	276

【し】

ジェイコブ・K・ジャビッツ才能児・生徒教育法（Jacob K. Javits Gifted & Talented Student Education Act）	134
ジェントルマンシップ	255
資格・教育課程委員会（Qualifications Curriculum Authority, QCA）	40
士官学校	269
私事化	213-214
持続可能な開発目標（Sustainable Development Goals: SDGs）	150
七田チャイルド・アカデミー	6
七年制高校	5
質保証	106
児童学	73

社会運動家	272
社会化	154
社会経済階層	196, 207
社会矯正主義	208
社会主義革命	73
社会性	153
社会的指向性	153
社会的属性	152
社会的配慮	207-208, 210
習熟度熱学級編成	11
習熟度別グループ編成	11
重点学校	172
重点大学	176
自由民主党教育再生実行本部	9
受益者負担	212
受験競争	195-196, 235
受験名門校	195, 212
障碍児教育	8
上智大学	238, 239
情動の知能（emotional intelligence）	152
少年クラス	170
少年宮	171
昭和女子大学	9
植民地支配	163
女性エリート	272
初等・中等教育法（Elementary and Secondary Education Act）	134
ジョンズ・ホプキンス大学の才能児センター（Center for the Talented Youth）	131
シリウス教育センター	87
シリウス・オンライン	89
深化	82
シンガポール	iii, 3, 233
シンガポール科学技術高校（Singapore School for Science and Technology: SSST）	121
人材プール	203
新自由主義	210
人種間・民族間闘争	163
人種差別	159
『紳士録』詐欺	242
人的資源	196, 204
心理テクニック	73

【す】

スイス	272
スウェーデン	232
スーパー・イングリッシュ・ランゲージ・ハイスクール（SELHi）	11, 14
スーパー・グローバル・ハイスクール（SGH）	ii, 11, 14, 230
スーパー・グローバル・ユニバーシテイ（SGU）	ii, 11, 14
スーパー・サイエンス・ハイスクール（SSH）	11, 14, 230
スズキ・メソード	6
スタンフォード大学	265
スタンフォード＝ビネー式	141
スタンリー・ボールドウイン	260
頭脳流出	76
スプートニク・ショック	75, 134
スペシャリストスクール（Specialist School）	36

【せ】

正系	251
政治エリート	12, 249, 269
政治改革法	257
成城大学文芸学部	9
聖心女子大学	275
セオドア	265
セオリー評価	222-223
積極的格差是正措置	208
全学連	256
全国幼児教育同志会	6
潜在的な才能児	207
潜在能力	160
セントアンドリュース大学	264
セントポールズ校	260
選抜	152
全面的発達	73

【そ】

早期教育	iii, vi, 3, 5-8, 12, 82
早期才能教育	82
早期入学	181
早慶戦	297
総合技術教育（ポリテフニズム）	75
早修型	180
ソウル大学校	268
ソウル特別市	268-269
ソールズベリー校	260
素質教育	174, 236
ソビエト心理学	89
ソルボンヌ大学	257
ソ連邦科学アカデミー	75
ソ連邦教育科学アカデミー	74
ソロス基金	86

【た】

ダートマス大学	265
体育高校	195
大学設置基準	288
大学先修科目	182
大学入試	104
大学附属特別教育センター	76
第14期中央教育審議会	9
大正教養主義	256
大統領リセ	80

事項索引　321

大統領物理・数学リセ	85
第二教室	6
卓越した能力	72
卓越した能力を現した者	2
多重知能理論	220
多文化社会	156
タラント（талант）	71
タレンテッド教育（talented education）	7, 53
「単位移動」（credit mobility）	48

【ち】

チークセントミハーイ（Mihaly Csikszentmihalyi, 1984）	137
知性主義	256
知識基盤社会	196
知的才能児	95
知能検査	219
知能テスト	170
知能の三部理論	220
千葉大学	10
地方当局（Local Authority）	33
チャーターハウス校	260
中華人民共和国義務教育法	174
中国	iii, 3, 235-236
中国科学技術大学	176
忠清南道	269
挑戦する平等	163

【つ】

筑波大学	239
津田塾大学	297

【て】

帝政ロシア	73
デイビッドソン才能開発研究所	129
テキサス大学オースチン校	132
適能教育主義	208
テクノパーク	89
テスト	73
天才児	71
天賦の才	71

【と】

統一国家試験	78
同化	158
東京藝術大学	10
東京芸術大学	297
東京工業大学	238-239, 251, 284, 297
東京商科大学	257
東京帝国大学	251-253, 255, 257, 269
東条英機	251
東京大学	227, 237-241, 252, 257, 278, 281, 294, 296, 304
東大全共闘	255
東北大学	239
徳明中学校	118
トクヴィル	135
特殊目的高校	202
特殊教育評議会（Council of Exceptional Children）	145
特殊目的高校	195, 199, 202
特進コース	i, 11-12
特定の科目を深く学ぶプログラム	82
特定の科目を深く学ぶ学校	83
特別英才	71
特別英才児	231
特別科学教育	6
特別学級	76
特別学校	76
特別寄宿制学校	75
特別支援教育	3, 5
特別支援教育コーディネーター（Special Educational Needs Co-ordinator, SENCO）	41
特別な教育ニーズ	3, 10-11, 231-233
都市チャレンジにおける才能教育戦略（City Challenge Gifted And Talented Education Strand）	34
飛び級	10, 173
飛び入学	9, 181, 232, 235
トリニティカレッジ	260

【な】

名古屋大学	239
ナショナル・エリート	273
ナショナル・ギフテッド協会	133
納豆移動	241
奈良女子大学	297
奈良大学	283
ナンバースクール	253
南洋工科大学	119
南洋小学校	116

【に】

ニーズ評価	222-223
二重性	154
日本教育社会学会	272, 279
日本女子大学	297
日本数学会	9
日本体育大学	10
日本比較教育学会	i, iii
日本比較教育学会研究委員会	i, iii
日本物理教育学会	9
認知的スキル	153

【の】

能力と適性	192, 195, 205, 213
農林省水産講習所	257

ノーベル賞	234	北京大学	177
ノボシビルスク国立大学	75	ペレストロイカ	74, 76
ノンフォーマル教育	12	ペンシルベニア大学	265

【は】

【ほ】

パーデュー学業・職業評定尺度（Purdue Academic/Vocational Rating Scales）	221	防衛大学校	272
		傍系	251
ハーバード大学	138, 265	北海道大学	239
ハーロウ校	260	母語	159
排除	206	補充教育	79
ハイタレント・マンパワー	8	補充教育施設	82-83
「ハイタレント」教育	284	ボリシェビキ	73
白人エリート主義	163		
発達障碍	3, 13	【ま】	
パブリックスクール	230, 260	マーランド報告（アメリカ合衆国連邦議会）	75, 134, 193
パリ政治学院（シアンスポー）	265		
パリ第10大学	265	マイノリティ	208, 214
パレート	250	松下政経塾	11
パワー・エリート	12	マルクス主義教育学	282
反知性主義	255	マルクス・レーニン主義	73
万人のための教育（Education for All：EFA）	150		
		【み】	
		ミドルカレッジ・ハイスクール	132

【ひ】

ビーコンスクール（Beacon School）	36	南アフリカ	iii, 3, 233-234
『比較教育学研究』	i, iii	民主化	6
ビジネス・エリート	243, 248-249, 272	民主主義	275
一橋大学	238-239, 251, 297	民主党	265
平等主義圧力	228	民族主義	ii, 11, 241
平等性	iii, 12-13, 149, 230-236		
平沼騏一郎	257	【む】	
広島大学	278, 281, 283	武蔵大学	282
広田照幸	6	無認可校	236
		村山富市	257

【ふ】

【め】

物理・数学特別寄宿学校	75	明治大学	257
不平等	196, 212	名城大学	10
P3選抜テスト	114	メンサ	133
ブラウン大学	265		
プラン2	132	【も】	
フランス	228, 265	モスクワ国立大学	74
プリンストン大学	265	文部科学省	ii, 4, 13, 252, 280
プロギムナジア	82		
プログラム評価	222	【ゆ】	
プロセス評価	222-223	有教無類	169
文化資本	282	優遇措置	94
文化的価値	153	優秀児・生徒局（Office of Exceptional Children and Youth: OECY）	138
文化的な無理解	159		
文芸エリート	272, 283	優生学	ii, 11, 241
		有精堂出版	283

【へ】

【よ】

閉鎖的・硬直的高等教育ピラミッド	238	幼児教育	7, 12
平準化政策	194, 231-232	横浜国立大学	239
北京市第八中学校	176	四修	5-6

延世大学校 269

【ら】
ラグビー校 260
ラッセル・セイジ財団（Russel Sage Foundation） 140
ラッフルズ学院（RI） 118
ラッフルズ・ディプロマ 120
ラディカル・エコノミスト 282
ラテンアメリカ 234

【り】
理科実験クラス 180
陸軍士官学校 230, 257
陸軍大学校 257
利己主義 213-214
理数コース 11
リセ 76

【れ】
「例外的に才能ある子どもたち」（Exceptionally Gifted Children） 117
レッセフェール（放任） 275
レボルビング・ドア・ポリシー 280

連邦法「ロシア連邦の教育について」 72

【ろ】
ローカル・エリート 273
ロースクール 265
ロシア 231-232
ロシア科学アカデミー心理学研究所 74
ロシア学長連盟 78
ロシア学童オリンピック評議会 78
ロシア教育アカデミー 74
ロシア教育アカデミー心理学研究所 74
ロシア心理学会 74
ロシア正教会 72
ロシア連邦教育法 72, 81

【わ】
若い才能（молодые таланты） 71
若者才能教育プログラム（Youth Gifted & Talented Programme） 34
早稲田大学 239, 257

人名索引

【あ】

アイル, L. 140
青沼吉松 242, 245, 249
赤松克麿 272
麻生誠 9, 228, 238, 240-242, 245-250, 271-275, 277-281, 283, 285-286, 288, 291, 304
アップル, M. 282
阿部信行 257
アプセーカー, H. 247
安倍能成 254
天野郁夫 239, 278, 281, 283

【い】

池田寛 280, 282
池田勇人 8
石川裕之 iii, 236
石渡嶺司 12
井上俊 278
イバラ, T. 131
井深大 82
李明博 210
岩田龍子 280
岩永雅也 5, 8, 272, 283
岩見和彦 242, 245, 285, 286

【う】

ヴァフテーロフ, V.P. 73
ウォーラー, W. 228
ウォルポール, R. 260
植田みどり iii, 230
潮木守一 278, 279

【え】

エア, D 38
エグゼンプリャールスキー, V.M. 73
江原武一 i
エリツィン, B.N. 76
遠藤利明 9

【お】

岡崎友典 280
オストロゴールスキー, A.N. 73
オーティス, A. 141
乙竹岩造 5, 10, 230
オランド, F. 265

【か】

海部俊樹 257

梶間みどり 7
加藤友三郎 256
ガードナー, H. 138, 220
金子元久 283
カプテーレフ, P.F. 73
カラベル J. 279
河野仁 272, 274, 275
菅直人 257
冠野文 272, 274, 285-286, 291

【き】

喜多村和之 274, 280
北村友人 236
キャメロン, D. 231, 260
キャラハン, C.M. 223
ギュルヴィッチ, G. 246
ギンティス, Herbert 282

【く】

グッドマン, N 135
グリブコフ, Y.Z. 74
黒岡千佳子 249, 272, 274, 285-286
黒羽亮一 280

【こ】

孔子 169
近衛文麿 257
小林哲夫 6
ゴルトン, F. 133
ゴルバチョフ, M.S. 74
コルモゴロフ, A.N. 75

【さ】

西園寺公望 257
サドーブニー, V.A. 78
佐野智也 245, 286, 291
サハロフ, A.D. 75
サルコジ, N 265
澤野由紀子 iii, 231

【し】

志賀直哉 254
七田眞 7, 12
幣原喜重郎 257
志水宏吉 278
清水義弘 7, 8, 10, 249, 276, 280
Simon, T. 219
ジスカールデスタン, V. 265
シュメーレワ, Y. 87

人名索引

ジュリアン・スタンレー（Julian Stanley）	131
ショヴァン, R.	228
シラク, J.	265
ジルー, H.	282

【す】

末松安晴	9, 284
杉本均	iii, 233
鈴木鎮一	6, 12
鐸木昌之	269
スターリン I.V.	73
スタンバーグ, R.J.	220
スタンレー, J.	131

【そ】

園田英弘	274

【た】

武寛子	iii, 232
竹内洋	237-238, 240-243, 248-249, 251, 253, 271, 278-281, 283-284, 304
立花隆	278
ダーデン, W.	132
田中角栄	257
田中正弘	iii, 231
田中義郎	iii, 233
ターマン, L.	141
タンネンバウム, A.	122

【ち】

中道実	242, 245, 285-286, 291
全斗煥	269

【て】

テプロフ, B.M.	74
デンワントロ, K.	97

【と】

ドーア, R.P.	241
徳大寺公英	254, 255
トロウ, M.	248
トン, G.C.	120

【な】

永井道雄	280
中矢礼美	iii, 232
ナザーロ, J.	145
ナスティオン, A.H.	94
夏目漱石	274
南部広孝	iii, 236

【に】

西田芳正	282
西村幹子	iii, 233

【の】

ノイマイスター, K.S	224
野口武彦	274
盧武鉉	207

【は】

朴槿恵	198, 214
橋本健二	282
パーソンズ, T.	284
服部民夫	269
鳩山由紀夫	257
バーニー, V.H.	224
葉柳和則	272, 274
原清治	iii, 230, 285
ハリス, W.T.	133
ハルゼー, A.H.	279
バルフォア, A.	260

【ひ】

ビネー, A.	219

【ふ】

フェルデューゼン, J.F	221
藤田英典	279-280
伏見猛弥	6, 12
プーチン, V.V.	70
ブードン, R.	282
ブラウン, G.	231, 264
フリッシュ, M.	272
フルシチョフ N.S.	75
ブルデュ, P.	282
ブレア, T.	230-231

【へ】

ペトロフスキー, N.V.	73
ペレルマン, G.Y.	86

【ほ】

ホイップル, G.	140
ボイヤー, E.	132
ボウルズ, S.	282
ボーランド, J.	122
星野周弘	274
ホッパー, E.I.	279
本間勇人	8

【ま】

マクロン, E.	265
マートン, R.K.	284
真下孝雄	6, 8
増田知子	286, 291
マックス・フリッシュ	272
マテューシキン, A.M.	74
丸山眞男	248

萬成博　249

【み】
三島由紀夫　254-255, 274, 278
ミッテラン, F.　265
宮澤喜一　257
宮澤内閣　257
ミルズ, C.W.　247, 249

【む】
向坊隆　8, 10
文在寅　214

【め】
メイ, T.　231, 260
メドヴェージェフ D.A.　71

【も】
森繁男　280
森毅　275, 276
モンテッソーリ　82

【や】
薬師院仁志　280
矢野眞和　278
山内太地　12, 248-249
山縣喜代　275
山内乾史　iii, 271, 281, 285-286, 288, 291
山本慶裕　272
山本雄二　280

【ゆ】
尹潽善　264

【よ】
吉崎静夫　75
吉野作造賞　284-285
吉見俊哉　251
吉本隆明　248
米原あき　232

【ら】
ラッセル卿, J.　264
ラッフルズ卿, T.S.　120
ラブレンチェフ, M.　75

【る】
ルーズベルト, T.　265
ルーズベルト, F.　265

【れ】
レイテス, N.S.　74
レズニック D.P.　135
レンズーリ, J.S　221

【ろ】
ロン, L.H.　116

【わ】
渡邉恒雄　285
渡邊洋二　240

執筆者一覧（五十音順）

石川裕之	畿央大学教育学部准教授
植田みどり	国立教育政策研究所教育政策評価・研究部総括研究官
北村友人	東京大学大学院教育学研究科准教授
澤野由紀子	聖心女子大学文学部教授
杉本　均	京都大学大学院教育学研究科教授
武　寛子	神戸大学大学院国際協力研究科国際化加速推進室学術研究員
田中正弘	筑波大学大学研究センター准教授
田中義郎	玉川大学教育学部教授
中矢礼美	広島大学大学院国際協力研究科准教授
南部広孝	京都大学大学院教育学研究科教授
西村幹子	国際基督教大学教養学部教授
原　清治	佛教大学教育学部教授
山内乾史	神戸大学大学教育推進機構／大学院国際協力研究科教授
米原あき	東洋大学社会学部教授

才能教育の国際比較

2018年 12月 15日　初版　第1刷発行　〔検印省略〕
定価はカバーに表示してあります。

編著者 ⓒ 山内乾史／発行者 下田 勝司　　印刷・製本／中央精版印刷

東京都文京区向丘 1-20-6　郵便振替 00110-6-37828
〒113-0023　TEL (03) 3818-5521　FAX (03) 3818-5514

発行所 株式会社 東信堂

Published by TOSHINDO PUBLISHING CO., LTD.
1-20-6, Mukougaoka, Bunkyo-ku, Tokyo, 113-0023, Japan
E-mail: tk203444@fsinet.or.jp　http://www.toshindo-pub.com

ISBN978-4-7989-1517-3 C3037　　ⓒ Yamanouchi Kenshi

東信堂

才能教育の国際比較	山内乾史編著	三五〇〇円
学生エリート養成プログラム―日本、アメリカ、中国	北垣郁雄編著	三六〇〇円
韓国の才能教育制度―その構造と機能	石川裕之	三八〇〇円
トランスナショナル高等教育の国際比較―留学概念の転換	杉本均編著	二〇〇〇円
チュートリアルの伝播と変容―イギリスからオーストラリアの大学へ	竹腰千絵	二八〇〇円
[新版]オーストラリア・ニュージーランドの教育―グローバル社会を生き抜く力の育成に向けて	青木麻衣子 佐藤博志編著	三六〇〇円
戦後オーストラリアの高等教育改革研究	杉本和弘	五八〇〇円
オーストラリアのグローバル教育の理論と実践―開発教育研究の継承と新たな展開	木村裕	三六〇〇円
オーストラリアの教員養成とグローバリズム―多様性と公平性の保証に向けて	本柳とみ子	三六〇〇円
オーストラリア学校経営改革の研究―自律的学校経営とアカウンタビリティ	佐藤博志	三八〇〇円
オーストラリアの言語教育政策―多文化主義における「多様性と」「統一性」の揺らぎと共存	青木麻衣子	三八〇〇円
英国の教育	日英教育学会編	三四〇〇円
イギリスの大学―対位線の転移による質的転換	秦由美子	五八〇〇円
統一ドイツ教育の多様性と質保証―日本への示唆	坂野慎二	二八〇〇円
ドイツ統一・EU統合とグローバリズム―教育の視点からみたその軌跡と課題	木戸裕	六〇〇〇円
教育における国家原理と市場原理―チリ現代教育史に関する研究	斉藤泰雄	三八〇〇円
中央アジアの教育とグローバリズム	嶺井明子編著	三二〇〇円
インドの無認可学校研究―公教育を支える「影の制度」	小原優貴	三二〇〇円
タイの人権教育政策の理論と実践―人権と伝統的多様な文化との関係	馬場智子	二八〇〇円
バングラデシュ農村の初等教育制度受容	日下部達哉	三六〇〇円
マレーシア青年期女性の進路形成	鴨川明子	四七〇〇円
東アジアにおける留学生移動のパラダイム転換―大学国際化と「英語プログラム」の日韓比較	嶋内佐絵	三六〇〇円

〒113-0023　東京都文京区向丘1-20-6　TEL 03-3818-5521　FAX03-3818-5514　振替 00110-6-37828
Email tk203444@fsinet.or.jp　URL:http://www.toshindo-pub.com/

※定価：表示価格（本体）＋税

東信堂

リーディングス 比較教育学 地域研究―多様性の教育学へ	近藤孝弘／中野礼美／西野節男 編著	三七〇〇円
比較教育学事典	日本比較教育学会編	一二〇〇〇円
比較教育学の地平を拓く	森山肖子／下田稔 編著	四六〇〇円
比較教育学―越境のレッスン	馬越徹 編著	三六〇〇円
比較教育学―伝統・挑戦・新しいパラダイムを求めて	M・ブレイ他／馬越徹・大塚豊 監訳	三八〇〇円
国際教育開発の研究射程―「持続可能な社会」のための比較教育学の最前線	北村友人 編著	二八〇〇円
国際教育開発の再検討―途上国の基礎教育 普及に向けて	小川啓一／北西友幹／村田敏子 編著	二四〇〇円
ペルーの民衆教育―「社会を変える」教育の変容と学校での受容	工藤瞳	三三〇〇円
アセアン共同体の市民性教育	平田利文 編著	三七〇〇円
市民性教育の研究―日本とタイの比較	平田利文 編著	四二〇〇円
社会を創る市民の教育	桐谷正信／大友秀明 編著	二五〇〇円
協働によるシティズンシップ教育の実践	桐谷正信	三六〇〇円
アメリカにおける多文化的歴史カリキュラム	唐木清志	四六〇〇円
アメリカ公民教育におけるサービス・ラーニング	浜野隆／三輪千明 編著	三八〇〇円
発展途上国の保育と国際協力	顧明遠／大塚豊 監訳	二九〇〇円
中国教育の文化的基盤	大塚豊	三六〇〇円
中国大学入試研究―変貌する国家の人材選抜	南部広孝	三三〇〇円
東アジアの大学・大学院入学者選抜制度の比較―中国・台湾・韓国・日本	南部広孝	三二〇〇円
中国高等教育独学試験制度の展開	劉文君	五〇四八円
中国の職業教育拡大政策―背景・実現過程・帰結	王帥	五〇四〇円
中国における大学奨学金制度と評価	王傑	三九〇〇円
中国高等教育の拡大と教育機会の変容	代玉	五八〇〇円
中国の素質教育と教育機会の平等		
現代中国初中等教育の多様化と教育改革―都市と農村の小学校の事例を手がかりとして	楠山研	三六〇〇円
グローバル人材育成と国際バカロレア―アジア諸国のIB導入実態	李霞 編著	二九〇〇円
韓国大学改革のダイナミズム―ワールドクラス〈WCU〉への挑戦	李霞	二八〇〇円
文革後中国基礎教育における「主体性」の育成	馬越徹	二七〇〇円

〒113-0023　東京都文京区向丘1-20-6　TEL 03-3818-5521　FAX 03-3818-5514　振替 00110-6-37828
Email tk203444@fsinet.or.jp　URL: http://www.toshindo-pub.com/

※定価：表示価格（本体）＋税

東信堂

大学教学マネジメントの自律的構築	関西国際大学編	二八〇〇円
主体的学びへの大学創造二〇年史	濱名 篤	二四〇〇円
学修成果への挑戦——地方大学からの教育改革	潮木守一	二六〇〇円
転換期を読み解く——潮木守一時評・書評集	潮木守一	二四〇〇円
大学再生への具体像——大学とは何か【第二版】	潮木守一	二四〇〇円
リベラル・アーツの源泉を訪ねて	絹川正吉	三二〇〇円
「大学の死」、そして復活	絹川正吉	二八〇〇円
大学教育の思想——学士課程教育のデザイン	絹川正吉	二八〇〇円
大学教育の在り方を問う	山田宣夫	二三〇〇円
北大 教養教育のすべて	小笠原正明編著	二四〇〇円
検証 国立大学法人化と大学の責任	田原博人 著	三七〇〇円
――エクセレンスの共有を目指して その制定過程と大学自立への構想	細川敏幸安藤厚明允編著	
国立大学職員の人事システム——管理職への昇進と能力開発	佐藤博人	
国立大学法人の形成	渡辺恵子	四二〇〇円
国立大学・法人化の行方——自立と格差のはざまで	大崎 仁	二六〇〇円
教育と比較の眼	天野郁夫	三六〇〇円
大学は社会の希望か——大学改革の実態からその先を読む	江原武一	二六〇〇円
転換期日本の大学改革——アメリカとの比較	江原武一	三六〇〇円
大学の管理運営改革——日本の行方と諸外国の動向	江原武一編著	三六〇〇円
大学経営・政策コース編	杉本均	二四〇〇円
大学経営入門	新藤豊久	二五〇〇円
大学戦略経営とマネジメント	篠田道夫	三六〇〇円
大学戦略経営の核心	篠田道夫	三六〇〇円
戦略経営Ⅲ 大学事例集	篠田道夫	三四〇〇円
大学戦略経営論	篠田道夫	三四〇〇円
長期計画の実質化によるマネジメント改革	J・J・セリンゴ著船守美穂訳	三四〇〇円
カレッジ(アン)バウンド		
米国高等教育の現状と近未来のパノラマ 東京大学 大学経営・政策コース編		
大学の財政と経営		三二〇〇円
私立大学拡大する個人寄付	丸山文裕	四七〇〇円
私立大学マネジメント	私立大学連盟編	三六〇〇円
私立大学の経営と拡大・再編——一九八〇年代後半以降の動態	両角亜希子	四二〇〇円
学長奮闘記——学長変われば大学変えられる	福井文威岩田年浩	二〇〇〇円
大学のカリキュラムマネジメント	中留武昭	三三〇〇円

〒113-0023 東京都文京区向丘1-20-6 TEL 03-3818-5521 FAX03-3818-5514 振替 00110-6-37828
Email tk203444@fsinet.or.jp URL:http://www.toshindo-pub.com/

※定価：表示価格（本体）＋税